父親形象與其轉變

邱珍琬　著

五南圖書出版公司 印行

前　言

　　我學的是諮商，多年來也從事諮商治療與諮商師訓練的工作，剛進入學校，研究的範疇也較多在諮商領域中打轉，因此希望將諮商「普羅化」，然而後來我的研究興趣卻拓展許多，主要還是在諮商實務當中所發現的，包括弱勢族群（如女性、同志族群、隔代教養家庭），後來發現性別議題在治療現場的重要性、以及文化因素的影響，因此也開始慢慢摸索關於性別的相關研究，在性別中我也看見親職工作的內涵與轉變；以前我對研究沒有太熱中，因為認為臨床給我的挑戰更多，但是後來我發現「研究」也可以是我去了解社會上一些現象、去「找答案」的一條方便道路，同時也可以深入探討較為弱勢族群、甚至為他們發聲的重要管道，於是我就將研究視為自己的固定工作項目之一，也因為「找答案」，我堅持將我所找到的答案「發表」出來，讓更多人可以看見。諮商是全面性的接觸生活（不管是生活經驗、成長背景、文化與社會脈絡、違常或正常等等），因此需要了解與探究的就不限於狹隘的「諮商」了。

　　從「性別」到「親職」，我看見女性的角色，也略窺到男性角色，更豐富了我對於性別的視野，最近幾年，我開始了「父親形象」的探索，有機會接觸不同年齡層或背景的人，也學習到男性在擔任父親之後的不同轉變與發展，往往在接觸一個族群、或是完成一個小研究之後，我又會看到新的議題與現象，也許與父親這個主題有關（如不同年齡層對於父親的知覺、照顧老年父親），也許與父親無關（像是對家的觀感），而這個主題會再繼續下去。或許對一位諮商人來說，我的「跨界」（或「不守本分」）並不是那麼嫻熟，在方法論上的訓練也不是足夠，但是只要還活著，學習永不嫌晚。

　　「父親研究」是繼女性主義興起之後的一波趨勢，當時不少研究會針對女性議題，包括母親角色、女性覺察與相關主題等做探究，於是有一些研究機構就開始針對男性族群為研究對象，當然也有針對

父職的相關研究。我的成長過程與父親有相當密切的關係，在單親家庭中成長，父親成為我們唯一的依附對象，後來甚至在晚年罹患失智症，讓我們常常有機會去檢視與父親之間的關係，我在之前（96年）也曾經出版過一本《父親與母親的禮物》（書泉出版社），是將雙親與目前自己的觀點做反省與映照，但真正從事父親相關的研究，還是在91年開始，當時在諮商治療與課堂講授現場看到也聽到許多關於父子或是父女的故事，讓我開始去思考：到底父親在孩子心目中是怎樣的一種存在？於是就以大學生族群為對象，先做了幾次父親形象的初探研究，而在閱讀文獻的過程中也發現，許多的研究都是針對父職、或是父親功能做討論，很少針對子女對於父親的觀感與看法來著手（也許涵蓋更廣），於是我就大膽放手開始蒐集資料。做完大學生族群，我也發現大學生其實對於與父親的關係都想要做一些改變，只是在行動的主導上顧慮較多，我後來上「親職教育」課程就將「與家人關係改變」的行動計畫當成一整學期的作業，鼓勵大學生族群開始改進或改善行動，也發現不少大學生與研究生願意重新去看與父親之間的關係，並採取積極主動的行動來做改善。這是我做父親研究的動機之一。

　　我做有關父親的研究動機之二，是從我與父親的關係來思考。作為一個「技術上」在單親父親羽翼下成長的孩子，我所接觸的父親模樣是大大不同於當時同儕的父親的。我見到父親的陰柔與體貼、堅韌外表底下的脆弱、甚至是有點不堪與潦倒的模樣，在年輕時也許會認為父親不夠「man」、「不像個男人」，因為他「連個老婆都管不住」，但是當我們六個孩子與父親相依為命之後，我有機會可以回頭重新解讀他之前的「軟弱」（像是在母親面前卑躬屈膝）背後所受的委屈與擔心（希望母親不要棄子、棄他而去），「堅持」（像是不給孩子零用錢）之後所表現的幽默與關愛（卻在孩子「使勁」要求後的屈服與疼惜），我看見父親的人性與脆弱，卻讓我更愛他、更能感受到他在我生命中的影響力，也從他身上得力。我覺得自己的父親的確不可多得，也幸好有他，我們的生命曲調可以擺脫自憐、卑微、與受

害的陰霾，展現自信、樂觀、與希望。因此，我也希望可以了解：其他人是怎麼看待自己的父親的？他們又如何解讀父親表現的行為？怎麼去串聯自己與父親的關係？（我在「附錄二」中提供幾則與父親互動的故事）

　　過去幾年來我對於父親形象的議題做了幾個小研究，這個議題是在我上親職教育的同時所發現的，當這些大四學生們提到與雙親關係的當兒，其實也看到自己所希冀的親子關係，特別是對於父親的感受，總是在傳統疏離的面具下，可以敏銳感覺到一些些的遺憾，但是卻沒有主動改善的動作。於是我開始以大學生族群為對象，訪談他們對於父親的感受與想法，也搭配著上課時的一些實做作業回顧，發現大學生的確已經開始有行動力去對父子（女）關係做些努力；接下來我就將研究對象延伸到高中與國中族群，也發現不同發展階段孩子對父親感受的改變，當我在書肆看到《尋找父親》（黃亞琴譯，2004）這一本書的時候，真是欣喜若狂，因為之前我要解釋為什麼使用「父親形象」為主題時，許多人不了解、甚至認為這個議題已經有不少人注意到，但是那些跟我想要探討的還是不一樣，而這一本 Karl Gebauer（2003）所著的書，明明白白道出了我要探究的「父親形象」，我稍後在文獻回顧章也會將這份研究摘要呈現在讀者面前。

　　本書中的許多文章都曾經在期刊刊登過（如第六章「大學生知覺的父親形象」發表於屏東師院學報、第七章「父親形象的轉變——從國中到大學」發表於「南大教育研究學報」、第十章「父親缺席——一個男性大學生的經驗」發表於高師大學報【教育與社會科學類】等）或在研討會上發表（如「高中生眼中的父親形象——一個初探研究發表於「93學年度師範院校教育論文發表會」），在本書中我會做一些整理與統整，研究中的參與者，都已經經過身分的模糊或匿名處理，真實呈現，希望讓讀者可以更清楚我在研究中的發現與覺察。

目　錄

第一章
緒　論

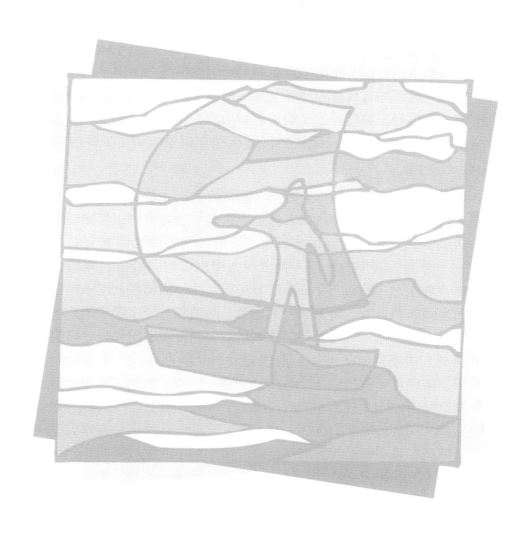

　　父親研究是近十多年來的趨勢，也許是繼女性研究、母職研究風起雲湧之後所做的一種平衡與反思。我國是父權社會，雖然隨著時代的演進與價值觀的改變，親職功能也受到極大挑戰，工業革命之前的父親是「道德楷模或導師」，之後漸以「維持家計者」為最主要，90年代中期是「性別角色」的典範，從90年代中後期開始，父親的角色變成「滋養」（nurturing）的性質（Lamb, 2000, cited in Morman & Floyd, 2006, p.114），其中當然有文化層面的意涵（Morman & Floyd, 2006）。中國傳統是重視父子倫的家庭結構，不像西方社會重視「夫婦」為家庭建構基礎，也許因為這樣的傳統倫常使然，新一代的父親要改變千年來的沿襲，從一個「養家者」到兼顧「工具性」與「表達性」（或兩性兼具）的新父親角色，掙脫性別框架與社會期待的拘束，的確不容易。然而，就另外一方面來說，「父親」這個角色既然有其歷史演進，當然就涉及到「文化」與「時代」的因素，遑論過去歷史對於父親角色與功能的認定與改變，現代人對於父親的觀感與覺察又是呈現怎樣的風貌？這是本書主要探討的主題。

　　我最先做的是「大學生族群」，因為許多人在這個時候第一次離家負笈外地，從一段距離外來看自己的家庭，也許更可以深刻感受到與家人的關係，而從「關係」的反思，許多人也開始與家人有「修補」或「增進」關係的動作。我發現大學生族群開始會思考這些議題，甚至有能力「解讀」父母親的關愛與期待，因此我就進一步在課堂上要求同學們去做「親密關係大作戰」的功課，要求同學們化「心意」與「期待」為「行動」，許多人是以自己父親為對象，發現真是劇力萬鈞、成果斐然！原來，他們也發現父親也有與子女親近的渴望，只是礙於身分與角色（或是疏於訓練），不敢踏出第一步，而在子女願意開始動作之後，他們的反應也令同學相當震撼！於是我想要知道這個「初入成年」的族群，到底與父親的關係為何？有沒有性別差異？他們心目中的父親到底是怎麼一番模樣？而當我與同學們做完「父親形象」的研究之後，竟然有一些同學給我的回饋是：這個討論

讓他們有動力去做一些改變與行動！

　　接在大學生族群之後，我開始將研究對象向下延伸，先找了高中職的同學參與，而我也發現許多男同學在這個階段是與父親疏遠、甚至是感覺受傷的，有些討論極具情緒張力，是不是在這個階段即便是尋求「獨立自主」的同時，也需要父親的支持與認可（所謂的「平衡」自主與依賴）？而也在這個階段，青少年男同學對於父親的批判較為尖銳，女同學部分則是沒有這樣的情況產生。

　　然後，我進入國中校園尋訪，找到願意與我對話的同學們，他們是從不同的家庭結構來談父親（包括繼父、叔叔【母之同居人】、大陸臺商的父親等），看到新一代的父親面貌，的確比高中階段少了一些肅殺的氛圍，父親們對於孩子沒有太嚴苛的期待，也許反映了對原生家庭父親的一種改進與補償。而國中階段的同學，對於父親形象已經有頗為深入的觀察，不囿限於傳統、或若干類別。

　　接著，我將三個階段（國中、高中職、大學）族群的父親形象做了一個統整與比較，希望可以看到父親面貌的不同與知覺轉換。之後，從大學族群往上延伸，我邀請一位中年父親來談談自己的父親、以及自己當父親之間的一種傳承與轉變，這的確是一個新的研究嘗試，非常有趣！

　　在針對漢族對父親的探討之後，我轉向原住民大學生對父親的看法。參與的原住民同學有兩位父親是退伍榮民，另外兩位是原住民父親，從訪談資料裡可以看到文化習俗與親職方式、價值觀的不同，受訪者也看到父親對自己身為父親的期待與不由自主的掙扎。

　　最後，我在治療場域與教學現場觀察到父親「缺席」的孩子，即便是同居一個屋簷下，竟然也有「存而不在」的遺憾！這到底是怎樣的一種因緣與困境？從一位大學生的敘說，我可以更清楚事情演變的前後脈絡，這也提供了另一種觀看角度。

　　「每個男孩和女孩心中都有一個父親形象，這個形象源自他們和

眞實生活中的父親相接觸所獲取的體驗及母親對父親的重視程度，從這點可以看出，這個形象包含孩子幻想的成分，同時也是一個不斷變化的過程」（Karl Gebauer, 2003, 黃亞琴譯，2007, p.72）。本書所指稱的「父親形象」（father image）是指子女眼中對於父親這個角色的知覺與看法，爲子女「覺察」父親的「模樣」，包括參與者是怎麼看（形容）父親的、與父親互動的關係現況，也加入參與者所期待的父子（女）關係爲何作對照，可以略窺孩子「理想」的父親爲何？探看了孩子眼中的父親，反過來問子女「認爲」自己在父親眼中的模樣，因爲這會影響親子的互動與對彼此的看法，而雙親互動也影響孩子對父親的看法，所以也加入題項中。

　　爲補充一般對於傳統父親疏遠、理性的觀感，特別在訪談問題中加入「你記憶中對於父親最溫柔的事件是？你的感受爲？」（呼應Karl Gebauer【2003】所謂的「積極體驗」）企圖以直接方式探問孩子眼中對父親「溫柔」表現的解讀爲何？到底目前的中年父親在時代汰換與新資訊的衝擊下，在孩子眼中有了怎樣的形象改變？從孩子眼中所知覺的父親，其實才是影響孩子本身最重要的關鍵。

　　「父親形象」的範疇與「父職」略有出入，然而所涵蓋的不只是父職而已。研究文獻中最常出現的是從子女或家長的角度來看「親職」模式（威權、專制、放任或忽略），所謂的「親職」就囊括父親與母親；因爲父親角色本來就牽涉到父職，但是從子女的觀點來看父親，就不是限於「父職」的觀點而已，還有子女怎麼看父親這個「人」？對於親子間的「互動」實際又有怎樣的貼身觀察與體會？倘若跳脫一般人研究父職或父親角色（父親嚴厲、權威）的模式，子女們會如何形容父親「溫柔」的面向？

　　本書的基本架構，前三章是「緒論」──說明探討父親形象的動機、「文獻回顧」──將文獻上與父親形象較有關的研究與理論做系統呈現、「方法論與研究程序」──呈現本書主要搜集資料與分析資料的方式（也在各章節的「楔子」中分別將資料蒐集方式與研

究對象作簡單介紹）；從第四章開始，就以對不同年齡族群爲對象探
究的父親形象依序作詳細呈現，包括有「國中生的父親形象」、「高
中生的父親形象」與「大學生的父親形象」，而在第七章則是將三個
不同族群的父親形象做比較研究（「父親形象的轉變──從國中到
大學」），第八章則是以一位中年父親的角度來看他對於自己父親形
象的觀點、以及他自己身爲父親看到自己是怎樣的一位父親（「轉化
──中年男性的父親形象初探」）？接著我針對原住民大學生對於
父親（老榮民與原住民）的知覺做進一步了解（「原住民的父親形
象」），最後一章則是深入了解一位男性大學生對「存而不在」的父
親的感受與體會（「缺席父親──一個大學男生的經驗」）。

第二章
文獻回顧

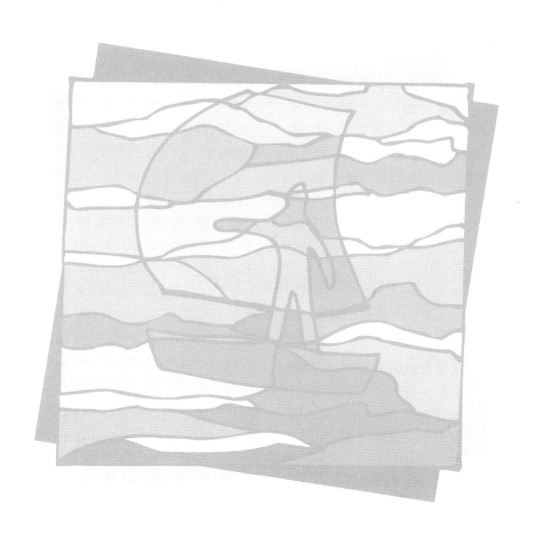

　　父親是目前許多研究聚焦的一個主題，也許是因爲之前注意太少，也可能是針對女性與母親的研究方興未艾所激發，探討父親的內容包羅萬象，但是都可以概括在父職（fatherhood）的大標題下（包括缺席父親），對於父親在子女眼中樣貌的探討也略有涉及、但是未單獨區分出來。到底父親在不同發展年齡層子女眼中是怎樣的一種存在？子女會從哪些角度來看待自己的父親？而所謂的「父親形象」會不會隨著發展年齡或是生活經驗而有變化？是怎樣的變化？

　　最契合本研究對於父親形象的定義是Karl Gebauer（2003）所陳述的：「每個男孩和女孩心中都有一個父親形象，這個形象源自他們和真實生活中的父親相接觸所獲取的體驗及母親對父親的重視程度，從這點可以看出，這個形象包含孩子幻想的成分，同時也是一個不斷變化的過程」（黃亞琴譯，2007, p.72）。由於真正貼近本研究所謂的「父親形象」的研究較少，因此在本章文獻回顧部分就以較相關的文獻做整理。首先呈現的是「父親是怎樣的一種存在」（包括父親的角色與功能、參與親職工作內容與轉變、以及父母親與子女互動的差異），其次爲「父親的重要性」（包括父親的在與不在、父親缺席），接著是「父親形象與其影響」，最後是「排灣族群的社會制度與父親角色」（因爲研究對象中有南部排灣族的原住民父親）。

父親是怎樣的一種存在？

一、父親角色與功能

　　在子女眼中，父親是怎樣的一種存在？近年來國內外已經開始了研究父親的風潮，然而許多的研究是針對「父職」做探討，主要是了解父親這個角色的功能與實際，而不是對於「父親形象」的檢視，「父親形象」比較著重在個體主觀的看法與感受，或是Karl Gebauer（2003）所稱「內化」的父親模樣（黃亞琴譯，2004），雖然這兩個名詞在解釋上或有重疊，然而到底「父親」這個角色在子女眼中是

怎樣的一種存在？會不會隨著不同的發展階段，父親的形象會有哪些變化？可以從哪些向度去形塑子女心目中的父親？

父親的形象可以是：創世父神（功能為創造生命）、地父（功能為撫養下一代）、天父（支配地位）、皇父（承擔前述天地二父工作）、與二分父神（是父親也是母親）五種；而隨著孩子逐漸成長，父親形象從早期的完美威嚴，到父子關係的疏離矛盾，最後當孩子本身也為人父了、父子間就進入和解階段（Coleman & Coleman, 1988，劉文成、王軍譯，1998）。但是父親的樣貌應該不是這般單純可以歸類，因為不符實際，然而也似乎可以看出父親角色的轉變、也帶動了親子關係的改變。

從Erikson（1997）的發展理論觀點來看，成年階段面臨的發展任務有「傳承」（generativity），除了生物與族群延續的傳宗接代意義之外，還包括文化傳承，也就是價值觀與人生觀的傳承意味；然而Erikson（1997）的發展理論陳述的是個人的發展「任務」，只是說明成功與失敗的結果，未將可能影響任務達成的個人與周遭環境脈絡的互動考量進去（雖然他採用的是社會文化的觀點），例如在成年初期的父親與初生子女的關係、和進入青壯年期的父親與青春期孩子的互動可能不同，相對地也影響子女對於父親形象的描述與感受。相較於Snarey（1993, pp.20-22）將「傳承」區分為「生物上的傳承」（biological generativity，指孩子的誕生）、「社會性的傳承」（social generativity，指的是成為社會上年輕一代的良師、擔任教導的工作，是一種文化傳承的角色）與「親職的傳承」（parental generativity，連接生物上與社會性的傳承，主要指的是教養下一代的責任）有異曲同工之妙，而其中的「親職傳承」也可以用來說明父親角色或父職角色在生命歷程中的重要性與使命。儘管有這些理論上的區分，只有在近十多年的研究才慢慢看到父親角色的展現，其內涵包含生物、文化、與社會面向。父親與孩子的關係模式還會有另一種傳承，也就是父親與自己原生父親的良性互動，會延伸到自己擔任父親角色時與自己的下一代有更良好的關係（Gebauer 2003,黃亞琴譯，

2007; Vaillant, 1977），或是因為感受不足、在自己擔任父職時作補償（陳安琪，2004），這其實說明了一個簡單的道理：人類是有學習的潛能的，好的楷模可以做示範、不良的可以作警惕；現代的父親承接在傳統與現代的世代之間，也學會了以行動來為理想中的父職「發聲」。

　　傳統社會與心理學將男性定位為家庭與社會之間的媒介、提供家計、與擔任管教的工作（Levant, 1980），這些功能到目前為止幾乎還維持原狀，沒有太大的改變，這也就是Parsons與Bales（1955, cited in Levant, 1980）將男性與女性角色區分為「工具性」與「表達性」的主要原因，使得男性表現出來的父親形象就是疏遠、有賞罰權力的。然而Canfield（1996）的調查卻發現父親們認為最重要的父職技巧依序是：表現情感與愛、溝通、角色模範、家庭危機處理與管教（cited in Morman & Floyd, 2006, p.118），也許因為時代不同與需求變動，也讓父親們覺察到親職技巧彈性調適的必要性。此外，傳統心理學對於父親角色的描述在孩子嬰幼兒期付之闕如（Levant, 1980），而父親的角色似乎是在孩子五歲之後的發展階段才慢慢出現，父親的功能是協助兒子的角色學習，主要代表閹割的威脅，因此就會呈現較多懲處的意味；溫暖的父子關係在孩子的發展上有正向加分的作用，相反的如敵意、拒絕、或是適應欠佳的父親則會有負面影響（Levant, 1980）。

　　雖然有研究顯示父親涉入親職工作有明顯增加，甚至有更多性別平權的親職分工與傳統角色倒轉的情形出現（Booth & Crouter, 1998, McBride, Brown, Bost, Shin, Vaughn, & Korth, 2005, cited in Matta & Knudson-Martin, 2006, p.20），但是許多的研究的結論頗為一致：男性的養家角色仍佔主要（邱珍琬，2004a；邱珍琬，2004b；黃慧森，2002），而以低收入戶尤然（Delgado & Ford, 1998, cited in Bronte-Tinkew, Carrano, & Guzman, 2006, p.257），女性即使出外工作、也只是補貼家用的性質，在經濟層面上是附屬地位（Land, 1986, cited in Tripp-Reimer & Wilson, 1991）。雖然婦女外出工作發展自我

生涯的機會增加了，連帶地也讓家庭親職分工有了轉變，但是變動不大，也就是母親依然要兼顧家庭與職場的雙重責任（Pleck, 1979, cited in Tripp-Reimer & Wilson, 1991）。父親的親職角色停留在選擇性、偶一為之的暫時性、與陪伴孩子玩耍的娛樂性上，影響這個結果的原因有文化結構上的刻板角色、社會化過程中以女性為主要照顧者與負責人、勞動市場上的分配依然不利於女性生涯發展，以及社會政策的擬定與實施仍未脫離父權主義的觀念（王舒芸、余漢儀，1997）。

　　「父親」這個角色要在孩子呱呱落地之後才變成現實，但是依舊將母親視為主要照顧人，對於妻子親自哺乳的感受很不一致，雖然知道是必須，卻同時感受到自己的重要性降低，而夫妻感情會因為新生兒的誕生而更緊密（Fagersklod, 2008）。儘管已經有不少研究發現父親參與養育工作、投入親職的努力、與孩子親近程度增加，對於孩子的情緒與智力發展都有極正向的影響，但是基本上父親依然習慣將自己定位在「有能力養家」（a competent "breadwinner"）的角色上（Pollack, 1998），而男性的性別理念（gender ideologies）可以預測其投入親職的多寡（Bulanda, 2004, Johnson & Huston, 1998, cited in Matta & Knudson-Martin, 2006, p.21），也就是越執著於性別分工或性別刻板印象的男性願意投入親職工作的程度越低，倘若妻子對於丈夫育子的能力有信心，也會讓配偶更有意願投入親職工作，自中獲得滿足感（Bouchard, Lee, Asgary, & Pelletier, 2007），而母親少批判、多鼓勵的態度會讓父親更願意參與親職（Schoppe-Sullivan, Brown, Cannon, Mangelsdorf, & Sokolowski, 2008）。如果男性的行為是以孩子為中心的，其分享家務與親職工作的意願亦增（Coltrane & Adams, 2001, cited in Matta & Knudson-Martin, 2006, p.22），而最有反應的父親是較有平權的性別意識、重視女性的工作、看到許多的選擇性、可以平衡權力與義務（indebtedness）、以及與孩子情緒上的調和（Matta & Knudson-Martin, 2006, pp.31-32）。也就是說，父親的角色受到諸多脈絡因素的影響，其中包含了父親本身個性、母親個性、

孩子特性與關係因素（Rane & McBride, 2000），也就是說不能只要求男性做怎樣的一位父親，其父親的角色的執行同時需要考量其他週遭的因素。

　　父親角色會隨著孩子發展年齡有不同功能的變化，包括保護、規範、戰士、以及精神導師（Stoop, 1990，柯里斯、林為正譯，1995；邱珍琬，2004a, 2004b；吳嘉瑜、蔡素妙，2006），只是比重不同，這應該也受到子女的成長與反應不同的交互影響。父親的責任從工業革命時代前的道德導師或引導，到工業時代到經濟大蕭條時的養家者，然後是1930到1940年代的性別角色模範，一直到1970年代中期開始的「新養育角色」（new murturant father）（Lamb, 2000, cited in Morman & Floyd, 2006, p.114），也可以一窺父親角色的轉變，而現代父親被要求擔任更多樣的角色，包括配偶、保護者、夥伴、照顧者、養家者、教師、角色模範與其他依不同家庭需求而產生的角色（Tamis-LeMonda, 2004）。

　　一項針對父親與父子所做的研究發現：不管是父親或兒子對於所謂的好父親條件是要有愛、可接近以及是一個角色模範；父親會強調養育慈愛的角色，而兒子則是認為給予自主是很重要的；父親們較強調好的角色模範、可接近性、是一位好聽眾與教師，兒子們則是認為適當地減少控制是最佳父親（Morman & Floyd, 2006）。父親角色被定位在「工具性」、養家、保護與管教的功能上居多（Finley & Schwartz, 2006）（也就是「天父」），儘管現代對於「新好男人」的要求可能影響到父親功能的界定，但是基本上父親還是受制於傳統社會對於男性角色的期許。父親的親職功能一直被忽視，主要是因為社會對其期許不同（如養家者、道德模範），造成父子（女）接觸時間比母子（女）相處時間明顯短少許多，使父職角色圍限於「玩伴」或「管教」者、或「玩票」性質，但是重要性仍不可忽略。由於父親一般還是認為自己是養家活口、維持家計的角色，常常在工作完畢回家、就希望可以在家得到安靜與休息，也因此對於孩子的需求較沒有心力應對，對於孩子的管教也因此以收效為主要而趨於嚴格

（Stearns, 1990），甚至是採用經由妻子來「管教」孩子的父權方式
（Stearns, 1991），因此給孩子的感受會比較疏遠，而通常也是擔任
懲罰的工作。這樣的循環，不只讓親子關係受到影響，也間接地將父
親形象嚴肅化與疏離化。

二、父親參與親職工作內容與轉變

　　父親的任務不是成為第二個母親，父母親之間存在的差異性有決
定性的作用（Gebauer, 2003, 黃亞琴譯，2007, p.34）。也就是說父母
親因為性別不同，其發揮的功能也不同，甚至有其意義與必要性。一
項對於父職論述（discourse about fathers）的調查發現：儘管這些父
親來自不同種族與背景，但是他們認為自己也夾在工作與家庭的衝突
當中，希望擔任一個強有力又負責任的一家之主的角色，也分擔平等
的親職工作（Brownson & Gilbert, 2002），然而這樣的陳述卻不吻
合事實。父親在孩子出生後的前三年涉入親職的程度會因為孩子是男
性、或是家庭經濟情況變動而增加（Wood & Repetti, 2004）；父親
在孩子嬰兒期涉入親職工作較多，不僅減輕了母親憂鬱情緒、也舒緩
孩子進入幼兒期的內化問題行為（Mezulis, Hyde, & Clark, 2004）；
妻子期待丈夫涉入照護子女與父親本身知覺到其他父親的照護行為
二者會影響父親的照顧行為（Maurer & Pleck, 2006）。即便離異之
後沒有監護權的父母親，青少年感受到母親較多的關注與探望，而
無監護權的父親則會增加其在子女生活面向上的影響力（Gunnoe &
Hetherington, 2004）。

　　不管家庭結構如何，父親積極參與孩子的教養工作，不僅減少
孩子心理上的痛苦（Flouri, 2005），也影響子女的性別化（Levant,
1980）。父子（女）關係隨著孩子成長會有變化、也變得較為親密
（Levant, 1980），而雙親關係品質會直接影響到親子關係之親疏
（Cummings & O'Reilly, 1997, cited in Krampe, Newton, & Child &
Adolescent Services Research Center, San Diego, CA, 2006; Dickstein
& Parke, 1988; Lamb & Elster, 1985）、以及孩子對自我與他人形象

的想像（Gebauer, 2003, 黃亞琴譯，2007, p.51）。雖然大部分的母親對於伴侶親職工作品質的滿意度不高（Russell, 1986），而婚姻關係對於父子關係的影響更甚於母子的關係（Dickstein & Parke, 1988; Lamb & Elster, 1985），是不是因為母親與孩子的親密較不受夫妻關係的影響，而一旦夫妻關係產生裂痕，母親較容易取得孩子的諒解與支持，使得原本就較不穩固的父子（女）關係受到波及？加上女性被視為弱勢，也可能左右孩子在雙親互動中的立場。

父親對親職的投入程度似乎呈現鐘型的趨勢（嬰幼兒與青少年期之後投入少）（高淑貴、賴爾柔，1988，Barnett & Baruch, 1987，引自徐麗賢，2005; Mackey, 1985），例如以高中、職階段學生與大學生族群來說，無論男女與母親關係還是遠勝於與父親之間的親密（邱珍琬，2004a；邱珍琬，2004b；黃慧森，2002），顯然是母子（女）相處時間更多於父子（女）接觸時間。父親角色也讓男性增加了對自我的了解、較能體會他人感受（Heath, 1978, cited in Snary, 1993），也許是因為當自己也擔任了「父親」這角色之後，不僅意識到肩上的責任，也更容易從父親角色去反思自己的言行，甚至在參照與上一代父親的互動中，理解更多自我面向。

Russell與Radin（1983）建議在做父職方面的研究時，可以就五個方面來探討：孩子出生時父親在場、父親有空閒程度、花在照顧孩子的時間、花在與孩子遊戲的時間、以及對於照顧孩子的責任分擔程度（cited in Snarey, 1993, p.33），目前的研究結果發現：有四分之三的父親在孩子出生時會在醫院或生產現場，父親有空與孩子接觸的時間也增加為母親所花時間的四成左右，而分擔照顧孩子的時間也增加為每天兩小時以上；父親與孩子互動依然以遊戲居多、而且是大動作的活動，然而父親擔任唯一親職責任的情形依然受到文化因素的影響，不是顯然的多數（Snarey, 1993, pp.34-37）；一項針對在家父親的研究，發現這些父親（相較於成年男子與大學男性）對於與子女關係與生活滿意度都較高，親職效能也很高，且較不符合傳統男性角色模式（Rochlen, McKelley, Suizzo, & Scaringi,

2008）：父親擔任唯一親職責任的情形依然受到文化因素的影響，不是明顯的多數（Snarey, 1993, pp.34-37）。有研究（Morman & Floyd, 2006, p.128）探討父親本身與兒子對於「好父親」的定義發現：無論是父親或兒子都認為「愛」、「可接近性」（availability）與「好的角色模範」是最常被提及的前三項，只是父親方面強調「滋養」（nurturing）角色的同時，兒子卻認為父親「認可其自主性」（granting autonomy）是更重要的。現代父親似乎較之上一代，更願意涉入孩子的生活，只是其參與親職工作還是較為制式、刻板化，較少有突破，主要影響力應該還是在文化社會因素、甚至是政府政策。

對於嬰幼兒，父親常常做的有照護、給予溫暖、養育、生理照顧與認知刺激等項（Bronte-Tinkew, et al., 2006）；徐麗賢（2005）也發現父親投入的親職工作以學業指導、生活關懷、健康安全照顧、養成孩子獨立能力為主要。父親的教養工作做得最多的是陪孩子做活動、或是遊戲，而在孩子年幼時有較多以活動方式與孩子互動的父親，雖然在孩子青少年時會減低類似這樣的共同活動，卻會增加對於孩子學業方面發展的支持（MacDonald & Parke, 1986; Snarey, 1993），可見父親也會因為孩子成長階段不同作適度的教養重點調整。規範導向（就是採用威權人物價值觀，或積極尋求有關自我資訊）的父親表示較少的婚姻親密度，但是配偶卻表示其涉入親職工作較多，相反地，擴散導向（較不積極去蒐集關於自我相關資訊）的父親則表示涉入親職較多（Cook & Jones, 2007），這樣非預期的結果，似乎說明了父親未將孩子作為自我的延伸（擴散導向），而一般母親仍然以傳統父親（規範導向）為一家之主的期待，這是不是也讓父職多了一些矛盾衝突？

縱使研究預測在二十一世紀來臨時，父親願意投入教養下一代的人數會增加，但是基本上媒體所揭櫫的「新好男人」畢竟還是極少數（Chapman, 1987; Larossa, 1988），這也暗示了一般社會或是職場上對於「市場行情」的一種錯誤（the market place's mistake），也就是要求事業的晉升必須以犧牲「家庭」作為代價的觀念（Pollack,

1998, p.130）。而近兩世紀以來，學術界對於父親角色的研究也慢慢從「功能性」角度延伸到親職投入、可接近性與了解孩子需求的面向（Lamb, Pleck, & Levine, 1985, 引自黃怡瑾、陳放子，2004），甚至到養育及關係能力的探討（Mattta & Knudson-Martin, 2006），也許就是發現現代父職的內涵與意義已超過傳統對男性的期許，甚至需要做大規模的轉換使然。以兒子就讀國中的中年父親來說，固然還秉持著上一代傳統養家、懲戒與決策者的角色，卻也開始發展與子代較為親密與多樣的互動，有所謂的權力的「自我移位」現象（陳安琪，2004），也就是父親不會再堅持以往威權、管教的角色，願意放下身段、以另一種姿態與孩子做接觸。

既然父親主要的功能在讓兒子學習自己的性別角色，對於女兒的影響可能就在於「異性相處」的影響，這又似乎太偏限了父親的親職功能，經過時代的演進，父親是不是還拘泥於這樣的性別影響？而父親的愛不只影響孩子的發展，有時還比母親的影響力更大，對於孩子的身心健康或行為都有關聯（Rohner & Veneziano, 2001），這也說明了在一般情況下，孩子似乎與母親較親（因為教養工作主要是母親在執行），但是也因為如此，母親常常無法做出有效的管教結果，卻必須仰仗父親「偶一出手」、效果似乎較大，但同時也加重了父親被「邊緣化」的結果，也許是始料所未及！到底是需要怎樣的誘因？還是對社會文化本身做一些改造？才可能使得父職不需停留在傳統的位階上？

三、父母與孩子互動的差異

母親照顧孩子的能力為天生的這個假設已經遭受到批判與質疑（Tripp-Reimer & Wilson, 1991; Frodi, 1980），父親與子女之間的互動是不證自明的（Mackey, 2001），所謂的「親職」已經不是女性的專擅，Silverstein等人（Silverstein, Auerbach, & Levant, 2002, p.363）甚至提議要將親職「去性別化」（"degendering" the parenting role），較吻合實際社會期待。

　　父親親職能力的缺乏主要是因為社會刻板印象、母親的角色堅持與疏於訓練的結果（Parsons & Bales, 1955, cited in Boss, 1980），此外社會文化的「角色箝制」（gender role strain）（對父親角色的「矛盾箝制」——discrepancy strain，傳統上強調成就、提供家人物質生活的滿足，與子女關係疏遠、管教角色重於情感提供，也較少參與養育子女的工作上，與現代社會對父親的期待有顯著差異，逼得父親必須要在兩者之間取得平衡，卻不一定讓各方滿意）也是必要的考量（Silverstein, et al., 2002, p.362）。

　　國內針對父親與初生兒依附行為的研究發現：如果父親願意參與餵乳、其與孩子的依附行為與育嬰能力皆有增進，而父親與孩子之間的互動以探查行為最多、言語最少，但是對女嬰的言語行為會增加（陳淑芬、李從業，1998），也就是父親願意參與親職工作是培養其能力的一個主要因素，而父親對不同性別孩子的互動方式或有差異，此外父親本身的幼年經驗、父職技巧與性別態度是參與親職的有效預測指標（杜宜展，2004）。中國母親的嚴厲管教對於孩子的情緒管理影響較父親大，而父親嚴厲的管教則與孩子的攻擊行為有關、特別是對兒子而言（Chang, Schwartz, Dodge, & McBride-Chang, 2003）。這樣看來，父親與孩子互動還是深受孩子性別或是社會期待的影響（例如與兒子有較多肢體的活動，與女兒則是有較多言語上的互動）（Bronte-Tinkew, et al., 2006）。

　　父親與母親在與孩子的互動方式上有明顯的不同，比如說父親會鼓勵孩子去探索、冒險，而母親則是會禁止孩子這樣的活動，所以也可以說明父親的確比較傾向於成為孩子的「玩伴」，也就是較能發揮「活動」或「工作」導向的功能（Levant, 1980; Pollack, 1998），就連在親子遊戲上，父親的行為也比母親要激烈（Gebauer, 2003, 黃亞琴譯，2004），也可以說父親是「促發」，母親則是「約束」的角色；如果母親的功能是舒緩孩子的情緒，父親的功能就在於藉著較需要活動力的遊戲、激起孩子的情緒，讓孩子對情緒有更廣範圍的探索與了解（Pollack, 1998）；相較於父親，母親的教導方式較為

溫和，而雙親對於較年長孩子的教導方式都較幼兒要溫和（Volling, Blandon, & Gorvine, 2006），也就是說父母親的這種搭配可以訓練孩子的情緒發展與自我控制（McClelland, 2001）。此外，父親的親職方式與孩子內化行為有關，母親的教養方式則與孩子的外化行為有關（Kaczynski, Lindahl, Malik, & Laurenceau, 2006）。

Shek（1998）針對香港中學生對父母親管教方式的調查，發現父親一般反應較少、要求亦少、少關心，管教也較為嚴厲，相較於其他文化研究發現父親對待孩子沒有男女之別（Snarey, 1993），而照顧的品質也不遜於母親（Mackey, 1985）的結果有差異。還有其他研究結果發現父親對於處於青春期不同性別的孩子、其親密度不同，父親一般會較認同兒子、也認為自己較有涉入兒子生活的知能，可能是得自兒子正面的回饋較多之故（Bronte-Tinkew, et al., 2006, p.260），父親認為與兒子的關係較之與女兒要容易處理，主要是因為不太了解女兒的需求為何（Radin & Goldsmith, 1983, cited in Hanson & Bozett, 1985）；也許是因為父親對於與自己同性別的兒子較為了解、也容易同理。但是父女之間的關係有異於父子，不只是因為「女兒是父親前世的情人」，可能不是社會傳統裡「男男親密」的禁忌，研究發現恐同症的男性視原生父親較為嚴厲、反對跨性別的行為（Devlin & Cowan, 1985, p.468）。父親的關愛行為對於男孩子的認知發展有極為正向的影響，對於女兒這方面的影響則較不明顯（Easterbrooks & Goldberg, 1984），這也隱含了父親將男性的社會期許傳承給下一代的表現。

有一項以父權社會的巴基斯坦青少年為對象的研究，發現有酗酒或藥物濫用的青少年對父親性格的描述較為負面，其實也顯示了親子關係欠佳的事實，然而是否因為親子關係不良導致偏差行為？目前尚不能斷定這樣的因果關係（Shah & Aziz, 1994）！中國傳統的父親角色比較威權，父子關係由於倫理上對下的期待、因此是相當謹守分際的。然而父子或是父女的關係應該是雙向互動、相互影響的（Parke, 1981），儘管許多父親體認到自己渴望與家人有更親密的接

觸，但是又希望可以達成社會對其角色的穩健期待，因此倍感壓力（Filene, 1986），這也是一種雙重角色困境。有研究指出（Roberts & Zuengler, 1985, cited in Hanson & Bozett, 1985）：父親與孩子的關係會隨著孩子成長而有所變化，通常是朝較為親密的方向（Levant, 1980; Pollack, 1998; Roberts & Zuengler, 1985, cited in Hanson & Bozett, 1985），而現代父親不僅希望可以擺脫以往父親的被動形象、希望與孩子更親近，事實上與上一代父親相形之下，他們與孩子已經更為親密（Pollack, 1998）。

父親對待與管教子女的方式，可能因為自身與子女性別不同之故而有差異，這中間涉及了社會性別的不同期待與要求，以及父親對於性別不同子女的熟悉度與同理。「親職」傳統上是以母親為主要負責人，父親角色被定位在「工具性」、養家與保護者的功能上（也就是「天父」），也間接地影響父親在親職功能上的訓練與發揮。儘管現代對於「新好男人」的要求可能影響到父親功能的界定，但是傳統社會對於男性（包括父親）角色的制約還是根深蒂固，想要突破這一層阻礙，還需要有持續與後繼的努力。

父親的重要性

一、父親的在與不在

王珮玲（1993）整理文獻歸納出父親角色對於兒童在性別角色、道德、智力與成就、以及社會能力與心理適應等方面發展的重要性，這說明了父親角色在這些面向的影響情況而性別化（約束與限制性別刻板印象）、道德與智力成就的督促（包括行為管教與課業的注重）是許多研究的共同結論，而社會能力及心理適應與父親願意放手讓孩子去嘗試、練習較有關聯。儘管父親的重要性已經慢慢經由文獻揭露，然而Heath（1978）的長期研究卻發現許多男性不將「父親」列為自我成熟過程中的重要角色，而這些男性的妻子也認為她們的丈

夫常常心不在「家」（cited in Tripp-Reimer & Wilson, 1991），也許這些父親只是複製了自己父親的行為模式而不自知，但是也凸顯了男性對於父親角色的期許還是停留在傳統「養家」上，其主觀的重要性也彰顯於此。

　　誠如Jim Herzog（cited in Pollack, 1998, p.124）的「渴望父愛」（father hunger）情況，主要是因為感覺被遺棄，而其原因包括死亡、離異、單親母親家庭的孩子、收養、父母的上癮行為、虐待、與傳統父職（Erickson, 1998, 陳信昭、崔秀倩譯，2002），也就是傳統的保守父親與孩子的距離也會讓孩子有「被拋棄」的感受、而在心上留下創傷。渴望父愛與渴望母愛都是因為失去、或是失功能所促發，沒有因為失去哪一方影響較少，這其實說明了一個家庭的成員都有其角色與功能性，當然家長的職責是最重要的。如前所述，如果母親的功能是舒緩孩子的情緒，父親的功能就在於藉著較需要活動力的遊戲、激起孩子的情緒，讓孩子對情緒有更廣範圍的探索與了解（Pollack, 1998），兩者相輔相成、各有其擅場之處。

　　有研究者（Krampe et al., 2006）將父親的存在（presence）加以詮釋，父親的存在不只限於同居，還衍伸到心理上的層面，也就是對子女的態度、行動與關係品質上（p.161）；Riesch、Kuester、Brost、與McCarthy（1996）曾經訪談近四百位不同族群的父親，了解他們印象中的父職，發現幾個主題（依序為原生家庭的界限設立情況、父母親的存在與接近性、遵守個人還是家庭的指導原則、以及家庭成員間的溝通技巧），其中的「存在」包括了生理與情緒的接近性（physical and emotional parental availability）（p.19）。雖然生理上的存在並不是最重要，然而不可否認的，一位父親在家庭裡還是有其重要「正統」或「法律」地位，不僅是象徵性的表示一個家庭的完整（an intact family），還有對於子女的意義。現代父親有許多是因為工作或其他因素長期住在外地，未與家人相聚在一起，因此生理上的存在反而是其次，而其是否可以讓子女感受到他的「在」與關愛，也許是子女最關切、也是最重要的。因犯罪入獄的父親們會因為

受刑而損害其對於自己父親身分的認同與發展，當然也傷害了親子關係（Dyer, 2005）；Magaletta與Herbst（2001）發現美國監獄內有一半以上受刑人是父親，卻因為空間距離與聯絡方式的限制，很難執行其父職，是另一種的「父親缺席」，而這個限制卻也是治療難得的好機會（對這些受刑人來說，可以是其自新的絕佳動力），而受刑的父親們卻也容易因為監獄的「男性」刻板氛圍而盲目地執行傳統父職；Magaletta與Herbst（2001）也強調：子女要的父親是「可接近的」，而不一定要以活動的方式表現。而以臨床觀察為場景，LaBarbera與Lewis（1980）從父親是否出席第一次晤談來看全家持續接受心理治療的可能性，發現父親的出席的確有重要影響，這可能也反映了父親對家庭重要決定的影響力，然而許多父親卻認為治療只是情緒宣洩，無助於孩子功能恢復。

　　父親角色隨著大環境與時代的變遷，雖然有些微的改變，但是基本上還是以經濟、提供保護的功能居要，其重要性也表現在對於子女的行為與發展的影響上，特別是「管教」與行為的約束，研究文獻似乎喜歡放在父親在子女生活中「存」或「無」的比較上，而一般比較會注意到父親對於兒子的影響、特別是性別角色的學習，但是卻較少提及父女之間的顯著影響。綜觀這些研究的結果，不免讓人會想問：為何許多孩子的偏差行為或不適應與父親缺席有關？難道父親的「實質」存在（physical present生理上出席）具有其他的重要作用？父親的「重要性」以存或不在為研究基準，似乎太單向，並沒有做對照組的研究（如母親不在與父親不在的相對組）；即便是父親存在，但是其重要性的發揮到底如何？才是一般大多數人想要了解的。

二、父親缺席

　　不少研究以反向操作的方式，研究「父親缺席」對於家庭或子女的影響，發現沒有父親的男孩子容易有偏差行為或是心理疾病的表現，但是並沒有得到一致的結論（黃富源、鄧煌發，1998；Anderson, 1968, Herzog & Sudia, 1972, cited in Tripp-Reimer &

Wilson, 1991; Pollack, 1998）。Santrock（1970）的研究證實了孩子在出生到二歲之前若沒有父親在身邊，與其他相同發展階段的孩童相形之下有許多表現較爲遜色，包括信任、羞愧等（cited in Snarey, 1993）；而一項調查發現：單親母親認爲父親可以提供兒子最重要的是「性別角色」與「遊戲活動」，而許多母親也都認爲男孩子生活中缺少父親角色其影響是比較嚴重的（Stern, 1981）。缺席父親對兒子的影響可能造成對父親形象的迷思、以及對自我認同的眞空感，也使得母親成爲兒子了解父親的守門員（Wark, 2000），因此不免會有錯誤或個人偏見的滲入；若父親經常缺席，父子關係就會缺乏信賴，孩子就會出現攻擊行爲（Gebauer, 2003, 黃亞琴譯，2007, p.53）。沒有父親在身旁的女兒，容易較早與人發生性關係、性行爲較爲活躍，也容易淪爲被性侵害對象（Ballard, 2001），這些表現都屬於外化行爲，而內心層面卻較少觸及，也就是說性別會影響父職的執行（Nydegger & Mitteness, 1991, cited in吳嘉瑜、蔡素妙，2006, p.143），而也再度說明了父親在「管教」上重要性，也暗示著父親對兒子而言是一個學習的角色楷模，對女兒則是保護功能。

離異之後未與青春期孩子同住的就業父親，反而會更參與孩子的生活，雖然外祖父與孩子同住一處，也不會減少父親的參與度（Danziger & Radin, 1990）。吳嘉瑜與蔡素妙（2006）的研究發現：父親外派對年幼孩子影響較大，男女性對於外派生涯的看法反應不一，女性重在關係的維繫、男性則認爲是增長見聞與磨練能力的好機會，父親的形象在孩子眼中「不夠鮮明」，可能是因爲父職參與的方式沒能讓孩子感受到其重要性（p.164）。即便父親不在身邊（或是沒有父親），孩子心目中依然有父親的位置，而象徵意義的父親是由母親所構築的，眞實父親則是靠父親自己努力、獨立從母親那裡爭取到自己的位置（Karl Gebauer, 2003, 黃亞琴譯，2007, p.54）。

父親不在身邊（如不同住、死亡），孩子心目中還是有屬於父親的位置，只是這個父親形象較抽象、有許多幻想或是傳說的部分，也許是藉由母親或相關親友的描述與事件敘說，較難有公允的刻畫，若

雙親是經歷過醜惡的離異，與孩子同住的家長不一定對另一位家長有公平的描素，也因此孩子也必須要自己去尋找更多關於父親的事蹟與故事，甚至可以經由諸多管道進一步描繪出較完整的父親圖象。

由於中國文化的特殊性，使得女兒與父親之間的關係較爲疏遠（Ho, 1987, 引自葉光輝、林延叡、王維敏、林倩如，2006）；我國傳統的父親角色較威權，父子關係由於倫理上對下的期待、相當謹守分寸。父子或是父女的關係應該是雙向互動、相互影響（Parke, 1981），儘管許多父親體認到自己渴望與家人有更親密的接觸，但是又希望達成社會對其角色的穩健期待，因此壓力更大（Filene, 1986）。葉光輝等人（2006）就「渴望父愛」議題對高職女生作研究，在「高渴望」組裡因爲因應方式不同表現出「強制」與「防衛」兩種亞型，似乎不是我們樂見的結果。徐麗賢（2005）發現大陸臺商以指導課業、表達關懷、健康安全照護、與培養子女的自立能力爲主要關切，這也表示「距離」會讓父親感受到未能發揮父職，也期待可以補足親職功能，而很重要的是這些父親希望自己對子女的關愛可以傳達、甚至被子女接收到。

關於缺席父親的研究，較多出現在離異家庭，而研究結果也朝向負面影響的居多，例如在行爲與學業上的困擾（Teachman, Day, Paasch, Carver, & Call, 1998）。此外父親缺席家庭的孩子，不管是男性或女性，基本上在青春期都較之同儕發育更早（Bogaert, 2005）；Perkins（2001）在調查大學女生與父親之間的關係，也發現沒有父親的女性有疏離與被父親誤解的感受。由於男性罪犯遠遠高於女性，也導致許多孩童面臨父親缺席的事實，而對於雙親之一入獄的孩子來說，似乎有性別上的差異，男孩比較多向外宣洩（acting-out）的偏差行爲出現（如嗑藥、飲酒、逃家逃學、攻擊或敵意行爲、甚至是犯罪），相對地女孩就較多向內宣洩（acting-in）的行爲（如退縮、做白日夢或惡夢、表現孩子氣、懼學、哭泣或學業表現低落等）（Fritsch & Burkhead, 1981），但是這可能是傳統親職工作分配（即父親負責管教、母親負責照顧）下的觀察結果，或是突顯原來就存在

的性別社會化差異。

　　其他研究針對失功能家庭，對施虐家庭做研究較多，結論也提到來自父親缺席家庭的女性，通常在與異性關係上會出現問題，包括選擇施虐或拋棄妻小的伴侶（Secunda, 1992, cited in Perkins, 2001），在認知發展與學業表現上也較爲落後（Grimm-Wassil, 1994, cited in Krohn & Bogan, 2001），進一步影響其在高等教育上的發展（Krohn & Bogan, 2001）；而對男孩而言，與人互動、男性形象等都受到負面影響（Beaty, 1995; Mandara, Murray, & Joyner, 2005），男孩因爲沒有男性楷模可玆效法，因此在男性氣概的表現上稍遜於雙親家庭的同儕，而父親缺席家庭的女孩，卻也因爲母親仰賴之故，表現出較多的男性特質（Mandara et al., 2005）。

　　父親缺席的理由不管是因爲遺棄或是拒絕，父親缺席的原因、孩子受到的影響、以及家人的反應這些重要議題都會觸及（Stokes, 2003），Gable（1992）特別提到：不管父親缺席的原因爲何，孩子心理穩定與母子/女關係的穩定性是相關的（cited in Lowe, 2000）。美國非裔家庭中也常常是女性當家，因此家中長子就常常成爲缺席父親的替代，也承受過多的壓力與期許，這在家庭治療上就產生了所謂的「界限不清」（Lowe, 2000）。父親若是非自願缺席，其子女在依附需求上就較爲欠缺，越早失去父親的孩子對其發展影響更大（Brown-Cheatham, 1993），如Grimm-Wassil（1994）就比較父母離異與父親過世的女兒，前者的行爲問題出現在引人注意與紊亂的異性關係上，後者則是害怕與異性接觸、對父親看法較爲正向（cited in Krohn & Bogan, 2001）。Boss（1980）發現儘管軍人父親不常在家，但是其「心理上的出席」（psychological presence）卻是預測妻子與家庭功能的主要指標！

　　當然也有研究探討父親缺席的優勢，只是相形之下較爲稀少，包括讓孩子更能獨立、負責、早熟，容易滿足、與人合作（Finn, 1987, McCarthy, Gersten, & Langner, 1982, 引自吳嘉瑜、蔡素妙，2006,

p.144），也較有韌力與正向的自我觀，珍惜與人互動的價值、覺察他人感受較敏銳、也較有決斷力（Laidlaw, 1999）。只是這些正面特質是不是因為情境使然下的「不得不」或「生存之道」？需要進一步探討。

既然缺席父親的象徵性意義依然存在、甚至受母親影響甚大（Gebauer, 2003, 黃亞琴譯，2007, p.54），也說明了一個重要的事實——雙親的關係會影響親子關係，因為親子關係不能自外於所處的關係脈絡與環境。父母關係良好，自然會讓子女與父親關係更佳，反之若父母關係疏離也會複製或重現在子女與父親的關係上（Cummings & O'Reilly, 1997, cited in Krampe et al., 2006, p.163; Dickstein & Parke, 1988; Lamb & Elster, 1985）。

父親角色隨大環境與時代的變遷，雖然有些微改變，但基本上還是以經濟、提供保護的功能居要，其重要性也表現在對子女的行為與發展的影響上，而研究文獻似乎喜歡放在父親在子女生活中「存」或「無」的比較上，一般比較會注意到父親對兒子的影響、特別是性別角色的學習，但是卻較少提及父女之間的顯著影響。父親缺席對於整個家庭與子女都是遺憾，雖然有些是非自願性的缺席（如死亡、在外地工作、軍人、入獄），子女依然期待父親形象的完好，畢竟自己是父親的血脈，而孩子更在乎的應該是父親「心理上」的出席，也就是說父親有心、也願意分擔親職，即便形體上未能長伴或相聚，至少讓孩子覺得自己是被愛與關照的。

父親形象與其影響

一般父親在孩子中的形象是趨於嚴肅、疏離、傳統的，隨著孩子成長，父親的影響也朝向不同面向發展；儘管研究顯示父親並沒有像母親一樣將自己的父親角色看得這般重要，但是卻也發現許多父親的確希望與家人更親密的需求，只是礙於自身時間與養家職責、母親的

間接阻撓（對於父親育兒技巧的要求、照顧的角色定位）、還有社會期待因素與壓力等，不能讓父親隨心所欲發展親職功能。這樣看來，父親的角色是被邊緣化的，因此常被歸類為孩子「玩伴」與施行「懲罰」的功能上。

　　以往父親形象出現在童書裡的比例較少，六零年代之後出現較多，也看到父親形象的轉變之一斑（Flannery Quinn, 2006）。Karl Gebauer（2003, 黃亞琴譯，2007, pp.266-305）訪問了十六位父親（年齡介於38歲到65歲之間），也發現了這些男性內在父親形象的建立、發展及保護的一些事實：（一）與原生父親的強烈分歧（尤其是青春期階段），是為自己將來的父親形象準備了發展空間；（二）父親角色的發展是極為主觀的，也受到許多因素的影響；（三）從童年到成人階段，我們不斷地對父親的內在形象進行檢驗、加工、甚至更改，若加工成功，其發展就更具獨立性；（四）早在青春期，年輕男性就已經開始對他們要遵循的父親形象進行修正；（五）與父親之間的正向經驗就是父親給予的安全感、穩定的關注，即便在這樣情況下，男性還是會做嚴格修正與批判，期待自己與原生父親的區分（所謂的「裂變」）；（六）穩定的男性身分是父親角色的前提，若是缺乏父親或其他男性人物的情感關注，會阻礙男性與本身父親身分的發展；（七）男性若是未能自原生父親處得到情感關注，也可能自其他資源（如子女、手足、祖輩、母親或延伸家庭與他人）那裡獲得彌補，其自身的父職表現也可能會與原生父親迥異；（八）倘若可以將與父親之間的積極體驗（這些積極體驗不一定是個人親自接觸到的，而是經由他人傳輸或提醒也可以）內化，即便父親不存在了，也無損於其正面的父親形象形成；（九）一位男性若對父親不了解、也不會有思念之情，也因此內心可能有空洞與失落，但個人本身卻未察覺；（十）除非個人可以真正認識父親，才可以適當地與父親告別，因為個人是由父親而來，自我身分與父親身分是聯結在一起的；（十一）盡職的父親主要是因為他將其孩提時代所缺的部分情感給予孩子；（十二）男性內心裡要有一個「夠好」的父親，才可能產生一個「具

承載能力」的內在父親形象：（十三）男性身分不是透過聲明而產生，而是需要一個內在的發展，也因此女性的挑剔眼光非常有用；（十四）男性必須要有男性榜樣及他與這個榜樣的分歧作為參照，才會發展出專屬自己的、獨特的父親形象；（十五）父親沒有情感品質，也未能讓孩子感受到關愛，父親形象就缺乏鮮活性，也會封閉兒子通向其情感的入口。因此他（Gebauer, 2003, 黃亞琴譯，2007, p.71）認為男性身份的發展是未來父親角色存在的基礎，只有在與男性榜樣接觸之後，才可能有這樣的經驗，倘若父親這個角色沒有情感品質、甚至扼殺了孩子的心理空間（如控制的父親），而且沒有其他替代角色的出現，那麼兒子就不太可能有完整（或承載能力）的內在父親形象，對其未來擔任父親的能力會有影響。

　　青春期是男性對父親角色嚴苛考驗的時期，有兩大力量在青春期最明顯：一是回歸，這是一種與父親的理想化有關的渴望，二是對未來獨立的渴望，如果找到改變父子關係之道，父子關係會慢慢走向成熟（Gebauer, 2003, 黃亞琴譯，2007, pp.64-65）。一般父親在孩子中的形象是趨於嚴肅、疏離、傳統的，隨著孩子成長，父親的影響也朝向不同面向發展；儘管研究顯示父親並沒有像母親一樣將自己的父親角色看得這般重要，但是卻也發現許多父親的確希望與家人更親密的需求，只是礙於自身時間與養家職責、母親的間接阻撓（對於父親育兒技巧的要求、照顧的角色定位）、還有社會期待因素與壓力等，不能讓父親隨心所欲發揮親職功能，這樣看來，父親的角色是被邊緣化的，因此常被歸類為孩子「玩伴」與施行「懲罰」的功能上。

　　父親形象不是靜態的，而是需要經過實際互動而更形鮮明，而且會隨著孩子發展階段與歷練有所更新與修正。父親形象有其理念上的意義與實質上的意義，即便是生理上的存在也有象徵性涵義，但是最重要的還在於父親在子女心目中的「主觀」性存在。

 ## 排灣族群的社會制度與父親角色

　　如果探討臺灣原住民族群的父親，又可能呈現哪一種風貌？本書另一研究是以臺灣南部排灣族後裔（父或母為排灣族人）的大學生為研究對象，因此有必要將目前文獻上所見的資料也列入。

　　排灣是臺灣原住民第三大族群，在屏東分布於三地門、泰武、瑪家、來義、春日、獅子、牡丹、滿州等八鄉，社會制度分為貴族、世家與平民三個階級（劉盛興，1995）。排灣族原本只是一個部落名稱，家以「種子」為核心（潘立夫，1996），強調「長嗣制」，沒有明顯性別區隔（易言嬡整理，2003；周芬姿，2000），夫妻之間的稱謂也是對等的，婚嫁沒有誰「娶」誰「嫁」的主從或權力關係，思考模式屬於「平權」（潘立夫，1997），甚至在結婚同時就談好離婚條件，因此女性即便在離異之後，也不會因為經濟問題而受困（潘立夫，1996），當然也不強調所謂的男性氣慨或刻板的性別角色，而對於孩子教養的容忍力超乎一般漢族（周芬姿，2003）；但男女因為性別而有的制式分工，不能排除漢化（或主流文化）的影響（達努巴克發言，2003，非父系社會之性別圖像：排灣族、阿美族、卑南族與漢族的對話），因為文化不是單獨存在的，也受到外在環境的衝擊（包括漢文化）（游美惠發言，2003，非父系社會之性別圖像：排灣族、阿美族、卑南族與漢族的對話），這自然也對於父職或父親角色有影響。

　　達努巴克（2003）以自身為例陳述共同父職的經驗，他認為這是排灣族強調社會合作的群體意識的一種表現，然而是否因為其本身（外省）父親不在身邊的現實使然？此外，個人也會在生活週遭找尋替代性的父職模範以為補償（Gebauer, 2003, 黃亞琴譯，2007）。也因為是以「種子」為軸心的家庭結構，重視長子（女），父母親對於這個長嗣（頭胎，vusam）沒有所謂的充分主權，而認為是神的旨意，因此其職責是尊重與保護（潘立夫，1997），也就有較多要求（陳雅惠，2005）；長嗣也就是家的主權代表，若屋中無長嗣，就

是「空戶」（潘立夫，1997）。長嗣既然是家中主權代表，除了繼承父母的財產外，也繼承雙親對子女的義務（石磊，1976），除司照顧之責、也要成為弟妹之榜樣（陳雅惠，2005）。相對地，雙親對於兒子的管教也很嚴厲，因為兒子也是家中主要的生產者、肩負家計的使命，父子關係密切，狩獵、農務都在一起，父親也會教導兒子做人處世道理，若兒子行為不端，父親會自責（石磊，1976）。但是有些研究者卻發現排灣族儘管是在社會制度、人際關係與語言上較「忽略性別」，但是其族群本身卻又有南、北、東排之分，在繼承制度上有偏於父母系、父系與母系的不同（周芬姿，2000, p.18）。如果性別區分不明顯，當然也會連帶影響到親職角色，只是文獻中沒有看到更深入的父職描述。

　　隨著時代的變遷，排灣族的許多傳統也受到挑戰，要在現代變動的社會中維持既有的傳統也不容易，加上族人與外族聯姻，自然也影響到其傳統習俗的執行。排灣族的父親與一般退伍榮民的父親，在執行父權與親職工作時有何不同？在本書中會有一些探討。

第三章

方法論與研究程序

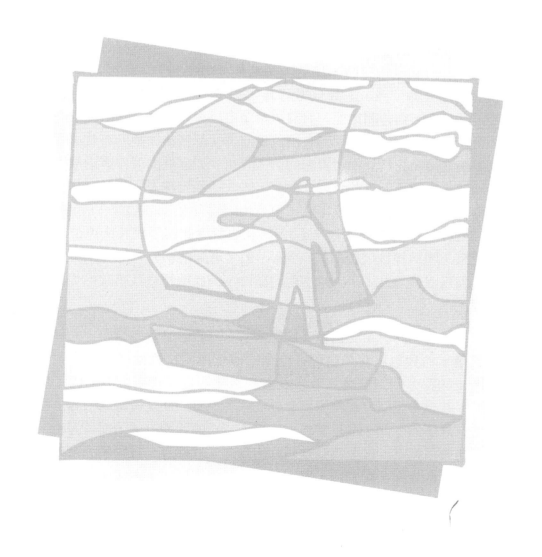

 我與質性研究的相遇與相識

　　我學諮商，在閱讀諸多派別之後我了解到：「理論」其實都是自生活中來，「理論」就是將行為或現象簡約化、或是定義成一套可以運用的公式。在我有限的「研究方法」訓練裡，幾幾乎都是「量化」研究居多，也許是因為是當時的主流之故，而我也從來不疑有他，但是在實際諮商治療場域，我發現自己越來越不能用「心理疾病統計與診斷手冊」（所謂的DSM）來看我的當事人，「我到底該從這個診斷的標籤出發來看他／她，還是有其他的方式？」那個診斷的「標籤」讓我「不得不」從病理的角度來看他，這樣的方式其實嚴重限制了我與當事人的互動，就像是醫生只看見「病」、卻沒有看見「人」一樣。一直到唸博班時，第一次接觸到「質的研究」，當時的授課教師讓我眼睛一亮，老師教得認真、忘我，我也做得非常努力、投入，常與老師約時間見面、討論，希望可以更熟悉這樣的研究取向，甚至在做期末報告時，因為有兩位受訪者（都是治療師）在看過我的逐字稿之後，認為其中所揭露的個人資訊（如喜歡的著作與治療師）不妥（可能會透漏受訪者性傾向），因此還找授課老師商議，我當時以為自己闖了大禍、惶惶不安，但是也因為有老師的協助一一化解，後來老師給我的期末分數是A+（聽說他還為此與學校註冊單位差點吵起來，因為學校成績最高只到A，但是老師堅持），他後來告訴我說：因為我做得太多了，超乎他的期待，因此他認為我應該得到這個credit。

　　這一學期的經驗（也是「驚艷」），讓我看到了學術研究的另一面風景，而我也更清楚自己在臨床治療上所抱持的態度，堅定我自己所走的路。回到臺灣任教，我曾經很擔心自己在研究方面的「成就」，甚至希望就待在臨床界會好一些，但是即便在做臨床治療，我還是有許多的疑問、還是需要去找答案或新的治療方式，而「好奇」與「想要找答案」就成為我做研究的動機。「好奇」是因為我喜歡新鮮，也喜歡探險、問問題，特別是我在治療與教學現場接觸了不同的

人與許多弱勢族群，也希望可以有機會爲他們發聲、找到資源，「研究」就成爲我達成這些目標的工具。我也慢慢捨棄了一貫被養成的「量化研究」思考範典，開始學習較爲質化取向的研究理論與方式。

其實我之前寫稿、擔任文字記者，都是以訪談的方式與受訪人對話，這些閱歷讓我可以從不同的角度來看事件與人物，也更了解每個生命的深度；以前報導文學流行時，我也特別喜歡，後來還爲了撰寫他人自傳資料，搜羅了許多書面文件或口述歷史，甚至進入一個「風月場所」與受訪者做第一類接觸，那時候我就認爲：每個人都是一部歷史（也是一個文化），而每個生命故事都精彩絕倫！回到以質性研究爲進行問題解決或答案搜尋的方式，我的研究工作讓我更如魚得水。雖然之前所受的訓練都是量化研究，連博士論文也都是以量的方式進行，感覺上好像缺少了什麼，進入質的領域，到目前爲止我都還是在學習之中，方法論的書與研究文獻都持續在閱讀，要將文字運用技術與質的研究結合在一起，還是需要有相當的努力功夫，希望假以時日，我的研究可以更「質」、也更有「質感」。

質的研究有幾個特點：（一）在自然情境下進行，主要是針對個人在所處的社會文化環境裡的日常生活世界的研究；需要與研究對象直接接觸與互動，因爲研究者將自己當成一個搜集資料的工具（就如同治療師是治療的工具一樣），因此非常注重研究者與資料提供人之間的平行關係，除了尊重之外，更重要的是「不傷害」；（二）研究者透過親身經驗，對於資料提供者的經驗與意義作理解與體會，更重要的是以「自省」的方式覺察自己的可能偏見與假設，讓所做的解釋更正確；（三）研究不是定於一個時間內，而是重在過程與發展，事實也不僅僅是單面、而是儘量將可能的事實都拼湊完整，所提供的理解與解釋也只是現象之一環而已；（四）主要的分析方法是用歸納的方式，將所得資料不斷地比較與檢驗，也對相關人事物做描述與詮釋，結合受訪者之經驗而完成一個完整故事（陳向明，2002, pp.7-11）。也因此「質的研究」首重在研究者與資料提供者經由互動而對事物或現象做深入的體驗與了解，適合「微觀」（相對於「巨

觀」）層面的探究，時間向度是流動式的，也關注於過程與變化（陳向明，2002, p.13）；以諮商現場做比較，治療師與當事人也是藉由個人性的接觸、直接親密的互動與對話，了解當事人的困擾與疑問，做適當的介入處理，同時注意當事人在經過一段時間之後的改變情況，隨時修正治療策略與方向。以這樣的角度來看，二者似乎若合符節。

　　陳向明（2002, p.4）認為社會科學的研究「應該『客觀地』觀察行動者的行為和思想狀態，同時依據研究者的『主觀』直覺和理解對這些行為和思想的意義做出判斷。」也說明了研究者的角色，需要作直觀、自然的觀察者，也不能完全自外於「客觀、中立」的立場，而是以同樣是人類一份子的身分去同理、思考、思索出意義。Stake（1995, cited in Atkinson, 1998, p.64）認為質性研究一般說來是「開放結論與尋求較寬廣、或非預期的模式」，其重點在於「內容」與「意義」（Josselson & Lieblich, 2003, p.260），也就是不是用來「驗證」或「推翻」某個既存理論或模式，而是可以不預設立場，看所搜集到的資料自己怎麼說話？因此可以看到多的可行性。

　　我在本書中使用的資料蒐集方式較符合「建構主義」的觀點，也就是認為事實應該有多元面貌，因為種種因素（如個人背景、價值觀、經驗、情境、種族等等）看見不同的事實，而研究者與資料提供（或研究參與）者（我不用「被研究者」是希望可以讓彼此關係較為平權）是互為主體的關係，結果的呈現也是彼此達到共識後的展現（陳向明，2002, pp.21-22），整個研究是「發展生成」的過程（陳向明，2002, p.23），也就是隨時在流動、改變的，每一次的對話感受都不一樣，卻是繞著所欲探討的主題在走。

　　雖然質性研究的資料蒐集在理論上是希望達到「飽和」，但是基本上很難做到（Josselson & Lieblich, 2003），研究者也只能「儘量」將資料蒐集完備，而且運用多重管道或是找到更多提供資訊的人，希望可以讓所要看到的圖畫更完整。

資料蒐集方式

在本書裡的研究基本上採用了三種資料蒐集的方式（即焦點團體訪談、半結構式深度訪談、與敘事研究），因為資料蒐集的方式主要還是取決於「研究問題、目的、情境與可能獲得的資源」（陳向明，2002, p.127）。焦點團體成員的篩選，主要是請各級學校（國中到高中職）的教師與行政人員協助，請願意與談的同學參與，也將性別與年級做較適當調配，大學部分則是以廣告或班級宣傳方式進行招攬；半結構式訪談的參與成員是以廣告、班級宣傳等方式招徠，範圍較廣；而敘事研究則是選取具代表性的人選參與。參與人員的背景會在每一篇論文前（楔子）做簡單介紹。

由於在訪談現場，除了錄音紀錄參與者所說內容之外，非語言部分的訊息就需要研究者的臨場觀察筆記協助，每一次訪談進行完畢，我也做事後的覺察省思劄記，把現場中所發生的事件或我的想法記錄下來，甚至是可能疏漏的問題作後續的補足與詢問，這些都可以協助我在稍後的分析工作（陳向明，2002, pp.367-369）。

一、焦點團體訪談

焦點團體訪談（Focus group）最先是運用在商業貿易為了解顧客需求的一種經濟省時的消費者調查上，而在研究領域通常運用在探索性的議題上，或是一個產品、觀念發展初期階段，通常是作為量的研究的先驅，參與者可以在無威脅的環境中表達與分享自己的看法，因為是團體討論之故，採用焦點團體的討論主要是針對相同性質的參與者對特定議題做深入分享，並且可以彼此回應意見與學習，也是就聚焦討論來提供質性資料（Krueger & Casey, 洪志成、廖梅花譯，2003，pp.4 & 12），而採用焦點團體討論也可以讓參與者作一些「反思內省」（retrospective introspection）的工夫（Bloor, Frankland, Thomas, & Robson, 2001, p.6），然而有些研究者認為這樣的蒐集資料方法較不適用於敏感性話題，但是也有研究者持不同的

意見（Greenbaum, 2000），主要可能是看領導者（或「協調者」，moderator）本身的協調與溝通能力，參與團體的成員最好同質性高一點（Greenbaum, 2000, p.146）。

　　成功的焦點團體討論主要符合以下幾個因素：領導者的專業權威（讓參與者可以投入討論）、運用語言與非語言的能力是學習過程的一部分（清楚溝通與反應）、團體動力（可以與他人分享交流、聽到不同的意見）、參與者的專注力（願意投入一段時間與他人做充份互動）、實際參與「現場」的研究（充分觀察與了解參與者的討論與動力情況）、參與人數讓人可以安心分享（即便是敏感話題也可以放心在團體中討論）、安全的控制（保護成員在團體中討論的保密性）、過程的動力（清楚且深入了解討論時的動力因素、並可據以延攬不同族群參與討論）、過程較為快速省時（可以在極短時間內蒐集到想要的資料）、以及節省經費（Greenbaum, 2000, pp.10-14）。基本上一般使用焦點團體討論人數約莫在7到10人，但是也可能將人數降為4到6人，主要是要了解參與者對某一議題的態度與感受、以及行為背後的原因，成員間的互動可以讓產出的資料更豐富（Greenbaum, 2000）。焦點團體討論進行之前，領導者必須要做好充分準備，列出要討論的問題、並在成員討論時做適當觀察與紀錄；領導者的角色包含了：策略性諮詢者與計畫者、內容管理者（討論內容與方向的掌握）、計畫協調與執行者、（團體的）催化員、分析與溝通者（將所蒐集資料作適當分析、提供相關人員結果與建議）、以及心理學家或朋友（Greenbaum, 2000, pp.24-28）。

　　通常團體訪談主要是經濟、資料豐富、有彈性、可以刺激受訪者、協助回憶，以及蒐集累積、詳細的資料（Fontana & Frey, 1994, p.365）。焦點團體訪談較之個別訪談有幾個優勢：訪談本身可以作為研究對象，也就是不只是針對參與者對研究者的對話而已，還鼓勵參與者互相交談、對研究問題進行集體探討，因此還可以集體建構知識（陳向明，2005, p.287）。當然這種研究方式也有其挑戰，例如雖然較個別訪談省時且經濟、短時間內獲得較豐富資訊，但是並不一定

可以顧及所有參與者都能夠參與、或是發表不同意見，因此獲得的訪談內容也比較雜亂（陳向明，2005, pp.293-295）。我在進行焦點團體訪談時，還必須要請觀察員紀錄、或是自己隨手記下觀察與想要提出的問題，有時在沒有錄影機的協助下，許多的觀察可能會漏失掉。

　　因為「父親形象」是個新的議題，因此採用焦點團體討論的方式，可以在極短時間內獲得參與者對此議題相關問題的回應，也藉著參與者彼此之間的互動與討論，可以激發不同的想法，讓資料蒐集更多樣、多元化；進行焦點團體訪談也可以在相當短的時間之內，讓資料蒐集飽和（也就是內容重複、沒有新資料出現）（陳向明，2002, p.128）。

二、半結構式深度訪談

　　訪談法基本上是針對較為複雜的議題而做的資料蒐集方式（Greenbaum, 2000, p.16），而面對面的訪談可以：做更深入的探究、個別訪談較容易讓受訪者接受與分享所知（特別是有關敏感或私人議題時）、可以更有彈性地去蒐集內容、比在團體討論所需技巧更容易、也較易分析談論內容；然而對照團體討論就少了動力的因素、資料所得不及在團體中所得的豐富、較費時耗力、受訪者投入程度可能不及團體討論時、及對敏感議題也可能不易提供資料（Greenbaum, 2000, pp.17-20）。

　　我在研究中採用的半結構式訪談，也可以說是「主題式訪談」（topical interview）（Rubin & Rubin, 1995, p.6），是針對某些特定事件或過程做深入了解，藉由半結構式深度訪談可以發現更多關於個人生命與親密經驗的資料（Elliott, 2005, p.19）。半結構訪談是希望依據一些擬定好的問題（即訪談大綱）做進一步了解與探究，與一般結構性訪談相形之下，可以依據受訪者所答（或提供的資訊），做更深層的探問與理解，甚至可以與之對話、讓談論的議題更深入，比結構式訪談有彈性，也可以就受訪者所提供的資訊內容，做即時釐清。訪談大綱的作用在於：是一種提示，也在訪談進行時鼓勵受訪

者提出問題，然後依據訪談程序與內容作彈性調整（陳向明，2002，p.230）。對我來說半結構式深度訪談可以：聚焦在一個議題上，提出相關疑問或需要解答的問題，並在極短的時間內，以具體、直接的方式蒐集資料，而所謂的「深入」就是可以就受訪者的回應、進一步追問與了解，增加資料的豐富與厚度。

要怎麼問問題、問什麼問題才能達成研究目的是相當重要的（Atkinson, 1998），很重要的是研究者需要會「聽」，不僅聽見受訪者所描述的經驗或事件，還可以了解其所說的意義，也唯有「能聽」，才會讓受訪者知道自己所說的有價值、有意義，另外訪談研究者才可能「問」出有邏輯的問題。質性的訪談工作需要仔細聆聽，聽到形塑受訪者世界的意義、詮釋與理解（Rubin & Rubin, 1995, p.7），跟一般與人對話或聊天有極大差別。擔任諮商工作多年，讓我學會聆聽，也在與當事人的互動中了解他們的故事與想法，讓我可以體會到另一個生命的掙扎與努力，感激當事人給我這樣的特權進入他們內心世界，而這也是我較喜愛訪談或故事敘述的原因之一；而半結構式訪談不像結構式訪談那般僵固、制式，在個別訪談中，更可以讓個人的隱私性獲得保障，受訪者可以得到更多的關注、有更多機會與受訪者交流，因此也可以針對其內心世界做更深入的揭露（陳向明，2002, p.231）。

質性訪談的設計是有彈性、互動與持續的（flexible, iterative, and continuous）過程，在整個研究進行期間也可以隨時做修正（Rubin & Rubin, 1995, pp.43-45）。訪談進行中，我也要注意修正自己的用詞、問題，看看這樣的問法是否可以讓受訪者了解？需要做怎樣的修正、可以讓我得到我想要的答案？因此在訪問前一、兩名受訪者時，我會特別注意到所設計的問題是否清楚、明白，讓受訪者真正了解？儘管如此，在每一次訪談時，我還是會提醒受訪者：「如果有不清楚、或是不懂我問題的地方，請直接告訴我。」

三、敘事研究

　　說故事是人類溝通的基本形式（Atkinson, 1998, p.1），自遠古文字尚未發明以來，許多人類經驗智慧的傳承都是靠口說故事，經由自己生命故事的敘說可以讓敘說者更了解自己，也可以從反思以及口述經驗與事件的過程發現生命更深一層的意義（Atkinson, 1998, p.1），就如同Brunner（1986）所言：藉由敘說來發現我們是如何「建構」自己的生命的（cited in Atkinson, 1998, p.2），因此具有強烈的自傳意味（Clandinin & Connelly, 2000，蔡敏玲、余曉雯譯，2003, p.176）；敘說者是詮釋自己所說故事的第一人，也就是透過故事來建構個人的實相（reality），而也是經由故事方式去發現與認可每個生命的價值與個殊處（Atkinson, 1998）。

　　故事的產生有其脈絡性，包括當時發生的環境、時間、與歷史，因此敘說也帶有時代或歷史意義，說的可能不只是個人主觀的故事而已，與當時事件發生的情境都有干係。故事敘說者會安排故事的優先次序，也自中彰顯故事對敘說人的意義（或敘說者認為的故事意義與重要性），而在敘說中也可以看見個人「自我」的展演（evolves）（Atkinson, 1998, p.11），而個人的展演（evolving）與動力（dynamics）故事就是建構特殊個人的個體性（individuality）之要素（Thorne, 2000, cited in McAdams, 2001, p.101）；而從故事敘說或重述故事中也可以重新發現意義與領悟（Atkinson, 1998, p.13），就如同重複看一本書，每看一次會有新的領會與發現一樣，這也許與年齡經驗等有關係。

　　敘說者是呈現自己的一種理解（knowing）方式，以建構主義的立場，就是道出事實的一部分。在訪談中參與者不止是在敘說自己的故事，也會聽見自己的故事，將自己的故事經過敘說而重新整理（吳芝儀，2003, p.147）、甚至衍生出新的意義與領會。在敘說中涵括的資料，其重要性由敘說者自己決定，敘事情境與時間脈絡都有跡可循，甚至可以看到敘說者對於事件的詮釋與反省（Connelly &

Clandinin, 1988; Grumet, 1990）。此外，口述歷史或故事適用於弱勢或是少發聲的族群，可以深入了解處於不同社會階層、以身歷其境者的眼光來了解事件意義（江文瑜，1996），也就是可以選擇最具潛在代表性的對象來研究（Bogdan & Biklen, 1992, p. 65），而從「自我飽和」的後現代與多元觀點，也適用於個人特殊經驗的理解與意義探索，雖然也許流於個人浪漫的意含（Crossley, 2000, 朱儀羚譯, 民93, p.60 & p.100）。

敘事（說）基本上由幾個部分所組成：場域或情境脈絡（包括事情發生地點、時間、環境與文化社會）、人物（與事件有關的人物）、事件（在某特定時間所發生的特殊事件）與情節（就是敘事結構，不同事件發生與行動的總和）（Oliver, 1998 & Pluciennik, 1999, 引自吳芝儀, 2003, p.155）；Labov與Waletzky（1997, cited in Elliott, 2005, pp.8-9）描述完整的敘說應該由六個要素所組成，它們是：（一）摘要（敘說者所說主題的摘錄），（二）方向（時間、地點、情境與參與者），（三）複雜行動（真正發生了什麼事），（四）評估（行動的意義與重要性），（五）解決方式（最後發生什麼事），以及（六）結局（回到目前的看法）。

敘說是敘說者與聽者（研究者）之間的合作探險之旅，彼此互為老師、可以互相學習與成長，與一般研究者與消息提供者的關係不同（Atkinson, 1998, p.27; Elliott, 2005），當然研究者也是聽者的時候，他（她）的態度與敘說者之間的關係會影響到敘說的真實性，因此問什麼、怎麼問就非常重要（Atkinson, 1998），每一個故事都是內容、建構與意義的組合（de Vries & Lehman, 1995, cited in Atkinson, 1998, p.75），因此有其複雜度，而研究者不同的問法也可能獲得不一樣的答案或回應。我在研究現場就是一個專注的聆聽者、好奇的詢問者，提供一個舞臺讓敘說者發揮、儘量完整地陳述那個主題事件，只有在敘說者可能忽略一些細節、或是對於一些陳述有避重就輕等情況時，我才會順勢提問。

資料分析方式

　　質性資料的可靠性，Denzin（1978）曾經提出所謂的「三角檢測」（triangulation），主要是指多方蒐集資料、不同研究者的評估、從不同觀點來解釋同一組資料、以及採用不同方法來研究問題（cited in Janesick, 2003, pp.66-67），也就是需要研究者儘量從多元方向獲取資料與解讀，而質性研究的信度與描述、解釋有關，卻也沒有唯一「正確」的解釋（Janesick, 2003, pp.66-69），因而其編碼的正確性就關乎信度，而編碼的意義就與效度有關了（Druckman, 2005, p.258）。質性資料的分析通常極為繁瑣，因為需要分析的資料素材太多，因此最聰明的方法就是邊進行資料蒐集，同時就進行逐字稿整理與分析，而且這些資料都經由研究者本身作錄音聆聽與謄寫，唯有這樣的方式，才可以「浸潤」其中，與之進行真正的對話（陳向明，2002, p.368）。

　　資料分析主要就是「化繁為簡」、逐步概念化的過程（潘淑滿，2003, p.325），而Strauss與Corbin（1990）提出紮根理論的編碼方式：（一）先將逐字稿熟讀，找出與研究相關的字句（以字或句為意義單位）；（二）進行開放編碼，將找出的「意義單位」做初步歸類；（三）進行主軸編碼，也就是將開放性編碼做更高概念的分類，試圖連結與比較彼此相關的概念，用更高層的概念去歸類；（四）做選擇性編碼或主題詮釋，把主軸編碼類別以更核心、抽象的範疇去涵括。雖然這樣的編碼並不完美（林本炫，2003；Janesick, 2003），但是也提供了研究者一個分析方向與步驟。資料整理與分析不可分，而資料整理主要就是歸類的工作，先從資料編碼開始，然後將有意義的詞句或段落加以標示、給予概念，從反覆出現的現象中找出「形式」（pattern），再予以更抽象或概括的概念（陳向明，2002, p.129）。編碼不必制式地套用他人的方式（陳向明，2002, p.389），主要還是依據研究者的研究目的與問題而定，也就是提醒研究者要以「彈性」、「適切性」為最高指導原則。

　　訪談資料分析部方式是以錄音逐字稿爲文本分析依據，以開放編碼方式先將訪談重要內容做標示、化約與初步分類，然後再依據相關內容做整合歸類（請見下表一）：

表一：訪談內容分析舉隅

逐字稿內容	開放編碼	主軸編碼	選擇編碼
你說叛逆期跟風暴期，其實我跟我父母親都沒有衝突到。	不同住，少了衝突可能性	青春期與雙親關係	父子關係
（若同住）看你頭髮弄這樣、衣服穿這樣就「抓狂」（臺語）了！對不對？你每天回來看他那個樣子、看了就想要罵人。	猜測雙親對於目睹自己青春期可能的反應	青少年期言行價值與雙親的可能差異	父母親價值觀
國中、高中就沒有（與雙親同住），（然後）結婚就（在）外面住。	少接觸、也少了衝突之可能性	青春期就離家外宿	與父親接觸時間
如果講難聽一點就是「相敬如賓」嘛，很客氣、然後很尊敬對方。	彼此敬重與不熟悉	青春期之父子關係	父子關係
所以我結完婚是一個衝突點很大的地方，就是家裡，因為把我老婆帶進我原生家庭裡面來，老婆的一些觀念很衝擊到我們家裡面，對小孩子的管教問題是最常（發生）的。	結婚後發現的觀點差異	結婚之後的家族差異——價值觀不同	管教態度
媽媽的教養方式跟老婆的教養方式，哇，好像天南地北。所以這個對我來說是一個很大的引爆點。	母媳教養方式差異	兩代教養差異	教養方式

逐字稿內容	開放編碼	主軸編碼	選擇編碼
老婆常常覺得說小孩子不該這樣放任，而且小孩子都懂、你要教他，而不是像爸媽都「啊就『小漢』（臺語『年幼』）啦，不要緊啦」。	老婆認為孩子要教、父母則是較放任	父母與妻子教養方式對比	教養方式
她（妻子）的家庭是這樣，她的成長背景也是一板一眼，然後東西收好，離開（前）電燈關掉、水龍頭關緊，我們家是不來這一套啦。	夫妻兩家的教養方式	教養差異——約束與放任	教養方式
像我們家爸爸媽媽不會說抽屜要關好，（妻子）衣服夾到抽屜、這樣露出來也不行，啊我是無所謂啦。	妻子與自己的習慣不同	教養差異	教養方式

　　此外，在進行焦點團體或個別訪談時，我在訪談現場也做了臨場紀錄，回去重聽訪談錄音帶時也將當時聆聽過程出現的問題寫下，這些都是我在後來分析時可以用來輔佐的工具。將錄音帶重複聆聽是作為歸納訪談資料最好的方法（Riessman, 1993，王勇智、鄧明宇譯，2003, p.126），此外我自己謄寫逐字稿，雖然耗時甚長，但是在聆聽過程中可以激發我的許多想法，甚至可以讓我的分析更細膩。我將逐字稿先做初步化約為核心敘說、然後做主題分類，最後再做統整歸類如下：

表二：敘說分析舉隅

敘事內容與摘要	核心敘說	主題
「就是要做好，做不好就（打的動作）打，尤其是對我功課的要求，要八十分以上，還有我爸要我學閩南語。」	評價：父親對長子的期待與要求	（幼時）父子關係（上對下的要求與逼迫）
「就是很小的時候，然後我爸是騎那種野狼一二五，我是坐在前面那個油箱上面，他就一直跟你講閩南語，然後你只要回他國語，他就從後面打你。（研究者：敲頭嗎？）對。所以就因為那個每天都要（學）呀，然後慢慢慢慢就學會了。」	摘要：上小學前，父親會逼著他學閩南語，如果說國語就會遭來毒打或責罵，也讓他現在對閩南語有一股無法言諭的憎恨。	父子關係（強迫學習的副作用，父親的威權與暴力）
「（我就是）不能犯錯，一犯錯就被打！」	狀態：不能出錯	父子關係（我是不能討好父親的）
「我爸不好溝通，（我）一反抗就被揍！」	狀態：表示意見或回話，都是觸犯威權、不尊重的表現	父子關係（反抗無理，父親的期許與自認能力不逮間的落差，也讓阿昌感受到自己無能、無力與羞愧）
「國中時我曾被我爸甩耳光，那時候我媽還勸我說：『被打的時候要小心，（記得）要把眼鏡脫掉。』	摘要：母親要孩子懂得自保（消極作法）	親子互動（母子面對父親暴力時的無力）
「他很不好溝通。其實我小時候也不敢跟他溝通，因為一反抗就會被揍啊！後來我國中的時候，其實我比較大一點	複雜行動：溝通無效	親子互動（父親才是最後做決定的人，孩子或妻子的意見不重要）

敘事內容與摘要	核心敘說	主題
的時候，我曾經嘗試著要跟他講我的想法，那是什麼事情呀？好像是出去玩吧還是幹嘛，他就不給我去參加，我就跟他講說，那一次就是班上同學都有去，然後我想說我也很想去啊，然後我媽肯了，我媽媽也願意就是說好呀、那錢我出呀，可是我爸爸不准我去。」		
「上高中以後，他（父親）不肯、我就偏要，就是會反抗這樣子，然後就變成說他有點、我感覺上啦，到最後他是對我放棄。」	評價：為反抗而反抗，逼迫父親退讓（最後不理睬）	（後期）父子關係（父親漸漸失去威權與影響力、阿昌的忍受極限）
「我們會講話、就是完全不會聊天，完全不會談自己的事情、完全不會談他的事情、完全不會談家裡的事情。我們會講的對白就是『早安』、『晚安』、『吃飯了』、『我要去睡覺了』、『我回來了』就是這樣子，不會有其他的東西。他很少很少問我。……在我的想法（裡）其實從高中就這樣，我不會對他生氣呀，因為我覺得對他生	解決方式與結局：不講話、不談私人事件，維持最安全的寒暄	（後期）父子關係（父子從疏離、變成路人，兒子的「區隔」可以減少傷害）

敘事內容與摘要	核心敘說	主題
氣沒用呀，因為那是傷自己。高二的時候是漸漸地完全不理他，就是傾向我媽那邊，然後到什麼時候完全就是、我連看他都不想看他這樣子，那是要到重考那一年。		
「我爸媽平常很少吵架，有時候吵過架後，也不會不說話。我媽就是在忍受吧！我高二那一年，爸媽因為養家的費用大吵，兩個人後來就不說話，我爸本來會把錢交給我媽，但是那一次只丟了八千塊錢，我媽就把那筆錢直接丟回去，說這些錢根本就不夠用、養孩子她自己可以，還說了一句：『沒本事就不要養這個家！』」	摘要：雙親交惡始末	（後期）雙親關係（互不干涉、各自過生活）
「我爸以前買過樂高玩具給我、還會為我錄下『頑皮豹』的卡通，只要我向阿媽『魯』（臺語『撒嬌』）要玩具，我爸最後都會屈服。」	摘要：父親曾有過的慈愛行動	（初期）父子關係（美好回憶也在許多負面的事件中淹沒消失）

　　我以這樣的方式讓自己可以重新檢視逐字稿內容，摘取重要概念，可以仔細思考我所蒐集材料的內容（Josselson & Lieblich, 2003, p.269），但是最重要的還是將故事重新讀過許多遍，企圖找出每個

敘述環節的重點、敘說者想要表達的想法與感受，然後摘錄故事，讓自己可以確定模式與脈絡。我同意陳向明（2002, p.373）所說的，資料分析應該是呈循環的方式、不停往返，觀察各部分之關係，由於閱讀資料本身就是「尋找意義」的過程（陳向明，2002, p.377），因此重複閱讀是最恰當的方式。Crossley（2007, p.139）建議敘說分析的幾個步驟：閱讀與熟悉、找出重要觀念、找出「敘說論調」、找出敘說主題與想像，然後將以上所有統整為一個一致的故事。

　　逐字稿部分要求清楚、完整與具體，不是做報告而已（Atkinson, 1998, pp.55-56），然而不管是以理論與主觀參照來詮釋，這當中的平衡拿捏就需要相當的經驗與智慧才可能達成；敘說者是以敘述方式將其經驗賦予意義，研究者也必須尊重敘說者建構意義的方式、並分析敘說者是如何完成這樣的建構的（Riessman, 1993, 王勇智、鄧明宇譯，2003, pp.8-9），研究者也分析敘說者的陳述是怎樣受到文化或歷史的影響的（Riessman, 1993, 王勇智、鄧明宇譯，2003, p.12）。Labov（1972, 1982）認為完整的敘說具有幾種形式上的特色，包括摘要（總結內容）、狀態（時、地、情境、人物）、複雜行動（事情順序）、評價（行動重要性、意義、敘說者態度）、解決方式與結局（對現在的展望）（cited in Riessman, 1993, 王勇智、鄧明宇譯，2003, pp.41-42）（見表二），我依照這個模式做了初步整理，這樣的方式可以讓我更清楚敘說者每段話的脈絡與意義，也協助我在重複聽取錄音、閱讀逐字稿時，更容易掌握敘說者的故事意義。

　　資料分析主要可以分為「類屬」（categorization）與「情境」（contextualization）二型，在訪談部分我著重在「類屬」，而在敘事方面則是以「情境」分析為主（陳向明，2002, pp.129-130），較能吻合研究目的，情境分析與類屬分析不同處在於：類屬分析是將相同資料放在一起，然後進行分類的陳述（以「差異理論」為基礎），情境分析需要將相關內容做聯繫與整合，時空、意義或結構上的聯繫都要顧及（以「過程理論」為基礎）（陳向明，2002, p.402）。

　　敘事取向的分析著重在更深入探討原因、解釋與所說的語句效果，因此必須注意細微與暗喻之處，聚焦在說了什麼、為何說、以及怎麼說，敘說者是自己故事的專家，情緒與非語言部分也可納入分析（Johnston, 2005, p.277）。敘事取向是開放的，其發展不是可以預期的，端賴敘說者的經驗而定（Hollway & Jefferson, 2000, p.31），因此也拓展了分析的範疇。Riessman（1993）提到在敘事研究中故事敘說者試圖把一些經驗經由敘說方式重新將經驗呈現，而其中包含五個層次——關注此經驗（敘說過程中的重要事件與經驗）、訴說此經驗（將這些經驗表達出來）、轉述此經驗（以書寫方式記錄此經驗）、分析此經驗（回顧這些經驗對敘說者的意義與重要性在何處），最後是閱讀此經驗（也就是重新展現這些經驗之後，研究者與敘說者去閱讀組織過後的文本）（王勇智、鄧明宇譯，2003，pp.20-32；Riessman1993, 引自胡幼慧，1996, p.160），我的資料蒐集方式也是依照這樣的順序，先將敘說者敘述的主題（或經驗）做優先次序或是重要事件的陳述與組織，然後從這些敘述中去了解敘說者對於此經驗所架構的意義，最後呈現資料的方式則是以Lieblich、Tuval-Mashiach與Zilber（1998, pp.62-87）所歸類的「整體－內容」方式，重複仔細閱讀故事，一直到自己明白整個故事的發展形態出現輪廓為止，因為我詢及的是「父親存而不在」的故事，因此就依據這個主題開頭，請敘說者開始依照自己的意思敘說；然後依據敘說者所敘述的內容，從頭到尾，檢視其所敘述的焦點（或主題），看看有無重複的部分、或只是輕描淡寫，這些都可能具有特殊意義；在閱讀故事內容的同時，我也隨時摘錄自己的想法與問題，以便於在最後做分析或思考、詢問之用。當然閱讀與詮釋生命故事有程度深淺的差異（Lieblich et al., 1998, p.76），主要是對理論理解的因素所致，而研究者的訓練與功力也扮演了重要角色。

　　敘說分析最被批評的部分就是：主要依賴研究者與敘說者的詮釋，因此許多新的資料都可以一直增加，也造成分析是持續的過程，其效度僅限於敘說者所說的內容，信度也是仰賴說者本身（Johnston,

2005, p.278）。關於信效度方面，Riessamn（1993）提到敘說分析效度檢核方式基本有四：（一）說服力——即「合理性」，是否能讓人信服；（二）符合度——將結果帶回被研究者處，請其檢視內如有無出入；（三）連貫性——能否涵蓋總體、局部與主題的一致，也就是發展一陳述、證明其信念與目的之合理性，事件如何連結，以及內容重複之主題爲何；與（四）實用性——研究者認可研究結果的有效性，也讓他人檢核解釋如何形成、進行過程如何、資料如何成功轉換、與將資料提供其他研究者（王勇智、鄧明宇譯，2003，pp.146-152）。參與的敘說者是當然的專家與權威，因此若能將完成的故事讓敘說者檢視是最佳的（Atkinson, 1998, p.59），也就是Riessamn（1993）所說的「符合度」檢驗，所以在敘說的逐字稿完成之後（包括「缺席父親」與「中年父親」部分），我以故事方式呈現，先讓敘說者檢視內容、有無不一致處，必要時做增修。

第四章

國中生眼中的父親形象
—— 一個初探研究

楔　子

　　目前許多研究論文在女性主義的激發洶湧下，已經開始對於男性角色、特別是父親做了一些探討。許多父親在兒女青春發動階段，正好也是事業最勃發穩定的時期，卻也發現自己與子女之間的關係距離更遠，也許是因為自身的發展任務與青春期孩子的獨立自主需求扞格造成的結果，而處於生活最為緊繃、情緒最變動的這些國中生對於自己父親的形象有哪些看法？青春期國中生對於自己父親的形象觀點如何？經過時代的變動，父親們似乎產生了一些不同上一代的質變、也接收了與不同以往的訊息，這些在孩子的心目中到底有沒有受到影響？這是本研究想要了解的主題。

　　本研究採用焦點團體訪談方式進行，研究對象乃南部公立國中國一與國三同學共九位，其中男生有五位，女生有四位，國一四位、國三五位，一共進行二次焦點團體訪談，時間分別是95年4月20、5月4日，訪談時間分別為三個小時與二小時十分；訪談問題由研究者自擬，進行訪談時也會依據同學的互動與回應做進一步詢問或釐清。邀請參與訪談同學是經由學校老師介紹、願意與談的為優先。資料呈現部分是以參與者的敘述為主，並依據不同主題歸類，所呈現的資料裡A代表男生，B代表女生，後一碼表示不同焦點團體，最後二碼表示不同參與者。

資料分析與討論

一、父親的樣子

　　在這一部分「父親的樣子」，主要是探討子女眼中與父親之間的關係、或是父親角色的描述，參與同學描述與父親之間關係像兄弟、朋友，也表示對這樣關係的滿意；與父親較為疏離的，主要是因為時空距離或較少接觸之故，但是讓孩子覺得嚴峻、情緒化、或自我中心

或矛盾的，也是疏離的原因；嚴峻似乎就導致疏遠的結果，而情緒化也讓孩子無所適從、感覺矛盾不一致。孩子們期待父親的言行一致、前後一致、對待家人與外人一致（或是有親疏遠近之分），這也讓他們在與父親的相處上比較知道如何因應，而不是常常罩在五里霧中、不知所措。父親的矛盾（要與孩子親密卻不得其法）與子女的矛盾（希望與父親關係親密卻也擔心父親涉入自身事務太多、沒有太多自主空間），也可以反映在他們的描述上。

（一）像朋友「像朋友，因為有事情就跟他講，像朋友一樣。」（B102）

B102與父母親的關係都像朋友，這是自從自己升上國中之後才有的改變：「因為我之前都不會這樣子，……跟父母會（自閉），到國中才不會，因為到國中就了解到父母的辛苦。」

「和藹可親、有問必答，不會經常罵我們。」「像朋友，可以打他。」（A202）

「和藹可親、大方，我爸當市民代表，當市民代表接觸很多人，然後對每一個人都很親切，對我們小孩子也是一樣。」（A203）

（二）像兄長A101與父親之間聚少離多，之前是三、四年才見到自大陸回來的父親，近年來時距縮短、大概一個月可以見到父親一次：「有一次我到大陸去，他就帶我到處玩、到處逛這樣，之前也是把他當哥哥在看。」（A101）

父親也可以很幽默，A201提到有一回母親因為颱風、打電話催出外的他們快點回家，可能打電話次數太多、太煩了，爸爸的反應是：「趕快，颱風要來了趕快避一避，不然會掃到颱風尾！」（A201）

（三）矛盾感受A102對於父親的感受很不一致，也就是讓他有矛盾的感受：「我覺得對他的感覺是不一致。有時候就覺得他很『愛唸』（臺語）。（爸爸）花錢（讓我）去學習某種東西，但是卻做出

一種對學習的態度不太好的動作，所以他就覺得我是一種浪費奢侈的行為。」進一步追問父親為何愛唸？A102提到父親對於自己的期許與要求，希望孩子可以全力以赴、也會講一些大道理，讓他也覺得自己做不到很慚愧，小三小四開始父親就少動棍子了，但是「愛唸」的煩與後來的「慚愧」感受讓A102覺得：「只是後來因為他用講的態度、然後就會覺得自己很慚愧，然後就心情就會不一致，很難調和。」

B101是上幼稚園時雙親離異，自己跟媽媽住，現在叫與母同居多年的叔叔「爸爸」，本來與這位爸爸關係不錯，但是一個月前因為爸爸將自己告訴他的一些事很誇張地轉述給母親聽，母親竟然因此而打她，讓她討厭爸爸的「大嘴巴」，但是也是這位爸爸讓她去見到自己生身父親，因為「血脈關係」不能斷。母親從事的是公關工作，必須喝酒，B101說自己的作息與母親不同，而母親也常常醉酒，無法與她有更多的互動。B101對於父親的感受：「像很好的朋友一樣、玩在一起，（現在）變仇人。」

A201說：「我爸就是那種不知道為什麼人緣太廣了還是怎樣，我記得有一次騎馬他帶我去呀，……不用錢啊！」儘管父親在工作上或外面世界裡人緣超好，但是父子之間卻因為相處時間不多，彼此較為疏離，好像別人眼中的父親與自己所知道的是不同的。B201在家中感受到父親的威嚴，但是：「我跟我爸去（部隊），我問過那裏的小兵，他們都說我爸對他們很好。」是不是表示父親對待自己家人與部屬態度的不一致，讓B201感受有差異？

（四）疏離

距離與較無時間接觸，固然會影響到親子關係，然而孩子也希望有適度的自我空間，也不贊成與父親太親密。如：

A201因為父親工作常駐外地，與父親較少時間接觸，因此感覺較生疏：「（跟爸爸）不太好，因為我爸爸都不在家。」

B201：「距離還蠻遠的，就是不常見面，就是還蠻陌生的感覺，像在軍中有時候就用即時通聊天。」

「還好，也不是說很親近，（爸爸）個性很悶、較難親近，（研：所以妳也不敢主動？）好像怪怪的，就是小孩跟父母沒有很親。」（B202）

「蠻親近的、但是不像朋友（那麼親）。我覺得不要太親。」（A203）不想「太親」的原因是因為父親若太關心自己的一切，就會被打，這是A203以前的切身體驗。

嚴峻、情緒化、或是自我中心的父親也會讓孩子有疏離的感受。對有些同學來說，父親也許因為職業或是個性使然，比較嚴肅、不容易親近，如A201父親是警察、B201父親是軍人，孩子們的感受上都認為較兇悍、嚴厲。

「兇悍無比、急躁。」（A201）

「我爸就是外表看起來很嚴肅、不好相處；在家打你完以後會好好跟你講，就是用溫和語氣跟你講，或者他會舉例說一些故事。……他對朋友很大方，不太會用錢鼓勵（孩子）。」（B201）

父親脾氣的不可捉摸最讓孩子難受，甚至有趨避衝突存在——也就是想靠近、卻不知道靠近之後會有什麼後果：「我爸他兇的時候很兇，好的時候很好（研：很情緒化？），對，情緒暴躁、非常頑固，心情好的時候很大方。在家裡有的時候人家講話，（我爸）很頑固就是那個東西是錯的，可是他還是認為他是對的。」（B202）

父親堅持己見，有時候甚至因此而與母親有許多口角發生：「爸不太會聽我媽的意見，就比較很自我。」（A201）

二、從「喜歡」與「不喜歡」的部分來看父親形象

父親的形象以描述的方式，還是不太詳盡，而我也發現在詢及參與者「喜歡」父親與「不喜歡」父親的部分卻也真實透露了孩子心目

中的父親模樣，因此一起呈現出來以資比較。

　　A101在家裡非常得寵、幾乎是予取予求，也因此很得意自己在家人心目中的份量，而A101的父親也因爲常年在國外、相聚時間少，卻不會只以物質方式來補足孩子，因此他相當滿意目前的父子關係，也只有A101說沒有不喜歡父親的部分，其他的參與者則多少談了一些。參與者看到父親對自己的影響、父親的個性、不良的生活習慣、以及唸叨或不合年齡的行爲，這些也都是他們所知覺的父親形象，與之前的簡單描述揉合之下，可以看到父親的更多面向。「喜歡」父親的部分是因爲父親的緣故也喜歡上傳統布袋戲、認爲父親講理，「不喜歡」的部分有：父親的壞習慣、固執或衝動的個性、以及干預太多或無厘頭的父親。

（一）受到父親的影響而喜歡的事物

　　「喜歡爸爸看電視的時候，因爲我在我們家我比較不能看電視，因爲我爸都會叫我們快點去讀書。我比較喜歡看布袋戲，我是因爲他的關係（而喜歡看）。」（A203）父親在與兒子看布袋戲的時候，對於戲裡的內容與歷史脈絡會交代得很清楚，讓兒子不僅可以享受娛樂、與父親相處的感受，也很佩服父親的博學多聞。

（二）講理的父親

　　「像我媽有時候還蠻不講理的，如果他在家聽到的話會跟她講，但是講好像也沒有用，我媽還是一樣。」（B201）至少與母親比較起來，父親是比較理性的，倘若不能與母親溝通、至少父親可以了解，對孩子來說也較安心、挫折感較少。

（三）父親的壞習慣

　　「不喜歡爸爸喝酒的樣子，喝酒完回到家裡就會碎碎唸，他講完如果不立刻去做的話，他就會大聲說『快點去做』。喝酒的時候，一件事情沒有那麼嚴重，他就講得很嚴重很嚴重。」「少喝酒，香菸抽

少一點。」（A203）

「抽菸、喝酒」（A101）

「改雜唸、抽煙（的習慣），（不需要）把不是自己的事扛在肩上。」（A102）

子女會擔心父親的健康、卻又無力改變，特別是一些已經眾所皆知的不良習慣，尤其是在喝酒之後的一些奇特行為，會讓孩子覺得尷尬與難受。

（四）固執、衝動的父親

「脾氣不要太衝，冷靜一點想事情。因為事情要先想好以後，你才能告訴自己的孩子要怎樣的方式。」（A201）

「就有時候問我爸爸數學問題，然後就現在跟之前教的方法都不一樣，……我就跟我爸講說『我們老師不是教這樣』，就一直講一直講、講到吵架。」（A202）

「不要固執，就是冷靜想一想，聽別人的話，（他）真的很衝動。」（B202）

「有時候講數學的時候不要那麼固執，能聽聽其他人的意見。」（A202）

「（爸爸）不喜歡看到我閒晃，然後就叫妳去練琴。不管妳有什麼理由，就叫妳去練琴。他規定的事就一定要做。……他講話是用很平淡的語氣跟妳講，可是如果妳不做的話、或是找藉口跟他講的話，他會再講一次，他的聲音會（讓人）越來越感覺他在生氣。」（B201）

「不喜歡的就是頑固。而且他都對朋友比較好，他對朋友比對家人好。」（B202）父親的「固執」是最常被提及的個性之一，相對照之下似乎父親比較堅持己見、不願意聽取其他人的意見，孩子想要

的可能只是有人願意聽聽而已，至少要給孩子表達的機會，不是未審先判。

（五）干預太多或「凸槌」的父親

干預太多或是行為上不符合「成人」發展階段應有的標準的，也是孩子們的另一種觀察。參與者比較不滿意的是「雜唸」（臺語，囉唆）（A102）、「大嘴巴」（B101）、「幼稚動作」（B102）。

「他有時候跟我媽吵架的時候，兩個就鬥爭的很嚴重。有一次啊就是那個我媽啊，不知道是怎樣啊就一直打電話過來呀，我爸就很煩，就使出了把電話線拔掉。」（A201）

三、與父親關係的轉變

在這一部分，主要是了解父子或父女間有沒有因為年齡增長、發展階段不同，而與父親之間的互動有變化？結果發現大部分同學（無論男女），會看見父親行為背後不同的動機與善意，也更能同理父親或家長的角色，但是倘若囉唆太過、或是父親本身行為沒有稍加反省或改變，也可能讓孩子覺得承受不住、而也不願意繼續再忍受。孩子希望父親因為年齡增長可以彼此都有調適的情況出現，也試圖與父親有較佳互動的期待與努力，然而也要父親這一方願意有所反應、會反省，彼此之間才可能磨合出更好的關係。

（一）孩子願意去了解與體諒

以前不會去進一步探究父親為什麼會這麼囉唆、討厭，但是後來卻可以去思考父親行為背後的意涵或用心，雖然不是立刻有的領悟：**「要花一段時間去了解他的心事、去揣摩他的心事。」**（A102）許多人對於父親的唸叨會覺得煩、甚至**「想翹家」**（B102），儘管知道父母親是關心，卻不一定可以消受：**「媽媽也有說過因為他是關心你，都是說關心，但是體諒也感覺不到。」**（A102）然而在溝通過程中孩子接收到的是情緒，而不是初始的「善意」。

（二）目睹父親的辛苦

B102曾經去父親塑膠廠的工作地點，才體會到父親的辛苦：「冬天還好、暖和舒服，（研：可是夏天呢？）夏天熱死，所以他工作更辛苦，常常被切到手。」也因此她很想早日輟學、協助家計，但是其他參與同學卻分析現實狀況給她聽，特別是A102似乎有很多的資訊，包括童工不合法、沒有保險、又容易受傷等，甚至鼓勵她要學一技之長最好上高中。

（三）隨著發展階段有不同的思考

B101提到母親工作性質與自己作息不同，因此會常常跟爸爸說心事或關於對媽媽的看法，但是爸爸卻會讓媽媽知道，而母親卻因此而處罰她，她覺得被背叛，目前不跟爸爸講話，因為：「人總是會長大，有時候會叛逆。……他都跟我媽講一些有的沒有的。」B101視父親為「知己」，但是卻忘了考量對方同時是「父親」與「配偶」的身分，因此要父親守密似乎不太容易。

隨著自己的成熟與體諒增加，也有人有不同的思考：「（研：年紀越大）思考的方向不一樣。」（A102）

而B102也曾經翹家過，但是父母親沒有懲罰，她也不想提這段難堪的回憶，然而卻有發人深省之語：「可是如果你這種年紀還體會不到（父母的關心），那些學生沒救了。」（B102）

（四）想親近卻無法可施

參與者表示目前與家人相聚時間不多，即便是每天可以一起吃晚飯，在餐桌上也不會有太多互動，如B102：「我們家是每天（有聚在一起），（研：在飯桌上會溝通事情？）嗯嗯（＊語氣表示「沒有」）。」A101：「我是少之又少，一個在對岸，媽媽在臺南。」也有人開始主動改善關係的行動，如A202曾經嘗試與父親聊天，希望彼此更親近。

（五）希望與父親的關係

基本上，孩子們希望可以與父親更親近，但是這似乎也不是靠他們的希望或是獨力可以完成，在這一方面也突顯了孩子們的「無力感」，但是儘管如此，他們還是很明確地表達了他們的具體期待，至少希望父親可以多花一點時間與孩子相聚、可以聽聽孩子的心事、甚至可以讓孩子有做決定的空間。

1.維持現狀

希望跟父親的關係維持現狀就好（A202, A203, B102, B101），「維持一點點現狀。」（B201）

2.可以更親近

「（可以）當朋友，有時候有輩分壓力，可以說一些類似打架（研：男人與男人之間）的事。」（A101）

「會比較能聽我們的心聲，……（跟我）聊天增進關係。」（A202）

「希望改變一點、可以多留在（自己）身邊一下。」（A101）。

3.讓孩子多一點自主空間

「要讓我多照我的的意思去想、去讀那個學校，可是我爸就不太喜歡。」（A201）

四、父親的溫柔

父親的溫柔出現在孩子印象最深的事件中、或是定義裡的溫柔事件。父親的溫柔出現在特殊事件的處理最多，反映了對父親處理事務的工具性期待，讓孩子覺得很man、像個男人；此外讓彼此親近的動作或表示也是很重要的溫柔表現。

（一）孩子在父親心目中的重量

從參與者回憶與父親之間印象最深的事件，可以看到他們對於父親角色與親子關係的期待。很有趣的是男同學會提到自己生病或是遭受一些意外事件時，父親表現出來的焦慮與關心，他們想要知道的就是自己在父親心目中很重要。如：

A102：「像自己在學校發生事情，他立刻衝來學校。」「（小學）在一個診所前面，那時候就愛玩，騎機車，把油門衝到底、往前衝，然後直接撞到一臺計程車的鏡子，然後那邊剛好附近也有醫院，然後爸爸就立即把我送進醫院，我爸就說賠錢小事，小孩子有沒受傷（最重要）。」

A101：「（國小）開刀的時候，媽媽帶我去開刀，然後立刻打電話給我爸，我爸當天就坐飛機回來，坐到高雄再連夜趕車到臺南看我。」還有一次是他「鬧自殺」：「（國小）中年級，（因為）課業（研：課業給你很大壓力？），因為國小三年級開始打棒球，課業就一直降，媽媽就一直罵我，就想不開，就拿著（刀）準備要割下去。（研：割下去了？）沒有割，我爸剛好出差回臺灣，把門給撞壞。」

A101還提到有一陣子父母親為錢吵架，結果爸爸搬出去，他常常在放學經過父親住的地方時，抬頭往上看，但是不敢去看爸爸，怕被媽媽罵，後來是因為自己生一場重病父親才回來。

無獨有偶，B101也提到類似的情況：「國一時很傻，為了一個男生跟父親吵架，然後也跟○○（A101）一樣鬧自殺，割手啊，在他們面前割，然後他們才慢慢對我很好。」而B102也提到自己在國二時也有割腕的事件發生過。

「小時候差不多五、六歲的時候，那時候我爸帶我去臺東那邊游泳，我不知道為什麼看到游泳池那個水就那麼興奮、就跳下去，就沒有再上來了，……然後我爸就去救我啊。」還有一次是小學五、六年級時在牡丹水庫，結果趴著的他卻被水沖走，父親又來救他

（A101）。

「就是在我生病的時候，他就會不管多晚啦，他就會去西藥房買藥，然後我一個人睡呀，然後他就會每隔一小時然後進來看我，看我有沒有怎樣？（研：感覺怎樣？）很窩心。」（B202）

B102：「我要吃什麼就買什麼。」爸爸對她從來不說「不」，姐姐們會忌妒、但是還是會愛護這個妹妹。

（二）親密的親子關係

孩子在敘述與父親之間的互動，出現最甜蜜的表情的就是可以與父親像朋友一般打鬧、嬉戲，也就是看到父親願意放下身段的模樣。

B102：「打（鬧）在一起。」

即便是父親小小的溫柔，在孩子眼中就是莫大的鼓舞：「我記得一、二年級的時候，他就是比較常回來，他回來的時候，那時候他買了一個就是『每日一字』，他說他會每次回來都教我一個字，可是到現在只教過一個字（後來父親就調到外島）。」（B201）B201還提到小二時父親有一次在軍中辦尾牙喝醉酒，後來回家路上親了她一下，這是她唯一記得父親對她疼惜的親密動作。

A203提及三年前父親與祖父一起喝酒後駕車回家，在高速公路上卻想睡覺，速度高達一百四：「那時他的眼睛已經慢慢垂下，我媽看到也嚇一跳，快點把我爸搖醒，然後叫我幫他按摩。一直按，手按得很痠，但是我還是認為說我爸要是出什麼差錯的話，也是對我們也不好。」

（三）偶一為之、或與平日不同的舉動

所謂的「溫柔」就是「出乎意料」、或是與平日父親表現有許多落差的行為。

「有時候（他）會很高興，有時候會請我們喝東西，因為他很少

在做這種事（研：他很少請你們喔？），對，他就是那種很節儉（的人）。」（A201）

　　「五年級的時候我還在參加游泳隊，那一年冬天就很冷，就還是要下水游，然後游快完的時候，我爸就要來載我，然後就很冷，就準備一碗薑湯給我喝。（研：有什麼感受？）覺得很溫暖。」（A102）

　　「就是有時候考試考不好，他就會鼓勵我再加油。」（A202）

五、父親對自己的期許

　　父親們對於子女的期許似乎大多數限於行為自律與健康方面，即便是學業成績不佳，也不希望孩子的行為有所偏差，這一點似乎與中國傳統以來的文憑主義有所差異，當然現代父親也明白學歷是成功的要件之一，希望孩子能夠努力。雖然父親的期許不嚴苛，但是孩子也希望可以多一些自主、多一些自己決定的空間，但是礙於父親的期望、又怕違逆父親，所以還是委屈自己、勉強順從，這也顯示了孩子需要父親「看見」自己、「尊重」自己的期望。如：

　　「不要學壞、不要有事，最高學歷到高中畢業就好」（A101）

　　「用功讀書，沒錢讀書可以跟他（親生父親）講。」（B101）

　　「不要學壞、要乖乖的、健康長大。」（B102）

　　「不要學壞、功課好一點、學識不要半途而廢，有心要學就要認真學。」（A102）

　　「不要學壞就好了，他只是大致上講，但是他應該也是希望我會讀比較好，要不然他也不會現在讓我學那麼多才藝。」（B201）

　　「期望很大，就是希望考上○女那一些啊，就是（對我）根本不可能啊！因為我成績真的很爛、愛玩！他就是認為說公務人員啦，女生就是要要會讀書、考上國立的啊、考上那種名校。」（B202）

「希望（我）唸大學，國立（的）。」（A201）

「我五、六年級的時候他就說我要不要考到雄中？我想要唸成功大學。」（A203）

「我有一位堂姐功課彎傑出的，就希望我能跟她一樣。」（B202）

六、孩子認為自己在父親眼中的模樣

既然從孩子眼中探看了父親的模樣，那麼孩子是如何知覺自己在父親眼中的形象呢？這些參與者既然要求父親應該如何，他們自己又是如何擔任子女的角色？大多數的參與者認為自己未達父親的標準或期許，有些甚至標籤自己是不好的、壞的，從這裡也可以看出孩子是多麼希望可以成為父親心目中的完美孩子。

（一）令父親掛心的、或不符合父親期待的

自己在父親眼中是：「令他擔心的，擔心我的交友跟身體健康。」（B102）；「煩惱」（A101）；「壞小孩」（A102）。參與者也看到父母親會因為自己而連帶受到影響，因此B102提到父親會因為孩子而責備自己，而他自己也會因為表現不佳而覺得羞愧。

（二）吻合期待、引以為傲的

「我在父親眼中非常傑出（大家笑）。哥哥比較喜歡看電視，做事情沒有像我那麼認真，所以我爸會認為把工作交給我會比較放心。」（A203）

「期待很高、符合期待」（B101）

（三）仍有改善的空間的

「我還需要有待加強，可是我覺得有點壓力耶。因為表哥表姊都是老師，……我覺得現在壓力比較大的是想去當老師，就是老師或護

士、還有廚師。（研：誰給妳當老師的壓力的？）感覺就是（爸爸的期待）這樣。」（B201）

「就是學業都比我兩個哥哥都好，然後做事情是比較差。」（A201）

「就算比較可愛這樣吧。現在比弟弟好很多，（功課）是中間以上一點，……他可能就是覺得我行為有點差，就是我喜歡跟人家去逛街什麼的。」（A202）

「在課業比哥哥好，可是行為上有點懶。行為就是哥哥都會幫家裡做事情，然後就是比較貼心、窩心，我就是不知道為什麼就是做不出那些事情。」（B202）

綜合分析

父親的存在是有一定作用與重要性的（王佩玲，1993），父親願意投注心力、參與親職，自然也可以滿足其本身與人親近的需求、對孩子的重要影響也顯而易見，這是雙向的影響（Parke, 1981）；孩子從父親與自己的關係來看父親形象，有的親密（如像朋友、兄長），有的疏遠（如因距離感而生疏、嚴厲、情緒化、自我中心），有的讓人感覺矛盾、不明確（像是態度或行為前後不一致、之前很麻吉目前像陌路、或是對待家人與外人親疏不同）。從對於父親喜歡與不喜歡的部分延伸，也看見參與者對父親的觀點，有針對個性來說的（如固執、衝動、太重義氣），有針對父親對自己的影響說的（如有同樣的嗜好），有針對父親需要改善的生活習慣說的（如抽菸、喝酒），或是表現出「不像父親」的行為（如嘮叨、孩子氣）。

孩子們也發現自己進入國中或青少年階段之後，比較容易同理父親的一些行為、或是行為背後的善意，甚至認為自己受到這些照顧應該要懂得感激，但是也會抱怨父親溝通方式不對、無法真確傳達善意，母親也常常是父子（女）之間斡旋的橋樑，只是孩子也慢慢會認

為父親也應該承擔應有的責任，而不是委第三者來說明，這也似乎暗示了孩子對於成年（熟）人行為的一種期許，此外，有些參與者也堅持父親應該給孩子若干自主權、包括容許不同的思考；親子關係的改善，孩子還是較處於被動、無力的立場，他們似乎在期待父親的第一步動作、然後才有對應之道出現。

父親的一些行為（如囉唆、誇大）會讓孩子覺得煩、也是不信任自己的表現，而其他的不良健康習慣（如喝酒），也讓孩子擔心、甚至也對父親的自我掌控感到懷疑，當然也影響父親的「楷模」角色。孩子們希望與父親可以更親近，然而有個「但書」，就是也不要「太親近」，可以給彼此一些主宰的空間，吻合了Morman與Floyd（2006）提及兒子們的「自主性」需求，也就是希望父親可以慢慢學會放手。只是國中階段的孩子，雖然也希望與父親可以更親近（所謂的「可接近性」），以及容許孩子的自主性，但是這些國中生似乎感受到自己可以決定的空間與力量太小，恐怕徒勞無功，所以對於目前的關係以「維持現狀」的居多，也希冀彼此關係往後可以有更好的發展，當然也有人已經開始採取一些行動。許多父親在事業逐趨穩定的中年，比較有機會回過頭來看見或修補親子關係，只是他們或許忽略了孩子在這個階段的需求是「依賴」與「自主」並存，也許經過一段時間沒有緊密的接觸，父親在認知上也比較不能轉換孩子已經成長的事實或了解其不同需求，所以也需要一段時間的磨合。

孩子對於父親溫柔的記憶大多是在孩子生病或是有意外、危急的情況下，尤其以男生為最，這似乎也吻合了父親的「工具性」角色——就是「處理」事件的能力（Finley & Schwartz, 2006），而下一代的男同學也以這樣的標準來衡量，似乎沒有太大的變化，而這也似乎隱含著父親對於男性性別化行為的影響（Levant, 1980; Stern, 1981）、以及未來男性角色傳承的挑戰。到底未來這一代也成為父親了，還是持續以工具性的角色來表達溫柔與愛嗎？還是只有在危機發生、甚至生命交關的情況下，才會看到孩子在父親心目中的重量？這樣會不會有危險？再則，若是父親表現出不符合「男性」形象

（Rochlen et al., 2008）、或與其性格一貫的行為時，男性參與者也會將其歸諸為「父親的溫柔」；女生記得的屬於較細膩的部分，雖然不是攸關性命的經驗，卻也充分感受到不屬於「男性刻板印象」的溫柔。這是不是表示了：父親其實也可以表現出陰柔，而「陰柔」的層面卻是平日努力掩飾或避免的？而子女卻很希望看到父親的全部面向，不只是男性陽剛的一面而已？難道這是印證了父親對於不同性別子女的管教差異（Easterbrooks & Goldberg, 1984; Radin & Goldsmith, 1983, cited in Hanson & Bozett, 1985）使然？還是性別不同的天性造成？

　　父親的形象其實已經超乎原始的創世父神、天父，而朝向二分父神發展（Coleman & Coleman, 1988，劉文成、王軍譯，1998），然而表現的父職能力依然侷限於社會對其男性角色的期待（Parsons & Bales, 1955, cited in Boss, 1980）。而鬆動父親形象最主要的因素卻是父子（女）關係，只有當親子關係越親近、越平權，父親的形象才是兒女眼中的最佳典範；而父職角色也的確隨著孩子發展階段有了不同變化（Stoop, 1990，柯里斯、林為正譯，1995；邱珍琬，2004a, 2004b；吳嘉瑜、蔡素妙，2006），而是否是因為投注程度增加（高淑貴、賴爾柔，1988，Barnett & Baruch, 1987, 引自徐麗賢，2004; Mackey, 1985）、或有「自我移位」（陳安琪，2004）或權力下放的情況，在本研究中有一些跡象（如像朋友或兄長），但是並不普遍。

　　父親對子女的期待很簡單，就是快樂健康、沒有偏差或違法行為，當然也期待孩子在學業成就上不要太差、以免失去未來的競爭力，只是孩子還是多半認為自己努力不夠、天資不行，深恐無法達成父親的期待，這樣的壓力是很大的。因此，儘管父親已經明確說明了對於子女的期許，然而子女卻希望可以做得更多，可以「慕父母」！

◢ 結論與建議

一、結　論

　　孩子心目中的父親可以有多種樣貌，而一以「關係」（孩子主觀認為與父親之間的關係）為判斷基準，有親密、疏遠、讓人感覺矛盾等；而描述父親有自個性來說的、有針對父親對自己的影響說的，也有針對父親需要改善的生活習慣說的，或是表現出「不像父親」應有的行為。

　　孩子們進入青少年階段之後，也發現比較容易同理父親的一些行為、或是看見行為背後的善意，但是也認為父親應該自己負起親子關係不良的責任，或是給成長的子女一些自主的空間、接納孩子是不同的個體，這就牽涉到父親與子女彼此發展階段與任務不同的層面。

　　父親的一些行為會讓孩子覺得煩、也是不信任自己的表現，而不良健康習慣，也讓孩子擔心。孩子們希望與父親可以有適度的親近，只是目前要有任何行動似乎也不容易，因為認為父親是站在比較有權力、做決定的一方。

　　男生對於父親的溫柔感受聚焦在父親的處理危機功能上，或是不吻合性別角色的一些鮮有行為表現，女同學的感受似乎較為敏銳，會記得父親的一些小動作，而這些似乎也與父親的「男性刻板印象」相違背。

二、建　議

　　（一）父親的形象探討在國中這個階段，似乎已經有一些改變的跡象出現，也許是因為父親與子女彼此間的發展階段與經驗不同使然，然而行為的表現與適當的解說，可能是增進彼此關係的不二法門。

　　（二）父親的努力維繫男子氣慨或是男性刻板印象，在危機時候

可以發揮應有功能，唯在促進親子關係上不一定是加數，孩子希望與父親的關係有適當的親密感、也期待給彼此留一些自主的空間。

　　（三）在親子關係的增進上，父親還是孩子認為的主導者，只要父親願意放下身段、孩子自然會努力配合，孩子們也是以與父親的關係來衡量自己在父親心目中的重要性。

第五章

高中生的父親形象

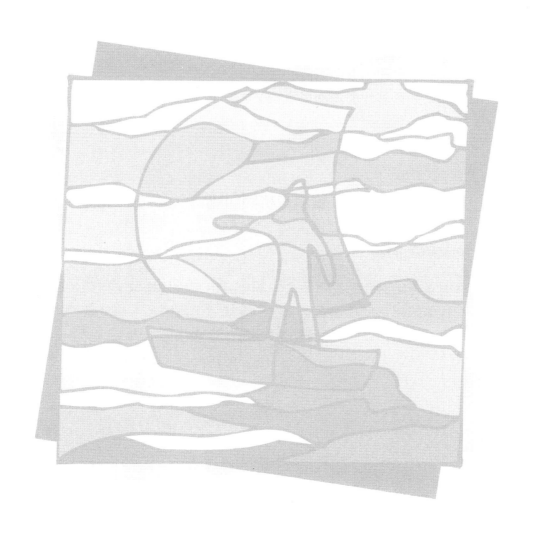

楔　子

　　參與本研究的包括高中與高職學生，其中公立高中有男生七名（高二與高三），女生六名（高一），私立綜合高中男、女生各六名（分屬資訊科與國貿科）。一共進行四次焦點團體討論，在九三年三月間舉行，進行時間從一個半小時至兩小時不等。資料呈現部分，高中男女生以Hb與Hg表示，綜合高中男女生分別以Vb與Vg表示；參與學生當中除Hg1父親過世、母親改嫁，與祖母一起生活，以及Vb4隨母改嫁外，其餘都是雙親家庭。資料呈現次序依據不同主題做區分：（一）對父親的描述——參與者對於父親的敘述與了解；（二）父親形象——將參與者口中的父親做歸類說明；（三）孩子在乎——青少年族群會在乎父親的哪些對待？（四）父親的溫柔——參與者定義父親的「溫柔」具有什麼內涵與意義？（五）父親與子女關係——父親與子女目前的關係與子女期待，以及（六）父親對家庭的貢獻——子女是如何形塑父親與家的關係？

資料分析與討論

一、對父親的描述

　　參與者對這個問題思考很久，即便說出來也是簡單三兩句，然而與父親關係較親密或疏遠者，其在形容描述上就較多。研究者要求參與者針對父親給自己的感受來出發，做整理之後如下表：

表一：對父親的描述

個性	與人（己）關係	行為表現
○忠厚老實、很好騙、傳統古板 ○孩子氣、幽默、脾氣不錯 ○脾氣變得快、脾氣火爆、脾氣積到一個地方會爆出來 ○嚴肅、嚴格、大男人主義、堅持己見、自以為是 ○黑白分明、隨和、胡思亂想	○少朋友、沒話講、無交談、無爭執、想自己的 ○像朋友也像老師、不記仇、不會去硬性規定一些事、為人著想、民主、無威嚴、支持 ○大人說的就是對的、重男輕女、重女輕男 ○與朋友出去	○有時無聊、喜助人、為人著想、無私奉獻、不想到自己、關心 ○不會講話（表達）、（話）越講越大聲、碎碎念 ○做事慢吞吞、會做家事、工作很累、工作表現很好 ○愛玩、說笑話很冷、怕媽媽、不太管、讓孩子自由發揮、有信仰

在參與者的描述中發現：男生對於父親有較批判的意味（Gebauer, 2003, 黃亞琴譯，2007），包括傳統古板、大男人主義、自以為是（例Hb3、Hb4、Hb7、Vb6），女生方面提到大男人主義的只有Vg2。是不是意味著不同性別對父親的關係與看法在此階段有較大差異？

二、父親形象

對於父親形象的描述，歸納出有傳統（沿襲傳承下來的父親角色、顧家、不善表達）、自我中心（堅持己見、權威）、現代（人性、與孩子較親近）、偶像（民主、楷模）與疏離（主被動讓孩子覺得疏遠）的父親等五種。

（一）傳統的父親

所謂的「傳統父親」包括了不善於表達、不接受新世代的觀念、外強內荏或裡外不一、無私奉獻、孤單與嚴肅的父親模樣。

1.不現代的父親

父親執守自己的想法，不願意放下身段或企圖了解孩子目前所處的環境，讓孩子覺得父親是固執、不能跟上時代腳步的老「古板」，也因此造成親子之間的疏離。如：「我爸有點那種時代的想法，傳統古板、不太了解現代年輕人的想法、比較不能接受，（在）課業（要求上）認為努力一定成績就好，他認為補習是多餘的；（連）看電視也會（批評）現在流行的歌手，說他們亂唱，（他就是）無法接受現實、年輕人的文化。」（Hb3）雖然不同意父親，但是也只能默默接受，因為：「講了他也不會接受。」

「大男人主義、限制行動，對很多事情都有自己的堅持，他總是認為他自己都是對的。」（Vb3）

2.無私奉獻的父親

父親一切為了家、為了孩子，不會抱怨自己的辛苦，好像為家就是必須這樣無怨無悔，如：「不會想到自己，要孩子好。像補習費很貴他還是會出，就說『補（習）啊沒關係』。」（Hb6）

3.不會表達自己的父親

「有時候關心我們，可是他講出來的話，就是反而讓我們覺得（對）他有點反感。」（Hb3）

4.孤單的父親

子女也會觀察到父親與人相處的部分，父親沒有摯友，頂多只是與附近鄰居有互動，鄰人甚至成為夫妻二人的「仲裁者」：「好像也沒有什麼朋友來找他，好像只是跟鄰居比較好。有時候就是他們（父母）自己吵架，然後變成我媽去找那個鄰居講，講這一套話，爸爸又講一套話，（研究者：就是找鄰居做評斷？）對，（研究者：通常是誰贏？）應該是媽媽。」（Hb3）

5.不易親近的父親

父親將自己與子女作區隔，不僅是因爲父親的威嚴，主要是父親所表現出來的行爲讓孩子覺得不可親近：「**比較嚴肅，跟他沒什麼話講，平常的話也很少講話，差不多是國中的時候（開始）。**」（Hg6）

「**國中是還好，有些事情會講一點點話，現在是完全不會，可能一年都沒有講過半句話吧。……他就是，我也不知道怎麼講什麼話，他都會用罵的！**」（Vb2）所以漸漸地，父子之間就沒有溝通，連一般招呼或是問候也沒有。

（二）自我中心的父親

自我中心的父親就是以自己的角度爲考量，讓孩子在敘述時著重在父親所關注的焦點或是在父親自己身上，這裡包括了不能同理孩子心情與想法的父親、愛玩不喜歡待在家裡的父親、以及有自己整潔要求的父親。

1.不能同理的父親

父親一以自己的喜好爲主、沒有顧及其他人的需要與感受，凡事都堅持自己是對的，甚至會強迫他人改變。如：「**大男人主義。（研究者：怎麼表現出來？）比方說像看電視，明明就是我在看的，他來就轉自己想看的，然後就是說我跟妹妹想看什麼節目，他就自己轉他想看的拳擊，他是不會接受我們意見的人。有些東西明明是他自己的錯誤，他就是不會承認，他們（指父母親）的思考方式是說『天下沒有不是的父母』，就是這種方式，錯的都是小孩子。**」（Hb4）Hb4雖然嘗試過去改變，但也發現父親不願意接納，而與父親之間的觀念衝突持續升高，因此就在國一或國二時就不喊父親，在家中自處是採消極方式儘量不要交談、不說話，認爲這樣就不會發生爭執：「反正**他們講他們的，我就想我自己的就（好）。**」對於父親的影響力也不認爲是很重要，自己會跑到外頭去與朋友做論述。

　　無獨有偶，Hb1也有這樣的情況：「（自己）在家就是少講話就是了。反正大人說的就是對的，因為兩邊（指父子）**會越講越大聲。**」孩子採取這樣消極、看似退讓的方式，其實就是放棄溝通或努力的意味。

　　Hb6提到國中時父親強迫他去釣魚，不理會自己根本不喜歡釣魚時的無聊，那種不顧及兒子心情的逼迫方式，讓他覺得很不舒服，雖然他會表明自己不想參與，但是也會看情況，如果發現父親逼迫到了底線（比如說會過來推他上車），他還是會陪著去，他的想法是：「**要懂得保護自己。**」言下之意似乎仍然「懾於」父親的威權。

2.有潔癖的父親

　　父親對於整潔的要求特別嚴苛、甚至要求家人都可以配合，在女兒的眼中覺得太過頭了，但是也無可奈何：「**他有潔癖。……像我穿的這件衣服，不能坐沙發、也不能坐床，就是要換乾淨的衣服。客廳有兩張專門坐髒（衣服的）椅子。**」（Hg5）

3.愛玩的父親

　　父親當然可以有他自己喜歡的娛樂，但是除了工作之外，極少花時間與家人相處，大都是安排自己與友人的聚會：「**我爸愛玩、愛喝酒，因為可能工作很累，所以就想要輕鬆一下，晚上就會跟朋友出去。**」（Vg6）

（三）現代父親

　　所謂的「現代父親」就是孩子較能接受與靠近的父親，也就是較吻合子女心目中的「應然」父親形象，甚至管教上也讓子女可以心服口服的父親。這個類型中包含了體貼有趣的父親、不過分要求的父親、怕太太、想關心孩子卻讓孩子認為是愛胡思亂想的父親。

1.體貼有趣的父親

　　孩子感受到父親的關懷與體貼，有時候也很好玩，如：「**對我還**

不錯，什麼事都會為我們著想，雖然有時候還是有大男人主義，但是做什麼事都會為我們著想。」（Hb7）

「（他）很關心我們，還蠻幽默的。（研究者：舉個例子來講）就是那個學測分數七十五滿分，他就說要我考七十六級分。」（Hb5）

「很會做家事，洗衣服、洗碗、倒垃圾、拖地。」（Hg2）

「常常跟他講什麼事情，他都會想到我沒有想到的地方，對，有時候我就是覺得說他有點孩子氣，（研究者：為什麼？）像我心情不好，我不想跟他講話就一直裝睡，他就會生氣，我就覺得很奇怪。……家裡（人）就會互相開玩笑，會打打鬧鬧，很多事情都會跟他講。」（Hg5）

2.沒有太多要求的父親

給予適度自由的父親也是受這個階段的孩子喜愛的，當然在放手的同時也要讓孩子覺得受到關愛：「不去學壞就好。（我爸）脾氣不錯，比較不會硬性規定一些事情。（研究者：舉個例來說）回家時間不會去規定，只要有回家，不要超過十一、二點。……他說我什麼都可以做，就是不要學壞就好。」（Hb2）

「我爸對我就很輕鬆啊，也沒有在管，就是自由發揮吧，就是有自己想法就自己去做，那就不要做壞事啊。」（Vb4）

「我爸就『放』我們哪，就是他比較不會管我們，自己的生活只要不要太那個變壞，大都（致）上還可以啦。……比如說我如果沉迷遊戲沉得太嚴重，他就會跟我說啊，（研究者：怎麼說？）就說啊『不要太瘋狂』。」（Vb5）

「很少管我們吧，放縱我們做自己的事都沒有關係，很晚回家都不會怎麼樣。」（Vg6）

3.懼內的父親

父親怕太太，這是孩子看到比較好玩的部分，也認可是雙親相處的模式：「（像）洗澡嘛，我媽回來呀、就罵我爸『怎麼不去洗澡啊怎樣怎樣』這樣子，我爸（正）在看電視啊、在看選舉的事，他說『我等一下再洗澡啊，廣告再洗啊』我媽發飆啊『再不洗試試看』，我爸就去廁所洗了！」（Vb4）

4.胡思亂想的父親

父親較不常回家的Vg4，常碰到父親的質問，許多問題她覺得是無厘頭的，但是也可以自中體會父親的關愛與擔心：「他會胡思亂想，他有事沒事就問我說『○○哪，妳是不是有什麼男朋友？最近有沒有跟誰出去呀？妳是不是交什麼壞朋友？妳考試考得怎麼樣？』他就是很愛胡思亂想。」「胡思亂想」的父親也說明了父親希望與孩子接觸的一種嘗試（Filene, 1986），只是不一定會得到孩子的正面反應。

（四）偶像父親

也就是指子女們願意效仿、佩服的父親，將父親當成學習的典範，這當然與父親平日的處事待人、以及對於自身的要求有關。這個類別包括了是非分明的父親、民主父親、要求紀律的父親三種。

1.是非分明的父親

父親做人處事有自己遵循的一套標準，這樣的身體力行也感染了孩子：「他黑白分明、自以為是。（黑白分明）就是他對我的管教就是要我知道什麼是對、什麼是錯的。」（Vg4）

2.民主的父親

會尊重、在乎孩子的意見與想法：「應該很民主主吧，他都會先聽我的意見，然後如果可以就可以呀，不行就不行。……有正當的意義就可以。他不會限制說出去玩，就是要……不要燙頭髮就可以。」

（Vb6）

「就很民主，蠻跟我們小孩子、子女就是蠻會有互動的，不會像那蠻有威嚴的感覺，感覺蠻像朋友關係的。」（Vg3）

「有點大男人主義又有點民主。要做任何事之前，必須要先跟他商量過、才能做決定，譬如說要出去或做一些活動之類的，（出門）只要通知一聲，就幾乎都可以出去。」（Vb3）

「蠻隨和，（對人）都不錯，就（像）我們要做什麼事，他都會支持就對了。」（Vb1）

3.負責自處的父親

父親會把自己該盡的分內事做好、而且全心全意投入，對兒子來說就是一個很好的身教：「他很怕我媽，其他有些事情、工作的事都做得很好吧，（研究者：是怎麼好法？）對呀，就像開麵店，都一直經營下去，不管客戶、去吃麵的人多不多，他照樣在做、做好自己該做的事。」（Vb4）

4.要求紀律的父親

父親有自己的原則，也相對會這樣要求孩子：「我爸爸對我比較嚴格，對家裡的（孩子）都很嚴格，因為他比較注重信仰上帝的管教。但是有些事情，如果是說對我來講，有些方面對我自己不好的地方、就是有困難的地方，就要跟他學，但是他就可以用他的觀念跟他的講法，來告訴、來安慰我，然後就感覺到他的教法對自己有一點改變。」（Vg6）

（五）疏離的父親

會讓孩子退避三舍、不想與父親有進一步溝通或互動的父親就屬於這一型，包括有碎碎念的、脾氣陰晴不定的、以及對待方式讓人覺得不公平的父親。

1.嘮叨碎碎念的父親

父親因爲擔心或是關心而表現出嘮叨行爲，在子女眼裡就會顯得不耐煩：「如果晚上沒有洗澡的話，他就會在那邊就是唸，不是罵、就是唸，就說那麼晚了還不洗澡啊？很骯髒！會很愛唸，那如果不想吃飯的時候，他就（說）爲什麼你們都不吃飯哪什麼的。」（Vg5）

「就是很愛管，就是那種、他就是那種有點像我媽媽，就是我爸比較會唸，一唸可以好幾分鐘。」（Vg4）

2.不能預測的父親

父親喜怒無常、或是突然有預料不到的情緒爆發，這些都會變成子女認爲很難適應的情況：「他的脾氣變得很快。（研究者：是怎樣？）就是晚上還在生氣，早上就沒事一樣。有時無聊，就是看電視忽然就在那邊ㄋㄧㄠ（搔癢）我。」（Hg2）

「脾氣積到一個地方就會爆發，平常好像沒什麼事這樣，可是有時候就會那一整天心情都不太好，你稍微講一點點話他就會生氣。」（Hg6）

「不喜歡就是（他）有時候陰晴不定，最近好像我爸有在改脾氣，就是比較不容易生氣。」（Vb3）

3.不公平的父親

父親對孩子有差別待遇，孩子會覺察到這樣的不公正：「說笑話很冷，蠻愛跟弟弟玩的，（感覺）比較疼弟弟，（像）我功課退步他就會罵很兇，但是對弟弟就不會那麼嚴，有性別歧視，他說女兒嫁出去就是別人的，（爸）要我爲自己打算，學歷高一點比較好嫁。」（Hg4）

「有一點重男輕女的感覺吧。因爲他去哪裡都會先叫我弟弟他們去，啊都不會找我。」（Vg1）

「重女輕男，感覺出來的，對我妹妹比較好就對了，她（指妹

妹）要什麼有什麼。」（Vb2）

4.沒有互動的父親

親子之間缺乏溝通，或者只是要溝通都會產生不愉快的結果，包括主動與被動的因素：「沒話聊，都不說話。」（Vb2）

此外不願意互動是：「因為他一開口都、就一直罵人啊！」（Vg2）

5.裡外不一的父親

父親對待家人不如朋友或是外人，孩子會感受到這樣的不一致、卻不能理解為何？

「就是很喜歡幫別人、就是不喜歡幫自己家人。（研究者：為什麼？）就是有時候會懶惰，外面的事比自己家裡的事還要熱衷。」（Hg2）

「也不能這麼說（嚴肅），因為別人都說他蠻喜歡開玩笑這樣，（但是）我跟他沒什麼話講這樣。」（Hg6）

父親在這些參與者心目中各有模樣，而這些觀察與心得都是平日與父親接觸所累積的結論，主要還是著重在「目前」的感受。參與者事先都知道要談這個題目，然而一旦開始進行，對問題的反應比較像是推託、希望由他人先發，而當研究者以其他方式與問法（如「想想在一般情況下別人問你是怎樣的人，現在問你你認為爸爸是怎樣的一個人？」）導入問題時，就會有一名學生先開口，然後慢慢產生連環反應，只是研究者擔心這樣一味的抒發負面情緒是否適當？於是就在問題中做更廣泛的解釋，如：「印象中的記憶，讓你生氣或感動的都可以。」也因為這樣的引導，有些參與者就意識到自己以往及目前與父親相處的情況不同。

三、孩子在乎

　　從參與者印象最深的記憶裡，不管是正面或負面的經驗，都可以看出敘述者在詮釋這個經驗時所賦予的意義，而其中最重要的就是「孩子在乎什麼」，而這個「在乎」很可能就是維繫父子（女）關係的重要因子，反映出孩子對父親角色的期許、與父親對待自己的方式。雖然同樣詢及印象深刻的記憶，女同學部分將重點放在對父親溫柔記憶的較多，如Hg4國中時曾與父親冷戰一週，後來是父親主動求和、先來跟她說話，讓她覺得自己的抗爭很「無聊」，似乎沒有必要這麼小家子氣。而平日不嫻庖廚之事的父親會為了女兒特別下廚，甚至讓女兒看到麵裡的蛋殼，那種感覺是很貼心的（Hg5）。Hg1對父親的記憶不多（父親入獄、後來死亡），但是曾經聽說小時候與雙親一起去放風箏，風箏斷線飛走了，爸爸還走很長的一段路去買了另外一隻風箏，對她來說就是很豐富甜蜜的回憶資產，這裡也說明了父職的執行可以是跨越時空的，因為孩子想要的是父親的「可接近性」（Magaletta & Herbst, 2001; Morman & Floyd, 2006）。參與者在記憶中搜尋小故事時，總是先說「沒有」，後來就會談一些曾經發生過的生活故事，而這些通常都能引起在場其他人的共鳴或憶起類似經驗。

（一）相信孩子

　　Hb3提到自己國中時騎腳踏車，結果迎面有一對騎機車過來的父女突然在他前面滑倒，他根本沒做什麼，對方卻罵他「不會騎車啊！」要他留下家裡電話與地址，後來父親就去對方家中理論說：**「那你有沒有想過？你只為你女兒著想，而沒有想過我兒子萬一被你撞到怎麼辦？」**父親的信任讓他覺得很欣慰。孩子希望父親相信自己，也就是接受自己是「好仔」，所以如果發現自己被誤會，感受就十分強烈：**「我爸是屬於不相信我的。在外面有發生誤會就一定是我錯，（像）我打人，是不小心揮到、就變成我打人，他也沒怎麼說、就是（我）被罵。」**（Hb1）

　　另一位同學也遭遇類似情境：「我小時候啊，寫完作業都會給爸爸檢查。有一次，就數學作業寫完給他檢查，他發現數學作業都是寫全對、沒有半題錯的，他就很生氣！他就說怎麼可能全對？我是不是抄同學的？我就說沒有，然後（他）就堅持說一定是抄同學的，（不然）怎麼可能全對？我就說沒有，然後（他）就賞我一巴掌，（然後）他就叫我去房間擦掉重寫！」（Vg2）

　　父母的信任有助於孩子充分發揮自己的個性資源，而個性資源是人生成功的重要前提（Gebauer, 2003, 黃亞琴譯，2007, p.59）。當父親相信孩子、給予孩子的肯定與認可就是最大的力量，怪不得孩子會這麼在乎父親對自己的信任度。

　　（二）不守信

　　子女希望父親是一個信守承諾的人，至少答應孩子的事要做到，讓孩子覺得可以信賴、可以依靠：「小時候就跟我爸講說我要去夜市，然後就很期待，他答應我，後來等到時間到了叫他、他還在睡覺，然後說『不帶你去了』，然後就感到被欺騙的感覺，從此以後就不是很相信他。明明對話是很認真的，但是到時候就沒有做到。」（Hb4）Hb4進一步解釋，當有外人在時，當然父親會相信他，但是在家裡面，他不是被相信的，這樣的衝突感受讓他覺得自己沒有被信任，也衍生了不相信父親的結論。

　　（三）領悟與感激

　　做父親的總是考慮比孩子多，許多事也會看得較遠，但是孩子在當時可能並不能體會，這也是父親「相信」（孩子能力）的表現：「國中考學測、填志願時（他）強迫我填國立高中，（我）從小到大第一次跟他意見不一樣。自己國中成績不是很好，認為讀高工就好，他就幫我填了。……（現在過得）比想像中好，我以前會有點討厭，現在有一點像感激。」（Hb2）

（四）父母衝突

Hg3提到與父親的關係似乎是因為雙親感情生變之後的結果，也因此父親不住在家中，只將家當成旅館，親子之間因為接觸少、也漸漸疏離：「（爸）被公司裁員掉，那時開始（家裡）經濟情況沒那麼好，所以他有時候就是不知道是為了錢還是怎樣，就會跟我媽吵，因為吵，小孩子就會對這種事情很反感哪，然後後來現在他大部分時間都會在奶奶家住，都晚上的時候回來睡覺、然後白天再過去（奶奶家）。」（Hg3）親子關係受到父母關係影響重大（Cummings & O'Reilly, 1997, cited in Krampe et al., 2006; Dickstein & Parke, 1988; Lamb & Elster, 1985），雙親的不睦在子女眼中都可能造成傷害，自然也影響彼此的觀感與互動。

（五）了解父親害怕與背後的關懷

Vg3說明小時候上父親工作的船看海，結果卻跳到船邊的一個小甲板上，父親看見卻在後來甩了她一巴掌：「**我就很調皮、就想看海呀，就跑到甲板的柵欄、外面還有一個小的那個板子（上），就跳到那邊去、就坐在那邊看。爸爸就嚇到、就開始找人、要找我，結果看到我一個人坐在那邊，就把我拉起來，（後來）就打我一巴掌。嗯，他嚇到了，然後就想說小孩子怎麼可以跑到那麼危險的地方？⋯⋯他打完以後（就說）『妳不要做危險的事，這樣爸爸以後不帶妳上船』，然後就是想說『妳要顧慮到自己的安全』什麼的。**」後來她也問過父親當時的想法，父親還開玩笑說「**我還以為妳小時候就想自殺！**」

（六）企圖努力補償的父親

有些父親因為自己常常不在家克盡父職，因此有補償動作，通常是以物質需求的滿足為主：「他工作的關係，（我）國小時候他常在外面工作，啊久久回來一次，然後回來的時候也會想說沒有看到小孩

子、會有補償的心理，就會想說小孩子要什麼、有什麼的感覺。」
（Vb3）

　　孩子希望自己在父親眼中是一個值得信賴、符合期盼的好孩子，因此當然十分在意父親怎樣看自己、對待自己，但是由於許多父親都是以自己的意念執行行動，不太用解說或是說明的方式，讓孩子有時不知道父親的動作與動機之間的關聯，甚至也容易產生誤解。像堅持替孩子填寫志願的那位父親，倘若孩子不喜歡目前的學校，可能感激之情就不會發生！擔心孩子墜海而打孩子的那位父親，如果不是孩子會進一步去想父親舉動後面的用意，也在後來詢問父親，也許這樣的動作就會造成親子之間無法彌平的裂痕也說不定。中國傳統父親是沉默的、不太喜歡解釋自己的行為，然而孩子卻需要適時與適當的解說才能了解，也是親子溝通之道。

四、父親的溫柔

　　父親的溫柔一般是表現在孩子生病、發生意外或日常生活的照顧上，也就是被定義在「工具性」功能上，比如說生病時不眠不休的看護（Hb7）、或是載回家休息（Hg6），腳開刀父親揹負著去醫院（Hb1），接送去補習班或是騎車陪著孩子去補習（Hb5），打電腦時父親送水果（Hb6）、要孩子早點睡（Hg5）、炒飯給孩子吃（Hg4），給零用錢（Hb3）、會將在沙發上睡著的孩子抱上床去（Hg2）。發現家中只有妹妹可以對父親「嗆聲」（臺語「頂嘴」），於是就會藉由妹妹這個管道來傳達對父親的不滿（Hb4），看到妹妹脾氣暴躁、但是父親卻對她輕言細語（Hb2），甚至是吩咐家人不要讓孩子知道他已經受槍決死亡的事實（Hg1）。當然父親的一些舉動也會讓孩子清楚其用意，如Vg2曾經去認識的推拿師那裡接受治療，卻差點被性侵：「爸爸為了我去揍那個欺負我的人，那個人差點侵犯到我，就推拿師啊，然後就侵犯到我，爸爸就很生氣呀，就衝過去猛揍他，然後我就覺得爸爸第一次為我這樣子，就是我沒有想到他會為了我這樣做！」

父親對家中人的貼心也展現了溫柔的一面：「他很細心的會記得我跟媽媽的經期。假如說（他）在國外、船停靠的話，他會想辦法去寄一些補品回來。」（Vg3）

五、父親與子女的關係

一般說來，高中階段的孩子與父親相處機會普遍不多，可能是因為子女忙於課業，而父親則在工作上做衝刺，如：「（講話機會）不多，因為我爸回來我都在（樓）上面吧！看電視還是怎樣，所以很少相處啊！」（Vg5）

「國中是還好，有些事情會講一點點話，現在是完全不會，可能一年都沒有講過半句話吧。」（Vg2）

談到親子關係，研究者請同學以一至十（最低到最高）的方式表明，高中男生給分在七分以上最多，只有Hb4給最低1分，高中女生也是在七、八分上下；高職女生與男生評估與父親的關係就較為參差。

Hb4坦承與父親之間像是「陌生人」，而Hb3也認為自己保持沉默是最好的因應策略，Hb1也是盡量不主動說話、或是由其他家人傳達，避免不必要的爭執。這些男同學與父親的關係都屬於較疏離類型，即便有一些互動，但是交流的層面（或議題）也較「安全」、不涉及隱私或個人感受部分。如Hb6的父親很少詢及一切關於孩子個人或生活上的事件，即使同車去拜訪親友，在車上也是只聊一些路旁的農作物，很少觸及私人生活面向，就是很典型的「男人與男人」間的對話。

在提到父子與父女關係中喜歡的部分時，包括可以有話聊（Hb2、Hb4）、體貼（Hg4、Hg5），必要時出面挺兒子（Hb7），對孩子不壞（Hb1、Hb3、Hb6、Hb7）或疼愛（Hg2），給自由（Hb3）或不阻止孩子的興趣（Hg4）、可以聊天（Hg5）、尊重（Hg5）、給建議（Hg3）、耳根子清靜（Hb4）、或會讓孩子有

獨處空間（Hg6）等；不喜歡的部分是：強迫孩子做不喜歡做的事（Hb4、Hb5、Hb7）、管太多（Hg6）、堅持己見（Hb1、Hb3）、大男人主義或性別歧視（Hb3、Hg4）、脾氣偏（Hg5）、對孩子的期許太高（要上國立大學，Hb2）、表達關心太頻繁（Hg6）、與母親吵架（Hg3）。

對於父子（女）關係有沒有期許？有三位高中男生（Hb4、Hb5、Hb7）認為保持現狀就可以，兩位（Hb1、Hb2）認為只要不變壞就好，而Hb3希望父子關係可以像朋友一樣、可以吐露心事。Hb4提到：「有交談就有分數。」呼應Hg1說的即使沒有與父親面對面，但是從通信內容中就可以體會到父親的那一份關愛之情，似乎也意味著孩子們希望與父親有互動、甚至親密連結的渴望，如Vb3說：「**多關心我們，……多了解就是跟同學之間的生活情況吧。……蠻期望說他能夠說一些鼓勵的話來激勵我們功課。**」孩子期待父親的「在」不是生理上的而已，而是可以有交流、互動，讓孩子感受到父親的關愛與可接近性（Krampe et al., 2006; Riesch et al., 1996）。

高中女生部分只有一位（Hg5）表示維持現狀就好，但是也有附加條件（自己不想說話時父親不要來打擾），其他都希望與父親有進一步的親密感，如像家人一樣打鬧（Hg5），平等對待（Hg4），多說些話聊或陪伴家人（Hg3），講話好聽一點（Hg2）等。Vg3在團體最後很慶幸地說：「**我覺得自己很幸運，至少跟爸爸還有話聊。**」這其實也點出了在青春期階段的同學，因為主客觀因素與父親其實很少互動，雖然有些高職參與者認為「維持現狀」就好，但是也有希望與父親之間可以更親密的，如：「**就像哥哥跟他一樣，都有說有笑的。**」（Vg2）

Hg1的經驗比較特殊，父親在她四歲時就入獄，在她國中時被處決，由於母親在父親入獄時就申請離異，後來也有外遇、另外成立家庭，因此Hg1是跟祖母一起生活的，對於父親的印象就較少直接接觸，與獄中父親通信的時間較多，仍然肯定父親的角色、也會記得

他，因此她形容父親是：「忠厚老實、很好騙」指的也是她認爲父親入獄的原因。

Vg2提到自己的叛逆國中之後，與父親的關係越來越冷淡，主要是因爲自己不能符合父親的期待：「他的約束太多、（我）都不能出去，然後一直要求功課，跟他溝通也沒有用，（我）就用逃家的方式，逃家的最後就是失去希望、信心。」Hg3小時與父親關係很好，父親會帶她出去玩，父女倆也很有話講，後來在小學時母親切除子宮、加上父親後來車禍受傷被公司解雇，家庭經濟陷入困境，也發現雙親關係變惡，她也開始對父親有反感，而目前父親幾乎是多半住在奶奶家，雖然也常回家，但是關係不比以往；而Vg2因爲父親屢次外遇、不理家務，讓母親爲家計操勞之外，母親還被父親外遇對象鄙視羞辱，結果父親還因爲母親的氣憤而對母親施暴，父女因而形同陌路。

孩子們會希望父親可以多些鼓勵、多些關懷、也因應孩子需求做不同因應：「蠻期望說他能夠說一些鼓勵的話來激勵我們功課。」（Vb3）

「可以跟他（Vb3）媽媽一樣，什麼話都可以講。」（Vg1）

「就像哥哥跟他一樣，都有說有笑的。」（Vg2）

「多關心我們，多了解就是（我）跟同學之間的生活情況吧。」（Vb3）

「媽媽說爸爸之前是比較疼我，比較不疼哥哥的，（現在）就是哥哥比較能接受他的管制，啊我就不能。」（Vg2）

六、父親對家庭的貢獻

提出這個問題是想要了解這些參與者是怎麼定義父親在家中的地位的？也想要了解目前的新新人類對於父親形象的看法是不是有一些改變？結果發現父親所表現出來的還是與之前年代相似——以工具性

功能居首，當然也有若干新的觀察與不同看法。

　　所有參與的高中男生都認為經濟或賺錢是父親的第一貢獻，此外文化傳承（教育或知識，Hb1、Hb3、Hb6、Hb7、Hg1、Hg2、Hg3；開導小孩，Vg4）、管教（Hb7、Vg4）、支持（要孩子唸書，Hb5；精神上的支持，Hg1、Hg5；講心事，Vg4；信仰、安慰，Vg6；傾聽，Hg4、Hg5、Vg6）、陪伴（Vb5）、提供娛樂（Hb3、Vb5）、交通運輸（Hg3、Hg4、Hg5、Vg6）、協助家事（修理電器，Vb6、Vb4；油漆，Vg5；帶狗跑步，Vb6）、維持家庭和樂（Hb2、Hg5）或炒熱家庭氣氛（Vg4），與做公益（Hb5）等。孩子們也從父親不同的功能中看見父職，其實也包羅萬象。父親的貢獻也說明了父親在家中的角色與發揮的功能，主要是「養家者」、提供經濟來源（Pollack, 1998; Levant, 1980），接著是文化傳承（Erikson, 1997; Snarey, 1993），其他就是較屬於親職工作部分（如提供情感與支持、溝通、協助家務等）（Canfield, 1996, cited in Morman & Floyd, 2006）。

綜合分析

　　男性在青春期對於父親形象有嚴格的批判與考驗，而有兩大力量在此期間爭拔（一是回歸於理想化的父親，二是對未來獨立的渴望）（Gebauer, 2003, 黃亞琴譯，2007, pp.64-65）。青春期階段的孩子，與父親關係比較疏離，親子之間的親密似乎與之前一貫而來的關係有關，但是也有一些是之前關係親密、後來變得疏遠的，這與若干研究（Roberts & Zuengler, 1985, cited in Hanson & Bozett, 1985）提到父子關係會隨成長而親密略有不同，可能也必須考慮到親子不同發展階段的任務、以及親子之間動態的相互變化。青春期的孩子希望跟父親接近、同時也嚮往適當的自主性（Morman & Floyd, 2006），若是沒有考量到這些需求之間的平衡，可能結果適得其反。而現代父親雖然也努力想掙脫以往父親被動、權威的形象，希望與孩子更親近，但

是卻不一定可以達到預期的效果，然而也看見的確與上一代父親相形之下，父子（女）關係較有彈性、也有了改善（Pollack, 1998）。以Coleman與Coleman（1988，劉文成、王軍譯，1998）就生命週期父子關係的發展觀點來看，青春期正是孩子開始大量接觸外面世界的時期，因此早期父親在孩子心目中的理想形象也開始接受挑戰與考驗，父子關係呈現疏離、矛盾似乎也是必然傾向，但是Coleman等人（1988）忘記了另一層面的考量，也就是：在接觸外面世界的同時，孩子不僅檢視父親與他人的不同，也會有正面的發現。

　　有研究歸結：父親一般會認為與兒子的關係較之與女兒更容易處理，主要是不太了解女兒的需求為何（Bronte-Tinkew, et al., 2006; Radin & Goldsmith, 1983, cited in Hanson & Bozett, 1985），這似乎是指父親會因為較了解同性別兒子，因此在處理上較熟悉，無獨有偶，葉光輝等人（2006）的研究也呼應了這樣的結果，但是本研究卻有不同發現（男生與父親關係似乎較為疏遠），可能必須將父子雙方的發展階段與任務考量在內：因為父親正處在事業的衝刺期，待在家中的時間少，因此父子相處的機會銳減，平常可能藉由母親出手管教（Stearns, 1991），一旦在家，也因為沒有太多時間做溝通，所以採用較直接、非同理的方式責求孩子（Stearns, 1990），而孩子通常只接收到父親的「情緒」，沒有體會到背後的用心，因此也可能造成孩子認為父親關心不夠、卻只會要求；多半的孩子在這種情況下，為了維持家中祥和的氣氛，不會與父親做正面衝突，而是採用退縮、沉默或少接觸的消極方式因應，這樣卻也讓彼此之間的距離越來越遠；另一個解讀可能是：由於父親一般還是認為自己是養家活口、維持家計的角色（Pollack, 1998），常常在一天工作完後疲累地回到家，就希望可以在家得到一絲安靜，也因此對孩子的需求較無心力應付，對孩子的管教也趨於嚴格（Stearns, 1990），因此給孩子的感受就比較疏遠。對應Shek（1998）的研究結果（父親反應較少、要求亦少，相對地也較少關心，管教較嚴厲）有若干符合，但卻不能做滿意的解釋。此外，研究者懷疑父子關係較不如父女關係親密，是因為父親

主要功能是協助兒子性別化角色，因此較為嚴苛、具濃厚懲罰意味（Levant, 1980）？還是對女兒而言，父親較是處於保護與呵護的立場？或是女性較能體諒、同理他人的傳統訓練使然？

如同Jim Herzog（cited in Pollack, 1998, p.124）所說的「渴望父愛」的情況，即使是傳統父職也會讓孩子覺得父親不夠關心（Erickson, 1998, 陳信昭、崔秀倩譯，2002），說明了傳統保守父親與孩子的距離也讓孩子有「被拋棄」的感受，而在心上留下創傷。本研究中有一名女生因為父親已經過世、另一男生不知生父為誰，他們對於生身父親反而沒有太多負面情緒，這也許也解釋了子女對於父親的期待也反映在他們對於父親的觀察與形象勾勒上，倘若父親較為威嚴傳統、甚至沒有盡到子女所期待的父職角色，也不免讓孩子覺得不被疼愛與關心。

本研究中高中職學生對於父親形象的描述呈現許多樣貌，傳統、疏離的父親基本上是顧家的，但是比較不能放下身段與孩子做互動與溝通，甚至有些還極為專制、堅持己見，讓孩子覺得可以伸展、發揮的空間不多；孩子看見父親的暴躁脾氣，其實也是父親展現人性的一面（就如同父親可以孩子氣、無聊、胡言亂語一樣），孩子應該也可以接受，只是父親在爆發脾氣之後少了說明或是道歉，或是堅持身段、不願意做補救動作，是這樣的「傲慢」讓孩子失望吧！所謂的「傳統父親」其實帶著很濃厚的「男性」角色的社會期許，也展現了現代父親被傳統期待與想要和孩子親密之間的需求拉拔、呈現「角色箝制」的情況（Filene, 1986; Silverstein et al., 2002）。

父親可以是孩子的玩伴，也較能發揮「活動」或「工具」導向的功能（Levant, 1980; Pollack, 1998），孩子印象中也記得很清楚父親在孩提時帶他們去遊玩、活動的事件，而這些記憶都可以成為往後成長過程的「關係資產」，也就是可以累積或削減、比較；父親發揮的賺錢養家角色是最明顯的貢獻，但是孩子們也表達了對於親子親密關係的期待。對應Coleman與Coleman（1988，劉文成、王軍譯，

1998）所說的五種父職型態，本研究較突顯的是「皇父」（承擔天地二父的功能）的角色，雖然有研究提到父親角色與功能會隨著孩子發展階段不同而變化（Stoop, 1990，柯里斯、林爲正譯，1995），這也暗示了孩子行年漸長對於父親功能發揮的重點也會有不同要求，本研究裡的父親較著重在「保護」、「規範」的功能，而所謂的「戰士」與「精神導師」也在若干參與者的描述中看到一些輪廓（如追打差點性侵女兒的推拿師、父親的信仰與教誨），或許是因爲文化國情不同，也可能意味著我國的父親較不會隨著子女成長而將自己的角色做彈性的調整與配合。

孩子們是在乎父親的，也因此他們希望可以達成父親的期待，而當父親無暇顧及孩子的需求、或是認可孩子的努力時，孩子們也會掩飾失望、採用退縮或不在乎、甚至是明顯抗拒的動作，這些其實都是一種求助訊號；換個角度來看，當孩子說在乎父親的認可、相信、公平的同時，是不是也意味著一種希望承襲傳統與價值觀的努力？

結論與建議

一、結　論

高中階段的孩子對父親形象有許多面向的觀察，包括「傳統」、「自我中心」、「現代」、「偶像」與「疏離」的父親，而許多參與者會將父親與「傳統」畫上等號，例外的不多。特別是男同學對父親較具批判性，可能是獨立自主的需求使然，與父親「切割」可以突顯這樣的需求與成就，也可能是同性競爭的結果，希望自己可以勝過父親。女同學方面固然也有這樣的發展需求，但是似乎不明顯，也許同時也想要滿足「親密」需求。

此階段孩子對於父親的近身觀察，也反映出他們期待與父親的關係，包括希望父親可以多些同理、不要以自己當年的標準來要求，企盼與父親更親近，可以多談一些私人的話題，而不是無話可談、甚至

敵對；孩子也期待父親可以給予更多自由空間，並且在適時予以協助或建議，甚至偶而露出一些人性的軟弱（如冷笑話）也不失為一位好父親的模樣，而且更能讓親子關係加溫，也可以看見子女對父親形象的期待是較為平權（Matta & Knudson-Martin, 2006）、去性別化的（Silverstein et al., 2002）。

父親行動背後的善意已經可以傳達給孩子，只是「只做不說」還是容易引起誤解、造成反效果，女同學相形之下較能體諒父親的行為意含（如擔心安全與害怕失去所以打孩子、唸叨是因為關心），但是也極可能「猜測」錯誤，總不能要求孩子都有這樣的敏銳度去「解讀」父親行為背後的善意，做父親的或許可以做適當的解說或說明，可以省去許多誤會。孩子希望父親責全之外，可以多些鼓勵，因為他們很需要父親的支持與認可，尤其是對子女有更多期待的父親，雖然孩子都不希望讓父親失望，卻也成為無形的壓力源！在這個階段的孩子還是希望可以成為父母親的延伸，達成家長的期待，但是也開始看見有些同學反映自己不是父親期待的樣子，希望可以有自己發揮的空間、做自己的自由！

孩子希望父親可以接納他（她）是他（她），因此贏得父親的信任很重要，也相對要求父親可以以身作則、說話算話；父子關係似乎不因為夫妻關係有太大影響，但是對女性來說可能就不同，這也許呼應了女性自雙親互動中學習與異性相處、或是了解異性的說法。

對於父親的溫柔，儘管每個人定義或有不同，但是感受上卻相當一致，孩子可以從父親平日的動作中看到細膩與關愛，也在笨拙的行動裡體會父親的盡心盡力（如下廚煮飯），以及不希望孩子受傷的力挺（相信孩子、隱瞞死亡消息等）。青少年所知覺的父親是以行動表現出工具式關愛，但並不是每一項行為都得到最正確的解讀，這一點也暗示著父親可能需要「表達」與「溝通」的訓練，當然「時間」也是重要因素，較少時間相處、也不知如何相處，兩者互為因果。

這個階段的孩子希望與父親親密，但同時也要有可以自主的空間

（如不要人打擾時可以不受干擾、關心不要太過），了解孩子發展階段的不同需求之外，當然相對地也要調整親職方式，而孩子的個性也在考量之內。孩子不會主動與父親親密，其中男同學多數認為「保持現狀」就好，他們可能認為父親的權力較大、主動權較多，另一方面也擔心自己人微言輕、或擔心結果不如預期。

二、建　議

（一）父親在高中、職階段子女眼中還是趨向傳統的威嚴、不善表達、孤單、不易親近的養家角色，雖然有些父親意識到孩子發展階段不同可能需要不同的親職方式，但是要在短時間內改善是很大的挑戰，而子女方面也礙於父親的威權與身段，不敢主動展開行動。溝通是雙行道，只要親子任何一方願意有啟始行動，做修補或增進關係的努力，通常都會有效果出現。

（二）父親對待不同性別孩子也有差異，而男同學對父親的批判較多、也較嚴苛，當然有些父親已經不受限於傳統父親角色，願意呈現與展露自己人性、脆弱的一面，卻也發現子女幾乎都可以接受，因為親子雙方都希望可以彼此更親密。現代青少年希望父親可以適時發揮功能、也讓自己有做自己的權利，他們想要的父親是朋友、顧問的成分更多一些。

（三）孩子了解父親的辛苦，但是較難體會父親行動背後的善意，也許是提醒父親可以經由訓練與同理，適時表達出自己的關愛，多用鼓勵、少用責罵，「認可」孩子，也與孩子有可以談論的話題，因為孩子也不想讓父親失望！

（四）採用焦點團體討論，的確可以激發不同聲音與迴響，也讓參與者看到不同父親的面貌、檢視自己的親子關係，甚至看見許多努力增進關係的方式，但是也因為團體成員是臨時聚在一起，談論的深度不足、影響資料的搜集，然而就一個探索研究而言，不失為一個適當方式，若納入其他重要他人（如母親、手足、師長）參與研究，將

會使父親形象的探討更豐富，而這些資料也可以作爲擬定家庭或教育政策的參考。

第六章

大學生眼中的父親形象 ——以一次焦點團體為例

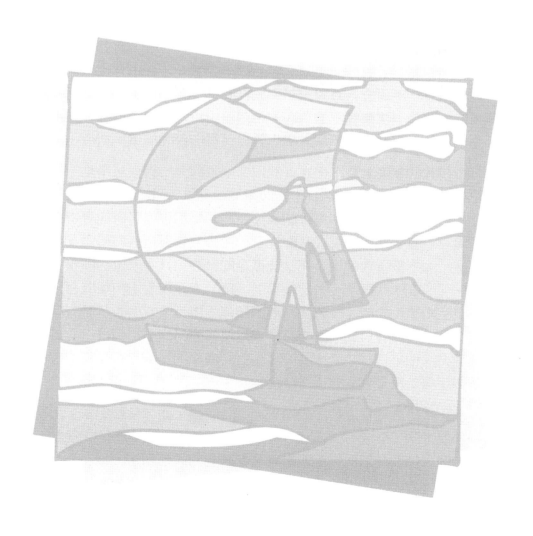

楔子

　　許多研究談母親，而顯然地「父親」似乎被忽略。近年來開始有一些研究者針對父親的親職角色做了探討，國內學術界似乎還在起步當中。「父親」是許多人眼中一個堅毅剛強的楷模、也是男性性別角色的第一個仿效對象，在許多人抱怨與父親之間疏離關係的遺憾時，不禁讓人想到到底這些父親形象是怎樣真實存在於孩子的心目中？而孩子對於自己父親又有怎樣的複雜情懷？目前E世代學生是怎麼樣看待父親與自己的的關係？與父親之間的關係經過多年的成長經驗與觀察，有沒有發現其一致性或是改變？許多大學生是第一次離家外宿，首次過獨立生活，當他們與家有一段時空的距離之後，對於家的感受或有新的體認，而對於與父親之間的觀察與感受，會不會也有不同的角度與觀感？本研究乃針對大學生族群的「父親形象」做調查了解，採用的方式是一次焦點團體訪談，希望藉由特定問題的拋出、學生的分享與討論，來做初步了解大學生對於父親形象的描述與期待。

　　本研究的參與者是目前在臺灣南部就讀的大二到大三學生，其中男生六位、女生五位，年齡介於20歲到25歲，學生都是同一系別、只是年級不同，而且以輔導為副修，這些同學都曾修習研究者所開的「輔導員自我覺察與專業成長課程」，而研究者與這些同學的互動尚稱良好。大多數參與者生長在父母俱存的家庭，其中一位男同學父母離異、父另娶，女同學一名父親早逝。研究者在課堂上招徠潛在參與者，也諮詢學生對於此一研究議題的興趣、但是沒有明說具體討論議題，在徵得參與者口頭同意之時，父母離異的男同學提到自己父母的婚姻狀況、怕不符研究者需要，喪父之女同學則提到沒有父親，研究者解釋這與父親是否尚存沒有直接相關。

　　在正式研究施行之前，先由研究者就討論主題「父親形象」徵得同學參與意願、研究方式與錄音需要，然後再敲定聚會時間、地點與所需時間之後，分別與已表明願意參與研究的同學聯絡，接著進行焦點團體的討論。之所以採用「焦點團體」的方式是希望參與者可以因

爲彼此的互動與交流，藉以刺激自己與父親之間關係的深入觀察與省思，而不只是提出了一些因應問題而生的答案而已。儘管有些人對於父親的看法或有堅持，也可以藉由團員間的討論、不同角度思索與父親之間一路走來的心路歷程，可以激發更多的想法與感受。

資料分析與討論

資料分析部分將依照（一）對父親的描述，（二）父親這個角色在孩子眼中的眞實面貌，（三）父親的期許與經驗傳承，（四）父親與家人的互動，（五）親子衝突，（六）父親對於不同性別孩子的態度，（七）父親關心孩子的方式，（八）父親的溫柔，（九）孩子從自己身上看到父親的影響，（十）看到父親的改變，（十一）父親心事，（十二）兒女在父親眼中的模樣等不同主題順序呈現。A表示女生、B表示男生，後三碼表示不同參與者。

父親在這些參與大學生的眼裡其實大部分是很溫馨可愛的，不是傳統上對於父親的保守、威權不可親近的刻板印象。整體說來，參與者可以體貼到父親對子女的關愛與期待，不問條件，父親們以自己的方式來傳達自己的溫柔與關心，其實也讓敏銳的子女感受到了。

一、對父親的描述

參與者形容自己的父親，大部分不著眼於外觀，而是針對父親的個性、對待、與他人關係、經歷、以及道德等方面來描述。

外觀	○雄壯、肥胖、 ○看起來很兇、看起來老實、 ○臉像卡車頭、外表堅強、
個性	○自大、主觀、固執、傳統、耐心、任勞任怨、壓抑、成熟 　穩重、獨立、寂寞、不苟言笑、個性強 ○好人、over（過頭）、認真、勤快、太老實、有志氣 ○像小孩子、長不大、蠻可愛、蠻好玩 ○愛家的人、很讚、和藹可親、 ○奇怪
對待子女	○對女生不能招架、與哥哥的差別待遇很大、把（我）當情 　人、像朋友 ○很在乎、要求 ○嚴格、嚴肅、兇、不會主動講話、殘忍
與人關係	○不善表達、不會主動講話、講話沒有邏輯 ○嘴巴太會講 ○掏心掏肺、能伸能縮、想得很遠、中庸
經歷	○歷練很夠、思考周密、精明、足智多謀 ○現實、奸詐 ○魔術師、手很巧
道德觀	○正義感

　　參與者對於自己父親的外表描述雖然如此（如老實、堅強、兇），但是事實上是為了後面陳述的一種「翻案」做伏筆，也就是說外表其實會欺騙人的，而自己的父親儘管表現得這般嚴肅正經，其實內心有不為人知的另一面，包括壓抑、寂寞、主觀、奇怪、蠻好玩、長不大等等，這些訊息都透露了孩子對於父親觀察的多面向與深度。許多第一次所用的形容詞，經過事實例證的列舉之後，卻不是表面上所指稱的意義，而是有深一層的詮釋，比如說父親「奸詐」也意味著希望父親可以裡外一致、也以同樣的方式善待家人（B105），「殘忍」背後指的是父親希望兒女可以自立自強、為自己行為負責任的期許（A102），

二、父親這個角色在孩子眼中的真實面貌

在孩子年紀尚幼時，父親的角色展現出來的還是傳統嚴肅威嚴的居多，有的甚至讓孩子有懼怕的感覺，除了努力維持家計、營造一個舒適的生活環境給家人之外，父親的許多「行動導向」的關心，也讓孩子感受到。

（一）傳統的父親形象就是「嚴肅、疏遠、不容易與孩子親近」：「看到卡車頭想到我爸嚴肅的表情，因為卡車頭給我一種害怕的感覺，其實不是因為我爸打我們讓我有害怕的感覺，（而）是覺得他很嚴肅，讓我不知道如何去親近他。」（B102）另一位也有同感，但是儘管不會溝通，卻是用唸的、罵的方式，讓親痛仇快：「他基本上都不會跟我們溝通，也不會表現那種情感上的東西。（父母離婚）是因為我媽受不了，就是因為他嘴巴太會講，嘴巴是一個很厲害的武器。現在我們都比較不會跟他聯繫。」（A105）

（二）與父親直接溝通似乎不是件容易的事，懼於父親的威嚴，因此孩子也發明了應對之道，只是雖然看起來有點悲哀、卻也發現父親可以順應孩子的方式進行溝通：「我國小買自修，那時我怕他怕到連講話都要（用）傳紙條。那時候大家都要買自修、還要用那個（書）皮包起來，不然督學來就……；我想大家都買、我也買好了，但是不敢跟我爸講，我就寫說『爸爸我要買自修，然後就寫（畫）一個框框寫【要】、一個框框寫【不要】，然後後面請打勾，○○（名字）』這樣，（還要）看他心情好不好。看他心情應該變好的、就拿給他，然後就趕快跑掉、躲在壁櫥偷看，他就這樣勾了、丟在那邊。像我們現在還會寫信啊，像我（如果）心裡面有很多話，（但）如果跟他講就會跟他吵架的話就用寫的。」（A101）

（三）態度認真，也企圖讓自己家人可以有更好的生活：「我覺得他很認真，他會想要去改變這個環境。我爸跟她（我媽）講他小時候的家庭生活環境都很不好，他以後絕對不要讓我們家像他以前那樣。」（B103）

（四）父親的形象雖然是比較嚴肅、也顧及到自己養家的責任，這也反映了文獻上對於父親角色刻板印象的印證，但是父親的溫柔也表現在這樣「工具式」的行為：「我小時候就鼻子過敏，以前也沒有擤鼻器那種，（我）還小都不會擤鼻涕呀，所以他都是用嘴巴幫我擤，我媽就跟我說她都不敢做這件事啊！」（B103）。

（五）父親車禍早逝，在女兒成長過程中留下許多的遺憾與甜蜜回憶：「我爸是個很愛家的人，因為我爸是軍人啊，當軍人就是很長時間不會在家，他為了我們家就提早退伍、去當搬貨的司機，那時候他已經很老了，還要半夜很晚的時候還開車載貨。」（A104）

（六）談到自己父親的個性，在一面之外、有另一層意義隨之出現，也就是會提到父親個性中的正負兩面、不是那麼單純一致。如A101認為父親自大，是因為父親自己懂很多、歷練夠，但是「比較主觀，我覺得這一點影響到他這一生中（的）許多決定。」（A101）

三、父親的期許與經驗傳承

父親對於一些價值觀與原則的堅持，表現在他對孩子的要求與期許上，讓孩子可以明白他為人處事的圭臬、希望孩子承繼的道理，在孩子面對前途的選擇時，會顧慮到未來出路與機會，因此甚至強行介入、做決定，雖然引起孩子的反抗與不滿，但是孩子也可以有機會表達自己的意見。父親為了家庭所做的犧牲，孩子願意在將來也讓父親可以一圓自己的夢想。

（一）每個參與者對於自己父親關注在物質生活、養家上的態度雖然有不同意見，但是也可以體會父親之所以這麼不理想的考量：「我父親對親人比較不善於表達自己的情感、比較固執一點、也比現實一點。現實就是會表達（現）在很多方面，比如說當初（我）要考大學的時候，他就比較不會注重我的興趣，他覺得以後你的出路比興趣還要重要。他以前在社會上歷練比較多，就變得說經濟上的問題對

他來說是很重要的。」（B101）

（二）孩子可以感受到父親因為迫於現實環境、不能實現自己的夢想，也希望有朝一日可以讓父親圓成這個理想：「我一直覺得從小到大他一直在幫別人打算、少去實踐自己的理想，我一直很希望他有機會能夠趕快去做他想做的事情。」（A102）

（三）父親的骨氣、堅持的價值觀也反映在對於孩子的要求上：「有一次我去親戚家玩、就玩當老闆的那種（遊戲），他給（向）我買東西、然後我就說你要給我錢。我爸好像就只聽到這句吧，就罵我說妳怎麼可以隨便伸手跟人家要錢，我是覺得蠻無辜的，可是（也）覺得他是一個很有志氣的人、不可以隨便跟人家伸手拿錢。」（A104）

（四）父親自身的成長過程讓父親會比較擔心孩子的前途，雖然這個雙重標準讓孩子不能理解，但是也可以明白父親當時的矛盾、有其不得已：「因為我阿公那時候給他的環境不是很好，就是以前我爸家裡很窮、阿公也是白手起家這樣，所以那時候（阿公）叫他去考警察，他考上了、但他不想去，軍校也考上了、他也不想去；像當初我也是不想考○○（校名），他就說唸這個以後將來的出路是最主要的。有時我跟他爭執會用這個來反駁他，但是他很好的一點（就是）他很願意跟我溝通、他也會認錯。」（B101）

四、父親與家人的互動

父親與家人的互動顯然較少，特別是與孩子，然而孩子還是希望與父親有相當親密度，父親與母親對待方式其實也反映在對待兒女身上，父親對於不同性別的孩子似乎沒有差別待遇（Snarey, 1993），對孩子的期許頗為一致，但是不免又讓人覺得的確有性別差異的存在；而父子疏離的傷痛，還在隱隱發作。

（一）母親是家裡「男子公寓」的寓長，孩子都與母親比較親，由於父親工作之故與接觸較少，與父母親的關係就有差異：「媽媽是

傳統家庭主婦，所以跟媽媽就是很親、像朋友那樣很有話聊，跟爸爸就變得沒有話聊、又不知道怎麼跟他聊，也因為久而久之（而）不聊（了）。」（B102）雖然說聊天對話不是一般父子的互動方式，但是即使是男生也希望可以以談話或其他方式跟父親親近。

（二）父親不會因為男生女生就有性別差異對待，而且與孩子的親密是一回事、不會影響到他對孩子的管教與要求：「他外表看起來很兇、非常老實，可是其實很多事情他算得好好的，包括給我的生活費，就是他很多事情都是很仔細在規劃的。我們家我是老大、我還有一個弟弟，可是他不會因為我弟弟是男生就對他比較要求，其實他對我比較嚴，他也不會因為我是女生就讓我隨隨便便唸書，我唸書的過程他都一直很要求我。」（A101）

（三）父親對待妻子與女兒的態度是一樣的，也就是願意表達出對於彼此的關愛，所以母親也不會驚訝：「我媽很習慣了，因為他對我媽也是這樣。他對我媽說『漂亮老婆』什麼有的沒有的，他都說得出口！」（A101）

（四）父母親的早期離異，母親另外成立家庭、父親又與女友同住，家裡變成只有寒暑假才回去的旅館，沒有人氣，感覺上自己像是被拋棄、跟父親或母親都搭不上關係，但是父親的一些舉止卻也透露了一些理還亂的親情牽扯：「我跟我爸的關係就是很不好，可以說沒什麼聯繫，一學期回去一次、就是寒暑假的時候，平時都不會回去，因為回去沒有人。我爸有女朋友，他就住在（女友）那裡。通常我暑假回去住的話，他大概每天都會回來五分鐘，就是拿個晚餐什麼的（給我），晃一下就是了。我以前對他成見太深，我會覺得有點遺憾，但是我就是不想再去碰。」（B105）

（五）父親也許將家人當成最安全的情緒發洩對象、可以在家中坦然表現自己的情緒，卻也相對地沒有顧慮到家人的感受：「他把他的情緒帶給別人，他不知道這樣會傷害到別人，所以兩個人（爸媽）就越來越沒有話聊。」（A105）

（六）孩子是很敏銳的觀察者，可以看到父親矛盾的一面，儘管在孩子面前呈現的是嚴肅難以親近，但是在夫妻互動上卻也表現了能屈能伸的一面：「有一次他跟我媽吵架，吵到我媽要殺他，我媽狠到拿瓦斯，我媽很笨、覺得那個可以毒死他。那時我很緊張，我就一直哭。我爸跑到房間去躲起來，我媽拿瓦斯跟菜刀，（叫）什麼『你給我出來』、就一直罵，我爸也不知道怎麼辦吧！就跑到我房間把門鎖起來，那時我就覺得我爸怎麼那麼沒種！那次之後他們幾乎沒有大吵過。」（A101）

五、親子衝突

孩子平日極少與父親有較為頻繁的互動交流，因此對於彼此的需求與期待有時候拿捏不住，衝突的發生通常是以較為激烈的方式，孩子會藉此表現不滿、而父親也會在類似激烈的「抗爭」中恍然醒覺！孩子與父親直接衝突是一種溝通、表達需求的方式，動作雖然較大而極端，但是卻也讓父親與孩子雙方都可以有機會去做自我檢視、改進的方向。

「國中放學時候很喜歡跟同學亂玩、故意拖到很晚才回去，那天我根本不知道爸爸要來接我，因為以前都是自己坐公車回去，結果我一出去就看到他、（他）就很生氣、一直罵得很大聲，我也很生氣呀，覺得你又沒跟我說要來載我、又不知道你要來，就一路上不講話，一下車就衝去房間、門關得很大聲，一個人在那邊生氣也不吃飯，後來大概兩三天沒跟我爸講話。有一天我媽就說『妳不要這樣跟妳爸生氣好不好？妳爸也跟我說怎麼才罵她一句就兩天不跟我講話？』我聽（了）才覺得原來爸爸其實沒有那麼生氣。」（A103）

「我跟我爸吵架，就是我跟我爸去搬貨，可能他心情也不太好還是怎樣，他就用術語像『硫酸鹽酸小蘇打放在哪裡、你去拿幾包放在車上』，可是我就是不知道小蘇打長什麼樣子，因為每個東西都是一包，上面寫二十五公斤，剩下都是英文字母，我不懂就覺得很委屈呀，他就覺得我搬了那麼久應該知道什麼東西放在哪裡。他那天就

怪怪的，可能沒有感覺到吧，我覺得這樣跟我講根本聽不懂、那天我就沒拿，他就很生氣。一回（到）家，他還是這樣子。我們吃晚餐、那天吃粽子，他就說你去冰箱拿蕃茄醬來，我去拿、找了半天沒有蕃茄醬，就說『爸，蕃茄醬放在哪裡？』他就說放在那裡你不會自己找啊？那種態度！我就氣爆啦，把冰箱關上、就把菜刀抽起來，然後我就說『×××，在哪裡我不知道，你這樣跟我講！』然後他就嚇到了！他就愣在那裡、不知道要怎麼處理這個狀況、然後叫我放下（刀）來。我媽叫我把刀子放好，我就放下、自己走到樓上去了。經過這件事之後，我爸就更好了。我覺得我是人家激我我會生氣，如果你要我成長、你不可以激我，你要鼓勵我，我就會努力做給你看！」（B103）

六、父親對不同性別孩子的態度

父親對女兒與對待兒子有一些差異是很相像的，父親與兒子好像是「哥兒們」，但是跟女兒就比較沒有同為男性的親密忌諱，可以從參與者表達的親子關係看出端倪；不管是男孩女孩都希望與父親可以更親密，只是父子間的親密彷彿比較難得，也許是受到「同性親密」（或「同性戀」）的忌諱、加上一般對於男性氣概「獨立」的要求使然。

（一）父親對待女兒像是寵物與情人：「**我覺得我爸爸太over，就是他簡直把我當作他的情人，我們出去逛街、一直到現在，他還是要我跟他十指相扣，有時候我會覺得別人會不會覺得他娶小老婆？譬如我們去吃飯，他跟服務生聊天會說『你看我這個女兒怎樣怎樣』，他說我很愛他、會大肆喧嘩他對我的愛。**」（A101）

（二）儘管對於女兒的關愛會很公開表達，但是依然有自己對於孩子教養的期許。

父親對於孩子不是行口惠而已，他對孩子的愛也不會沒有界限，該訓練的、該讓孩子學習的一分也不少，但是孩子很服他的這種方

式：「雖然他（爸爸）這麼愛我，但是他很殘忍，他覺得這是我（自己）的事情，要什麼東西要自己準備好，要不然就是前一天晚上應該給他有充足的時間準備，他不會說很可憐啊、然後『生』（東西）給你，他不會，他就讓你嚐到後果。他就是會很大聲地表現出他很愛我，但是他不會溺愛，我覺得這是對的。」（A101）

（三）父親自身接受的庭訓影響到他對於不同性別對象相處的方式，也背負著「無後為大」的負擔：「我家裡是那種大家族，就是我阿公的每個女兒兒子至少都會生一個男的，可是只有他（爸爸）沒有，我媽身體不好、只有我和姊姊兩個女生。我覺得他表面上雖然不會計較說沒有生男的，可是阿公阿媽會，而且奶奶很明顯、（我）覺得他比較不疼我爸爸。他跟他的爸爸很生疏，連帶的我跟阿公也很生疏，我不會跟長輩相處吧！」（A105）

（四）父親對待孩子的方式也帶著對於孩子的深深期許，不會因為性別而有差異：「我覺得他對我哥就是不一樣。他是你這個人可以讓他期待的話，他就會掏心掏肺在你身上，但是一旦他覺得你、就像我哥，讓他很傷心的話，他可能就會有差別待遇。但是這一點我會很想試著去改變一下、改善這一段關係。」（A101）

七、父親關心孩子的方式

（一）父親不善於表達情感也是參與者都注意到的事，但是他們也會敏銳觀察、從一些細微的動作中去體會父親的關愛與心情。「他在我考大學之前，幾乎不會主動跟我講話，可是他願意每天早上很早起床載我去上學，從來沒有間斷過。我雖然知道他不會把那種表達情感的話講出來，我可以感受到他對我們家每一個人都是非常關心的。他很多事情都替我們想，我們要考試幹什麼，他還是會請假回來、然後再去（嘉義），他其實很重視這個家庭，只是因為工作關係、沒有辦法去享受那個（與家人一起的感覺），可是他很喜歡回家。」（B104）孩子的敏銳覺察與細心，也讓孩子願意從自己開始做一些改變，希望主動讓親子關係更親密。

　　（二）父親關心孩子的方式不直接，而是藉由提醒母親的方式：
「我爸爸應該算是嚴肅吧，他就是為我們付出很多、也是很愛我們，
就是有時候他不會直接講出來。像上次我跟我爸還有我媽，我們三個
去吃飯，他好像常看我穿這件衣服，就說你怎麼常穿這件衣服？我媽
就說我爸的意思就是要提醒我媽，叫她幫我買衣服。」（B104）父
親幸好有母親這個角色擔任「中間人」傳達的功能，雖然不直接，但
還是會讓孩子感受到這種含蓄的關懷。

　　（三）父親的主動詢問與挑選話題，讓親子之間的親密可以維持
或是增進，可能也因為孩子願意聽、會聽：「我每次回去，他就問我
有沒有什麼問題呀？『你應該有什麼煩惱喔？』他每次都這樣，每次
我洗完澡之後，他就會說『來來來』。有時候我都在想要不要跟他講
我的問題呀，因為有時候他講一個問題就可以講兩三個小時，我覺得
他是一個想得很遠的人，蠻足智多謀吧！」（A103）

　　（四）雖然許多的父親都將自己定位在「工具性」養家的功能
上，但是孩子感受到父親其實還擔任引導、鼓勵、陪伴、玩伴的多功
能角色。「我知道他都很關心我，他都引導我去好的方向，像我們去
撞球回來的時候、就被我媽唸『你怎麼帶小孩子去撞球？』我爸就說
『撞球是國際運動啊、沒什麼不好的』。如果是我自己去撞（球），
他也會跟我講說你不要一個人去撞，你一定要跟我一起去撞，就是要
有大人關照這樣子！」（B103）

　　（五）父親不只是一個養家的人，對於孩子的需求是有求必應，
就像是一位魔術師般地萬能，孩子也在這種關切中，深刻體會父親的
愛：「他的嚴肅我覺得可能是因為他以前沒有很好的父親榜樣，所以
他變得不知道如何去做一個好父親，就是他可能有很多感情想要表
達、就是不知道如何去表達。其實平常感覺上（他）好像也不太理我
們的事情，可是真的如果我們在家提出一些要求的話，比如說我們蠻
小的時候，需要什麼線的找不到、可是家裡也沒有、也沒辦法去買，
隔天我要上學之前，我爸就會『生』出來給我，我就不知道他哪裡來

的，就是會變出來給你就對了！」（B102）

（六）父親的寡言、不善於表達，其實是以孩子感受最深刻的關愛方式，父親也許限於自己性別、從小的訓練、工作時間、或是個性使然，不習慣以柔性談話方式與孩子互動，但是儘管如此、他們還是會以自己的方式來傳達關心：「他有時候會笑、或者用表情這樣子而已，通常他不太會回答我的問題，就是覺得說他其實真的很在乎我們、就是不知道如何去表達。那時候他就是又加班又輪班、幾乎很少見到我們就對了，（我們）幾乎很少碰面，跟爸爸就變得沒有話聊、然後又不知道怎麼跟他聊。」（B102）這樣的互動方式雖然也讓孩子覺得遺憾，但是另一方面卻也能夠體會父親內斂性格中所隱藏的「未能表現出來的關愛」，也會希望自己與父親有不同的互動模式：「我會知道他其實內心很關心我們，祇是沒有講出來而已；但是（我）有時候一直都想會去逗他、就是逼他一定要講就是了，不要讓他這麼沉悶，結果我發現他慢慢地比較有改善。」（B102）

（七）父母親的情感是以孩子做聯繫，孩子出事，父母親協力同心的照顧孩子，也讓彼此之間的情感與關心重新燃起熱力：「我高二那時發生車禍，（爸媽）情況就好轉，因為那時候是危險期，那個晚上我媽就一整夜都沒睡、在一旁一直看著我。隔天我爸就帶魚湯來，魚湯一（打）開、那個腥味就很重，那時我下意識的反應就說了一句『喔，很難聞』，那時候我媽就跟我說小聲一點，我不知道她為什麼這麼說。我爸回去之後她就跟我說妳爸這是表現對妳關心的做法。就因為我車禍啊，他們兩個感情就好像又變好了。我覺得不是因為我車禍他們兩個感情變好，是因為他們就在（醫院）那邊討論說我以後復建怎樣、會不會影響我一輩子。」（A105）

父親關愛孩子的方式是工具性的、陪伴與遊戲、或很不直接，似乎是要維持傳統父親寡言沉默的威嚴，但是這些孩子已經開始與雙親有互換角色的立場，會去觀察、思考與同理父親行動背後的善意，甚至讓孩子看到父母親是以孩子為重心，願意為了孩子重修舊好，也給

孩子重新去思索「家」的意義。

八、父親的溫柔

　　父親的體貼與溫柔都印在孩子記憶的深層，幾乎每一個參與者都可以娓娓道出一、兩個父親的「深情故事」，這些記憶可以是孩子敏銳覺察父親身為男人背後的美麗溫柔。有些同學甚至提出父親的溫柔平常很難看到，除非是在不需要防衛自己男性尊嚴或生命攸關的時候、才會毫不保留地表現出來，即使是男孩子也可以體會到威嚴、肅穆父親臉孔底下的美麗溫柔與人性。父親的溫柔表現在行動上、但不是出之言語，即使是陪伴這樣的動作，也給了孩子很大的力量與感受。

　　（一）父親知道孩子的害怕，願意陪伴在身邊，這樣的溫柔記憶，也傳達了父親「在」與「支持」：「大概三年級吧，我去睡覺的時候第一次做惡夢、然後被嚇醒了，那時我記得我爸在客廳看電視，我第一個念頭就是想要出去找人，那時很晚了，衝出去的時候看到爸爸在那邊看電視，我就跟他講我做惡夢，我爸就『惜惜』（臺語），拍拍我的背，（說）不怕不怕、沒有關係、做惡夢而已。我又不敢回去睡覺，他就叫我睡在客廳椅子上、坐在旁邊陪我；後來我清楚地感覺到，我爸電視看得差不多、就關掉，把我抱到床上去睡，我感覺到非常受到保護的感覺。我爸是一個不苟言笑的人，也是因為他這個舉動，讓我覺得我爸真的很愛護我們。」（B102）

　　（二）雖然父親表現出不願意為兒子「收拾善後」，但是還是忍不住去做處理，孩子知道即使自己遭遇困挫、惹了麻煩，卻也不是孤單應對：「那時我我沒駕照，我爸是學校老師，沒有駕照發生（車禍）這種事一定要通報學校。那個阿婆是騎腳踏車的，發現（出事）的時候已經擦撞到，就很慌啊，雖然沒有駕照也不可以落跑，看她（阿婆）流血、金牙也掉了，我就先打（電話）給我媽，我媽就來處理。回家就跟我爸講『爸我闖禍了』這樣，我爸暴跳如雷，他說你自己出了事情自己去處理、我不會替你擦屁股。我也沒有多說什麼就趕

快去醫院照顧阿婆，其實我爸有去看阿婆、還有跟人家道歉。就是覺得說他（爸爸）其實也是蠻會替我們想的，只是他想說小孩一定不會處理這種事。」（B101）

（三）第一次看到父親的手足無措與毫不掩飾的擔心，也見識了父親這個「堅強剛硬」男人背後一直存在的溫柔：「這次出車禍，現場一片混亂，我爸來，這可能是我一生唯一一次聽到他用那種很溫柔很溫柔的聲音（說話）。他馬上到我旁邊、因為他也不敢碰我，一碰我我就說很痛，他說哪裡痛，我自己也不知道，後來才知道是骨折。他就一直跟我說妳不要哭，其實我也沒有想哭，他跟我說不要怕，其實（我）也不會怕，因為整個傻住了一樣，可是他就是很想要去抱住妳，他就說把妳自己靠著我。我是覺得他可能比我還想哭吧，那個眼神讓我第一次感覺到『哇，這一個男人是那麼焦慮這樣』！」（A105）

（四）看到一向隱身在背後、沒有聲音的父親突然為自己「挺身而出」，那種感動不是言語可以形容的：「我考上○○（大學）之後，我爸很想給我鼓勵，他覺得不管怎樣你還是有完成你自己的理想，所以想給我鼓勵。我以前很喜歡手機和Call機，那時流行Call機的時候我偷偷去買過。因為我爸是一個非常節儉的人，非必要的事情他不會花錢。大一的時候大家都開始流行手機了，我就很想（要）手機、可是不敢講，就很想自己偷偷去買，我爸大概知道，因為我在問中華電信的事、他看到傳單。我媽是比較強勢的人，我爸比較弱勢，我說我要手機想自己去買，我媽就說手機沒有需要，現在講話那麼方便、為什麼一定要手機？我就不敢講話了、想算了，但是我爸突然跳出來講話，他跟我媽說『沒關係啦，買給他啦，他考上○○（學校）啦，大學生有手機有什麼關係。』那時我看到我媽的表情是有一點嚇到。很難得他這麼摳的情況下他願意，其實那時候買手機還不便宜。」（B102）

（五）送孩子坐車，很簡單的一件事，父親卻是事必躬親，而且

慎重其事：「我爸表現出對我的態度、他也不會說。如果我要搭夜車，兩點十四分的，我就會想自己從家裡走到火車站就好了；（但是）我爸就定鬧鐘一點半，響了我爸就起來穿衣服、還穿得很正式，還（去）叫我要坐火車了。（然後）我爸就到一樓說你會不會餓阿、要不要帶東西上去？就在我背包裡面塞一大堆東西，我就覺得很感動、想要做什麼，但是我什麼都沒有做。」（B103）

（六）父親出現、陪伴，有時根本不需要有所作為、就可以發揮他的支持與鼓勵的功能，孩子覺得安全、願意去冒險，也感受到父親深深的關愛：「那時我很笨、一直學不會（騎腳踏車），學了好幾天還學不會。有一天我在那裡騎，騎到天色很暗的時候，我又摔倒了，我爸剛好從外面回來，看到我摔倒了就幫我扶起來，他其實之前看我騎的時候就放我騎、也不幫助，這次看我摔倒了，就會幫我從後面拉，（讓我）覺得可以一直往前騎了；我在騎的時候，會在那邊繞圈圈、就是不會離他太遠，感覺很好！」（B106）

（七）父親願意花時間哄孩子的方式讓孩子記憶深刻：「我小時候愛哭，所以他就會開著車一直載我、載到我睡著，他很晚回來喔，然後每天早上還會帶我去幼稚園上學。」（A104）

（八）喝醉酒的父親彷彿是另一個人，比較容易親近、也會曝露出男性溫柔的一面：「我覺得我爸爸是個奇怪的人，平常有點嚴肅又不會太嚴肅，有點像朋友、可是又有點像是中和、中庸的感覺。可是當他一喝起酒來，就是會一直講話。我覺得他蠻喜歡交朋友的，算是一個成熟穩重、很獨立的人，可是我覺得他好像有壓抑些什麼東西，喜歡喝酒唱歌，好像只有那些東西才能把他平常（壓抑）的那些東西發洩出來，我比較喜歡他喝醉酒的樣子。平常在家的時候，在看電視什麼的，他走過來、你會有一種感覺想找話題跟他聊天、又好像沒有什麼話題可以聊，可是當他喝醉酒之後、臉紅紅的，感覺就是很容易跟你親近這樣。」（B106）

（九）父親出現一反常態的行為，雖然出乎意料，但是卻也感動

了孩子柔軟的心：「我國中時候，跟我媽說要買自修，我媽就說好啊、等一下吃完飯叫妳爸載你去。我媽沒拿錢給我爸，我媽說看到時候多少錢回來再算這樣。結果我買完自修、他付完錢，我就找錢還他，他就在書店門口掏出一張五十塊給我，說這個拿去買貼紙。因為我小時候很喜歡買無聊的東西，那時我快哭出來了，因為他從小到大帶我去書店，我一定是被罵著出來，他就會罵我說妳幹嘛買無聊東西、亂七八糟，那次竟然拿五十塊錢給我去買亂七八糟的東西、沒有叫我存起來。那張五十塊現在被我收起來（了）。」（A102）

九、孩子從自己身上看到父親的影響

孩子也會看到自己身上承襲自父親的影響，也以自己的這些特質為傲，彷彿無忝所生，但是也看到自己不想要的部分，希望可以作為提醒自己、加以改造的部分。

（一）虎父無犬子，父親的成長經驗與身教，就是傳遞重要價值觀的不二法門，孩子也在耳濡目染之下承襲了這套價值觀：「他說他以前唸書的時候，其實他不聰明、可是他會讀得很勤快，他可以算一題數學一直做到晚上兩、三點，然後只為了說明天早上全班都沒有（人）做出來、只有他做出來，然後大家抄他的、就很有成就感。就像我自己說的（也）做題目做到兩、三點，就是會有那種想法，就是我一定要做出來。」（B103）

（二）會將自己與父親做比較，不會將父親的木訥、不善表達列為男性特色，而是因為父親的榜樣：「我跟我爸有點像，也就是比較不會表達感情就是了。」（A105）

（三）感謝父親的庭訓，從孩子身上也看到承襲自遺傳與想要「加以改良」的部分：「我覺得他是一個很好的爸爸，因為他疼我、又會聽我講話，任勞任怨，他把我的某一些特質教得很好，比如說獨立、要自己去面對現實，我覺得這很重要；但是我覺得他自大、有一點自我，這也是我一直在學習的，就是不要那麼自我，去聽聽別人的

觀點。」（A101）

十、看到父親的改變

隨著年齡的增長，孩子也發現與父親互動方式的改變，大部分會覺得這樣的改變是很正面的、符合孩子最初的期待，可能也因為孩子成熟了、比較會去體會父親的用心。改變也許是隨著歲月而慢慢進行，父子雙方刻意去促成改變的發生也是居功厥偉，這也說明了只要親子一方願意採取不一樣的接近方式，是可以產生一些預期的效果的。而孩子是需要與父親做互動的，即便是負面的、至少還表示關心在乎，但是如果連理都懶得理，像陌生人一樣，也深深傷害孩子的心。

（一）看到父親也隨著歲月與孩子的成長在做改變，可以體貼到作父親的用心，與父親像是朋友一樣的情誼，讓孩子覺得很幸福：「我爸（在）我小時候比較不會跟我溝通、比較不懂得怎麼樣跟孩子溝通，所以都是我媽在管我，可是如果我要求什麼、通常我爸會給我，他就是這樣子、我覺得我爸是一個『好好人』。」（B103）

（二）覺察到父親的改變是漸進式的，可能是因為父親本身覺察到互動親密的需求，還有學生本身讓父親覺得可以被傾聽：「小時候一直覺得他很兇啊，看起來蠻嚴肅的，可是現在（我）越大越覺得他像小孩子。其實從國中開始，他就有那個習慣，一定要找時間跟我講話，很奇怪。我們家四個小孩，每次大家都坐在那邊聽，最後一定只剩我一個在那邊，其他都藉故離開了！以前小時候就這樣亂聽、不是很懂，越大越有感覺爸爸說的有些是有道理的話。」（A103）

（三）發現父親由間接到直接表達的改變，也許與自身的情況不同有關：「我跟我爸的關係，上大學之後比較好，他比較會講出來，以前是私下跟我媽媽講，現在會用比較不一樣的方式。他是一個禮拜回來一次，我也是，可能也因為比較少見面、也沒有以前的課業壓力，所以就不會覺得那麼煩，就比較會建立彼此的關係。」

（B104）

（四）父親之前雖然用打罵教育，但是至少還「在乎」，不像目前可能因為接觸太少、父親又有了新的家庭，父子之間關係疏遠，言下之意有許多的遺憾：「以他做商人（來說）他就做得很奸詐，平時他對別人和對我們家人不一樣，對別人很好、做生意那一套，對我們就是兇啊。他把我的求學過程分成幾個時期，第一個是從小時候到國中，都是會打會罵，之後高中開始是罵而已，到現在是什麼都沒有，算是什麼都不管我，感覺上有明顯的差別，我自己覺得跟他漸行漸遠。」（B105）

（五）孩子主動破冰的行動，也相對地讓父親可以有些改變，增加親子互動的滿意度與趣味：「我（上）大學以前，我爸幾乎都不跟我講話，我覺得他是不曉得怎麼跟女生講話，他跟我媽講話很正常，可是他就是不會跟我講話，覺得他講話就很明顯就是不流暢、怪怪的樣子，現在（我）上大學就好很多。像我上大學之後就比較會逗他，像以前他都不會跟我講話，我突然變（成）這樣，他非常不習慣，有的時候我就會（很）三八跟他講『爸，你覺得我今天髮型怎樣？』明明就差別很大，他就說沒兩樣、要不然就是說看不出來，反正他就是非常習慣潑我冷水。我會覺得自己一直不斷從他那邊受挫，其實我非常在意我爸的看法，因為我想讓他覺得我成功了還是怎樣，可是他一直潑我冷水。上大學之後，我越來越跟他講學校近來做什麼事、講一些他可能會覺得很無聊的事，他越來越（會）跟我講一些好玩的事。」（A102）

（六）孩子也希望可以與父親更親密一點，最希望的就是跟父親可以多談幾句，也在朝這個方向努力：「我們都會想跟父親多聊一點、跟他講話，像他通常都是我問三句、他回答不會有一句。有時候都會很想去逗他、又是逼他一定要講就是了，不要讓他這麼沉悶，我發現他慢慢地比較有改善。」（B102）

（七）隨著年齡的增長，親子關係也產生了變化，感覺上父親越

來越可以親近，不像以往的嚴峻或疏離：「除了看到那個卡車頭想到我爸嚴肅的表情、給我一種害怕的感覺，其實不是因為我爸打我們讓我有害怕的感覺，（而）是覺得他很嚴肅，讓我不知道如何去親近他。現在比較容易了，因為比較知道他的心態，就比較想去跟他多聊聊，想讓他不要再那麼嚴肅。」（B102）

（八）孩子的主動改變，也牽引著父親與其他家人關係的變化：「我現在比較會主動去找他，因為我覺得他會這樣不苟言笑、就是要樹立父親的權威，可能他感覺父親就是應該這個樣子。那時候我要回○○（學校）了，我就跟我爸說我要回去了，我爸就站起來說『好，你騎車要小心』，我那時也沒有特別想什麼，好像一直有事情要跟他講吧！因為我一直想（跟爸爸）像朋友，我就是搭著我爸的肩說『爸，家裡有什麼事嗎？有什麼事記得跟我說。』我只是想要跟他多講一些話而已，只是從頭到尾沒有找（到）一個話題這樣。然後我爸就突然手靠過來，我就很順勢跟他拍起來、像稱兄道弟這樣拍，我可以感受到我爸很用力地抱我說『你回去要小心一點』。現在我都會慢慢地主動去找他，跟他聊、跟他哈拉像朋友這樣子，我發現他也比較願意跟我講、比較有笑容。我覺得爸爸慢慢願意、感覺上比較有人性一點，我感受到他必須要有人關心，有人可以跟他聊。現在他比較會慢慢去關心我哥的事情、我弟弟這樣，就是他變得會主動去關心別人。」（B102）

（九）也不希望父親做太大的改變，而是保持有點含蓄，反而會增加一些趣味：「我覺得就是經過這一次講（談話）以後，我覺得我爸變多舉動都變好玩的，其實我很清楚他很愛我們這個家，可是有時候他覺得做不到、他也比較不敢表達。他現在比較敢表達，可是我反而不會很希望他說出來，因為他有時候就是有點轉彎的講法會讓你覺得他很好玩、很好笑。」（B104）

十一、父親心事

父親是孤獨的「男人」，因為不容許公開自由表現自己的情緒、

還必須佯裝堅強嚴厲，甚至還要刻意掩飾自己對家人的關愛、溫柔的部分，在許多敘述中也隱隱可見父親不向外人道的「心事」，而經由孩子的觀察與體會，父親被了解的程度增加、也讓孩子知道自己希望可以回饋給父親什麼。父親的壓力可能也來自對外面人的利害相關、家人的呈現真實自我之間的矛盾，讓孩子的困惑更深。這裡的「父親心事」是孩子們透過細膩的觀察、用心揣測父親身為男性與父親角色的許多壓力，讀來特別令人動容。

　　（一）感受到父親因為家庭因素不能去發展自己、做自己想做的事，了解父親的背後有相當的遺憾：「（長）大了以後，有時候我覺得整個家裡面可能比較會跟他說話的也只有我而已。其實我一直希望我趕快有能力，然後幫他分擔一點心理上或是經濟上的一些東西，因為我覺得從小到大他一直在幫別人打算、很少去實踐自己理想的東西，我希望他有機會能夠趕快去做他想做的事。他非常喜歡靈修。不知道那天他是怎麼了，後來就跟我講得很露骨，然後就講到他喜歡的一些東西，他就覺得有很多事情一直羈絆著他，他只要把這些事情、責任做完之後，**他大概就離開這裡（世界）了。**」（A103）

　　（二）父親希望孩子可以成就一些自己未完成的願望，對於孩子的信心就是作為一個父親的驕傲與自豪：「他就是直接反應，我會覺得他寂寞是因為他就是屬於那種喝醉酒才會表達自己感情的人。我還記得那時我甄試上○○，有時候他喝酒的時候，（我）會幫他挾菜、幫他倒酒，那次他也快醉了吧，就跟我說他那時很不贊成我去推甄，他希望我去做阿扁的學妹。我就跟他說我沒有那個本事，他說他覺得他女兒有。」（A105）

　　（三）父親的前後矛盾表現，有點讓人摸不著頭緒，但是也蘊含著深深切切的關心：「有一次平時考、成績單都寄回來，（我）數學零分，可能他也知道我數學不太好吧、也不好意思問我，那時候他只跟我說『這次數學是不是考太難了啊？』可是他之後又說一句『可是我看你們班上還是有人考七、八十，妳怎麼會跟人家差個七、八十

分？』每次只要排名不好，他就不會拿給我媽看。」（A105）

（四）父親的情緒孩子可以拿捏感受到，也會有對應的方式出現，這樣的互動也顯現了親子間的親密：「這一陣子我大概聽到（週遭朋友）有四、五個親人過世，突然覺得人生怎麼那麼無常，我就當下打電話給他，然後就跟他說我愛他，他就說你是不是跟我要錢啊？就是開玩笑，我爸就是這樣子。有時候他很情緒化，有時候跟他開玩笑叫他胖子，他如果心情好就會說『幹嘛』，如果心情不好，他可能會生氣。」（A101）

（五）父親對外與對內的態度讓孩子不解，雖然知道父親愛家、但是表現出來的方式卻讓人有迷惑的感受：「我覺得他是屬於一個蠻會壓抑自己的人，就是他有感情不會講出來。其實我就懂事開始還有一陣子蠻討厭他的，覺得他不會跟我溝通，覺得他很多的想法表現錯了，其實也不是說他不愛家，只是他表現的那個方法會讓人覺得他不愛這個家。（像）他平常對他的朋友（跟）對我們家（人）不一樣，我爸對他的朋友不會奸詐、蠻掏心掏肺的，可是他對家裡人……（像）他對老婆，我很奇怪他們兩個會結婚。」（A105）

十二、兒女在父親眼中的模樣

以兒女的立場來想父親眼中的自己，也可以看出兒女對於自己擔任孩子、甚至在與其他人互動中的自我形象（Gebauer, 2003, 黃亞琴譯，2007, p.51）。女兒會談到父親寵愛自己、疼惜自己的情感層面，兒子則是針對父親對他的信任、工作能力或是成就（熟）上著力，或是不能達成父親的期待，這一點倒是呈現了不同性別關切的層面。

（一）寶貝、疼惜的感覺，被愛、也充分感受到父親寵溺的心：「我爸爸就是從來不會罵我，把我當作寶貝、握在掌中的。」（A104）

（二）可以負擔起自己的責任，不必讓家人操心：「一個自己很

會想的人，就是不會讓父母擔心。」（A105）

（三）父親的信任、願意放手讓孩子去走去做，就是最大的鼓舞：「我爸爸也是蠻放心我的，就是我會做自己的事情，他也是蠻信任我的，這一點讓我覺得很棒！」（B103）

（四）父親常常以過來人的身分來對待孩子，也表現了自己特別的能力，孩子以父親為崇拜偶像，在另一方面卻帶著些許失落、不被信賴的感受：「他覺得我長不大，可能他看很多書，所以他每次都會跟我講什麼什麼，而且一講就會講很久，你會覺得他講得很有道理，（因此）我也會變得很想去看那本書，可是真的去翻那本書、（就）覺得很無聊，翻一下就看不下去了。」（B104）

（五）自己的粗線條、不細心，會讓父親認為不能獨立作業，必須時時擔心：「他可能覺得我是一個脫線的兒子，有時候連我媽都覺得我太依賴、太被保護。」（B101）

綜合分析

依據Coleman與Coleman（1988）對於父親角色的研究認為：父親的角色一向是「天父」居先，也就是供養家計與保護者的角色，也強調在外面世界的成就，因此即使是花了一些時間在從事「地父」的工作，也可能讓父親認為自己並不是成功的（劉文成、王軍譯，1998），本研究中許多父親早期也是將自己定位在「天父」的角色，很少參與撫養下一代的責任，而對於孩子的前途與未來涉入較多，這也反映了所謂的「工具性角色」特徵（Finley & Schwartz, 2006）；然而隨著時間的流逝、孩子的成長，父親想要與孩子親近、孩子希望與父親的關係有所改變的情況下，明顯發現親子互動也發生變化，只要親子一方願意有不同的動作或是反應，就是很好的開始。按照Coleman與Coleman（1988）的說法就是親子在生命週期的成年階段，親子雙方開始有和解動作產生，而現代父親已經不是那麼

純粹的視天父爲唯一職責與角色功能，而是越來越有意願與妻子承擔「二分父神」的工作（Brownson & Gilbert, 2002）。

父親與孩子的關係的確會隨著孩子的成長而發展得更爲親密（Levant, 1980; Roberts & Zuengler, 1985, cited in Hanson & Bozett, 1985），有別於Snarey（1993）的研究結果的是——父親對待不同性別的孩子有差異，可能是因爲研究對象年齡不同之故（Snarey是針對嬰幼兒）。儘管父親的親職功能似乎被框限於工具性養家、保護或是管教的立場（Levant, 1980; Pollack, 1998; Snarey, 1993），玩伴與陪伴的功能固然發揮較少、卻依然產生了很大的作用，也說明了親子相處時的「品質」優於「數量」，而父親的「在」不一定是生理面上的而已，而是涵括更多的層面（包括互動、可接近性與反應）（Krampe et al., 2006; Magaletta & Herbst, 2001）。

父親的許多表現其實也受到社會對其男性角色期待的侷限（Erickson, 1998, 陳信昭、崔秀倩譯，2002，pp.88-89; Silverstein et al., 2002），包括可以表示屬於男性的憤怒表現、規避情緒的話題（因爲認爲無須處理）、藉由處理事務或做事情來傳達愛意、被認定是生產者、以一起工作來獲得親密感、目標與解決問題導向的思考等，這些都在研究參與者的口述中出現，而當父親或子女一方願意打破這些「禁忌」、針對親密需求有不同的行動時，良性的變化就此發生。

研究中有兩名參與者沒有父親在身邊（一爲早年喪父、一是因爲父母離異），在許多面向上也看到Jim Herzog（cited in Pollack, 1998）所謂的「渴望父愛」的情況，然而研究者也發現：不管是不是因爲沒有父親在身邊（活著），當父親是被視爲很傳統、以「養家」爲主要職責、與孩子關係較疏離時，孩子渴望與父親親密的感受更是強烈（Erickson, 1998, 陳信昭、崔秀倩譯，2002）。

父親的「邊緣化」可以有兩個原因：其一是自己因爲工作在外時間很長，也比較少主動與子女做溝通交流，因此讓子女不「熟悉」；

此外由於前面的「不熟悉」，父親與孩子之間沒有互動的「習慣」，不僅是孩子會刻意「逃離」接觸的機會，做父親的可能也會避免尷尬，而採取了「不為所動」、「中立」、或是「嚴峻」的立場，兩個因素的惡性循環之下，自然就發展出一種既定的互動模式，倘若其中一方願意主動做改變，自然也會「帶動」一些出乎意料的相對改變出現，而孩子的主動其實是最具效力的，父親溫柔敏銳的觸覺也很容易被感動，這也許描述了Coleman與Coleman的父子「和解」階段（劉文成、王軍譯，1998），然而也不需要非得等到孩子自身也為人父母才開始。這個結果也印證了Filene（1986）的發現：就是許多父親會處於兩難困境，一方面渴望與家人有更親密的接觸，但是又要達到社會對其角色的期待，因此裹足不前；而在本研究中也看到孩子願意主動與父親改善關係、或是企圖親近，父親大部分都會有善意的回應，打破了父親對於自己男性角色的刻板期許，也說明了親子雙向互動與影響的本質（Parke, 1981）；如果以Parsons與Bales（cited in Levant, 1980）歸類的性別差異──「工具性」與「表達性」來看，其實可以推斷是社會文化的影響，而不是天生自然，只要給予適當的時機與刺激，父親這個男性也可以表現出溫柔、「表達」的特質的。

　　一般說來本研究的男性參與者與母親的關係較親，當然也有一位因為父母仳離而沒有繼續聯絡；而女性參與者與父親之間的互動顯然比男性參與者要多，可以解釋的原因可能還是因為父親主要擔任養家維持生計的職責，時間上的不允許、加上沒有刻意去營造親子間的互動機會，相對也影響到親子關係的品質，此外父親這個男性對於異性的女兒來說比較沒有同性競爭、需要捍衛自己男性氣概的情況，因此對待女兒的態度反而比較疼惜、身段柔軟，這與之前Radin與Goldsmith（1983）針對父親與青春期子女的關係親疏有別（cited in Hanson & Bozett, 1985）結論不同。隨著孩子逐漸成長，也會意識到父親的孤獨與疏離、以及父親希望與孩子親密的需求，願意從自己的努力來著手，希望改善親子間的關係；男性同學對於早年父子之間關係的不滿意、後來也大半做了努力，雖然過程並不順遂、但是結果還

差強人意，也願意做持續的努力，而如果父子之間早期有較為良性或是頻繁的互動，對於往後的親子關係是有加分效果（Gebauer, 2003, 黃亞琴譯，2007; Valliant, 1977）。

父親的角色與功能其實密不可分，本研究突顯出一般父親依然是以「養家」、「保護者」的傳統身分自居（邱珍琬，2004a；邱珍琬，2004b；黃慧森，2002; Levant, 1980; Pollack, 1998），當然也發揮了危機處理、陪伴、與玩伴的功能，是屬於「選擇性」照顧者的角色（王舒芸、余漢儀，1997）。孩子在觀看父親這一路走來的過程，也發現到父親的多面向、甚至矛盾處，同情與體諒的心情也隨著增加，當然也看到父親會因孩子成長階段不同，親職關切層面有重點的轉移（Stoop, 1990，柯里斯、林為正譯，1995；邱珍琬，2004a, 2004b；吳嘉瑜、蔡素妙，2006; Tamis-LeMonda, 2004）；而當這些大學生看到父親「軟弱」的一面，反而沒有以性別刻板印象來批判，而是可以領會到男性堅強面具背後的溫柔與孤單，而對父親多面向的發現，也讓孩子更體察人性、原諒人性。由此可見，父親感受到社會文化的壓力較大，但是子女卻期待他可以偶而卸去這樣的性別刻板印象，才是他們心目中的滿意父親形象。

研究者原以為男生女生對於父親的感受或是描述應該有許多不同，但是卻發現參與者都有相當細膩的觀察與發現，不因性別不同而有顯著差異。男孩子與父親的感覺較為親密的程度比較像是「哥兒們」，而父親與女孩子的親密就像是情人或是長輩對小輩的疼愛與縱容，這似乎也說明了性別差異與親子互動之間的微妙關係；而對待不同性別的孩子，父親的顧慮層面也不同——對兒子比較嚴肅、希望孩子可以成功有成就，對待女兒就是可以較放心表達自己的關愛、與女兒的互動比較不那麼緊繃。父親與子女之間的關係有隨著時間而改善、正向變化的趨勢，這一點符合了Roberts與Zuengler（1985, cited in Hanson & Bozett, 1985）所得結果，就是父親與孩子的關係會隨著孩子成長而漸趨佳境；不管是由父親那方做積極改變、或是子女這方的主動採取行動，都是促成親子關係越來越佳的因素，而在研究中也

看到孩子敏銳發現到與父親親密的需求，較願意採取主動親近的措施，這樣的動作也帶動了連漪式的變化。

　　父親在這些大學生的描述裡是從嚴肅典型的威嚴父親，慢慢轉化成溫柔、隱忍、堅強面具底下有不為人知的痛苦與寂寞，父親關懷的愛意是從默默關心、為孩子任勞任怨努力、以及為整個家頂住一片天的方式表現，連溫柔都是表現得這般不經意、卻又令人撼動！孩子成長之後，可以更加體會到父親深切的關愛、與受限於自身表達習慣與角色期待的壓力，也願意開始陪伴父親、傾聽父親、主動打開親子溝通之門，甚至希望可以讓父親仍有機會去一圓自己未竟的夢想！

　　研究參與者中有一位女生因為父親早年過世，而另一位男生與父親之間關係疏遠，因此在聽完兩位參與者的遭遇之後，其他參與者都希望可以提供一些意見與鼓勵，懷抱著的是疼惜、希望可以減少遺憾的心境，也看出焦點團體的一個支持與治療的額外效果。而從研究參與者的反應與對於討論主題的熱烈，也可以體會到父親角色在子女生命中的重要性，對於男性來說，「缺席」的父親會留下遺憾、也少了一個最佳的角色楷模，對於女性而言，父親是她們第一個接觸的異性，經由父母雙方的互動、她們與父親之間的關係品質，可能也間接影響到其與他人發展親密關係。而對於兩位失去父親陪伴的參與者來說，表現出來的落寞、或是與人之間情緒上的疏離，也說明了「失去」至親的呵護，都是一種不能明說的痛。

結論與建議

一、結　論

　　父親在這些大學生的描述裡包括了外貌、個性、對待子女態度、與人之間的互動、經歷與道德觀等面向，而很有趣的是：這些外在的描述其實是為後來的「翻案」做伏筆，也就是會揭露父親「裡外不一」的真實面，一則可能是學生對於自己父親的深入觀察與了解，二

則可能是在父親矛盾的呈現中發現了一些身為「男性」與「父親」雙重角色的社會文化與內心需求的困境。

　　父親的形象是傳統、嚴肅、不善溝通、為維持家計而任勞任怨等工具性角色。父親會希望下一代過得比自己更好，雖然在孩子眼中極為現實、不顧人情，但是也在戮力為他人奉獻的表現中，顯露了堅強的男性氣概，而傳承給下一代的氣節，從一個小小事件中也突顯出來了！

　　父親與家人間的互動顯然很少，斡旋在父親與子女之中的往往就是母親，也因此孩子與母親較親密，然而父母親之間的互動也讓孩子看到其實父親是很放心在家發洩自己的情緒、表現出毫無掩飾的自己，而母親也往往責無旁貸地「接招」，然而一旦母親的情緒累積到一個閾限，也會讓父親與孩子看到勇猛的母性（或是女性中的男性特質）。父親與子女發生衝突，往往是一種特殊型式的「溝通」，孩子也在衝突過程中看到父親的關心、體貼，而父親也見識到孩子的「容忍極限」。父親對待子女彷彿沒有性別差異，但是疼女兒與疼兒子畢竟還是不一樣，同樣是對女兒可以寵得像情人，也相對地做獨立負責的要求，或許與時代脈動有關。

　　父親關心孩子是提供必要的協助、物質的滿足，但是情緒上的支持與關心並不直接，甚至是以暗地、不言說的方式表現，或是藉由以母親為媒介去執行關心任務，當然也有父親是很直接關切、找女兒談話。父親的溫柔是孩子最企盼、也印象最深的，即使是在孩子面前疾言厲色，但是一旦事發緊急、還是會硬著頭皮去為孩子作處理，而當孩子看到父親竟然會擔心、哭出來，孩子的心就不由得感動莫名、感觸良深了！

　　孩子當然也在自己身上發現了父親的影子，不管是承自父親的堅忍、不放棄、獨立自主，或是不善表達，也看到自己想要加以改善的部分。父親在這些參與者眼裡都是隨著自己的成長而慢慢改變的，感受到父親也有希望與孩子親密的需求、願意由自己這方踏出不同的第

一步，甚至發現自己的因應方式改變，導致整個家庭系統的連漪似改變！當然也有漸行漸遠的案例，這是因為接觸更少，沒有一方願意朝親密的方向做努力。當然在相處過程中與細密觀察之下，也有參與者提到父親其實是孤單、有一些不能對人言的痛苦，甚至是藉著酒力才可以展現較為真實或是軟弱的自己，的確也感染到作為一個中國傳統的父親，背負著許多社會期待與要求的責任。孩子在了解父親的感受之後，也會希望對父親做一些回饋的動作，包括希望早些分擔父親肩上的責任、讓父親去實現自己的夢想，體會到父親前後衝突不一致表現下的深切期盼，還有父親為什麼會有對外與對內的差異表現。

二、建　議

　　以焦點團體方式進行訪談，也看到團體成員之間互相提供的支持與協助的動力，不僅可以分享資訊、分擔心情，還可以反思自己、有所領悟、重新去詮釋與父親之間的互動與關係，也願意做進一步改進或修正動作的努力。

　　然而固然女性被期待以「關係」取向的交談方式與人發展親密，也在這些兒子身上發現同樣的需求，是不是因為人性皆同？或是隨著年齡或發展階段的需求不同？還是此研究中男性的特殊族群（都是輔導副修）之故，才有這樣的情況？需要進一步研究去驗證。

　　本研究是以便利取樣原則招募參與者、而且只做一次焦點團體的訪談，加上參與者近二年來接受輔導相關課程之訓練薰陶，其代表性不足、因此不能將此結果廣為推論到其他大學生族群，往後的研究可以針對不同科系或是主修大學生做類似的研究調查，倘若還可以招募不同發展階段的參與者做相似研究（如兒童、青少年、成年等），將可以使研究文獻更豐富。此外，也可以藉由「配對」父子（女）研究的方式來了解隨著時間變化、父子（女）關係的改變又如何？父子（女）彼此對於親子關係的知覺如何？而父親對於自己的看法在孩子誕生之前與之後，又有怎樣的不同？

第七章

父親形象的轉變
——從國中到大學

🔖 楔 子

　　本研究採用焦點團體訪談方式進行，研究對象國中部分為南部公立國中國一與國三同學共九位（其中男生5位，女生4位，國一4位、國三5位）；高中部分為南部高中職學生二十五位（其中女生十三位、男生十二位）；大學生部分參與者包括南部大學院校二年級到四年級學生男生六名、女生五名；進行時間是93年三月到95年四月，每次焦點團體訪談分別進行二次（國中）、四次（高中）與二次（大學），時間為二小時三十分至三小時半不等，訪談問題由研究者自擬（見附錄一），進行訪談時也會依據同學的互動與回應做進一步詢問或釐清。本研究在大學生部分是以廣告方式邀請參與者，廣告上書明研究目的、進行方式、需要時間與地點，然後請潛在的參與者有機會發問、釐清，最後再一一知會團體地點；國高中生部分則是聯絡校方師長，先邀請有意願談父親的同學參與，然後再商議訪談時間，地點是選擇參與者學校輔導室或較安靜的地點進行。

　　焦點團體蒐集兩類資料：與研究問題相關的反應及團體互動歷程資料（劉惠琴，2000, p.107），本研究採用焦點團體的目的，除了探索新議題外，主要是希望參與者可以藉彼此的互動交流，對自己與父親之間的關係有更深入的觀察、省思、或有新的想法與感受（引自魏惠娟，2004），此外也因為之前也使用過個別訪談方式蒐集資料，有時淪為參與者自述事件，少了其他角度的參照、較乏豐富性，因此改為團體方式進行。文中的b表示男性，g表示女性，J表示國中，H表示普通高中，V表示高職，U表示大學。資料部分僅就「父親形象」與「父親的溫柔」來呈現，從這些面向探看子女眼中的父親形象與其轉變。

🔲 資料分析與討論

一、父親形象──國中生部分

在這一部分主要是探討子女眼中與父親之間的關係、或是父親角色的描述，參與同學將焦點放在與父親之間關係的描述，如像兄弟、朋友，也表示對這樣關係的滿意；與父親較為疏離的，主要是因為時空距離或較少接觸之故，但是讓孩子覺得嚴峻、情緒化、自我中心或矛盾的，也是疏離的原因；嚴峻似乎就導致疏遠的結果，而情緒化也讓孩子無所適從、感覺矛盾不一致；孩子們期待父親的言行一致、前後一致、對待家人與外人一致（或是有親疏遠近之分），這也讓他們在與父親的相處上比較知道如何因應，而不是常常罩在五里霧中、不知所措。父親的矛盾（要與孩子親密卻不得其法）與子女的矛盾（希望與父親關係親密卻也擔心涉入自身事務太多、沒有太多自主空間），也可以反映在他們的描述上。

（一）像朋友

「像朋友，因為有事情就跟他講，像朋友一樣。」（Jg102）Jg102與父母親的關係都像朋友，這是自從自己升上國中之後才有的改變：「因為我之前都不會這樣子，……跟父母會（自閉），到國中才不會，因為到國中就了解到父母的辛苦。」

「和藹可親、有問必答，不會經常罵我們。」「像朋友，可以打他。」（Jb202）

（二）像兄長

Jb101與父親之間聚少離多，之前是三、四年才見到自大陸回來的父親，近年來時距縮短、大概一個月可以見到父親一次：「有一次我到大陸去，他就帶我到處玩、到處逛這樣，之前也是把他當哥哥在看。」

父親也可以很幽默，Jb201提到有一回母親因為颱風、打電話催出外的他們快點回家，可能打電話次數太多、太煩了，爸爸的反應是：「趕快，颱風要來了趕快避一避，不然會掃到颱風尾（暗指母親）！」（Jb201）

（三）矛盾感受

Jb102對於父親的感受很不一致，也就是讓他有矛盾的感受：「我覺得對他的感覺是不一致。有時候就覺得他很『愛唸』【臺語】。（爸爸）花錢（讓我）去學習某種東西，但是卻做出一種對學習的態度不太好的動作，所以他就覺得我是一種浪費奢侈的行為。」Jb102提到父親對於自己的期許與要求，希望孩子可以全力以赴、也會講一些大道理，讓他也覺得自己做不到很慚愧，國小中年級開始父親就少動棍子了，但是「愛唸」的煩與後來的「慚愧」感受讓Jb102覺得：「只是後來因為他用講的態度、然後就會覺得自己很慚愧，然後就心情就會不一致，很難調和。」

「蠻親近的、但是不像朋友（那麼親）。我覺得不要太親。」（Jg203）

（四）疏　離

距離與較無時間接觸，固然會影響到親子關係，然而孩子也希望有適度的自我空間，也不贊成與父親太親密。如：

Jb201因為父親工作常駐外地，與父親較少時間接觸，因此感覺較生疏：「（跟爸爸）不太好，因為我爸爸都不在家。……距離還蠻遠的，就是不常見面，就是還蠻陌生的感覺，像在軍中有時候就用即時通聊天。」

「還好，也不是說很親近，（爸爸）個性很悶、較難親近。」（Jg202）

父親脾氣的不可捉摸最讓孩子難受，甚至有趨避衝突存在——也

就是想靠近、卻不知道靠近之後會有什麼待遇：「我爸他兇的時候很兇，好的時候很好（研：很情緒化？），對，情緒暴躁、非常頑固，心情好的時候很大方。在家裡有的時候人家講話，（我爸）很頑固就是那個東西是錯的，可是他還是認為他是對的。」（Jb202）

　　父親的存在是有一定作用與重要性的（王佩玲，1993），父親願意投注心力、參與親職，自然也可以滿足其本身與人親近的需求、對孩子的重要影響也顯而易見，這是雙向的影響（Parke, 1981）。父親固然有親近與保持男性威嚴、不可親近的矛盾（Filene, 1986），國中階段的孩子也未嘗不是如此？他們一方面希望與父親親近，但是還要保持適度的自主權（Morman & Floyd, 2006）。孩子從父親與自己的關係來看父親形象，有的親密（如像朋友、兄長），有的疏遠（如因距離感而生疏、嚴厲、情緒化、自我中心），有的讓人感覺矛盾、不明確（像是態度或行為前後不一致，之前很麻吉、目前像陌路，或是對待家人與外人親疏不同）。孩子們也發現自己進入國中或青少年階段之後，比較容易同理父親的一些行為、或是行為背後的善意，甚至認為自己受到這些照顧應該要懂得感激，但是也會抱怨父親溝通方式不對、無法真確傳達善意，母親也常常是父子（女）之間斡旋的橋樑，只是孩子也慢慢會認為父親也應該承擔應有的責任，而不是委第三者來說明，這也似乎暗示了孩子對於成年（熟）人行為的一種期許，此外，有些同學也堅持父親應該給孩子若干自主權、包括容許不同的思考；親子關係的改善，孩子還是較處於被動、無力的立場，他們似乎在期待父親的第一步動作、然後才有對應之道出現，是不是也有「權力位階」的考量？認為自己人小力輕，可以改變的主權仍操之在父親？

　　父親的一些行為（如囉唆、誇大）會讓孩子覺得煩、也是不信任自己的表現，而其他的不良健康習慣（如喝酒），也讓孩子擔心、甚至也對父親的自我掌控（或自律）感到懷疑。孩子們希望與父親可以更親近，然而有個「但書」，就是也不要「太親近」，可以給彼此一些主宰的空間。

二、父親形象——高中生部分

高中生對於父親形象的看法可以分成傳統、自我中心、現代、偶像與疏離五類。

（一）傳統父親

傳統父親中有「不現代」、「無私奉獻」、「不會表達」、「孤單」以及「不易親近」的父親五種。

1.「不現代的父親」——堅持自己的想法、不願放下身段去了解孩子，讓孩子覺得父親是古板、跟不上時代、甚至是疏遠的形象。如：「我爸有點那種時代的想法、傳統古板、不太了解現代年輕人的想法，比較不能接受，（在）課業（要求上）認爲努力一定成績就好，他認爲補習是多餘的；（連）看電視也會（批評）現在流行的歌手，說他們亂唱。」（Hb3）「大男人主義、限制行動，對很多事情都有自己的堅持，他總是認爲他自己是對的。」（Vb3）

2.「無私奉獻的父親」——爲家無怨無悔、努力奉獻自己，如：「不會想到自己，要小孩子好。像補習費很貴他還是會出。」（Hb6）

3.「不會表達的父親」——不善表達、口拙、甚至說出的話太直接惹人反感，如：「有時候關心我們，可是他講出來的話，就是反而讓我們覺得（對）他有點反感。」（Hb3）

4.「孤單的父親」——社交關係不佳、或是少與他人往來，如：「好像也沒有什麼朋友來找他，好像只是跟鄰居比較好。有時候就是他們（父母）自己吵架，然後變成我媽去找那個鄰居講，講這一套話，爸爸又講一套話。」（Hb3）

5.「不易親近的父親」——父親將自己與孩子做區隔，不僅是因爲威嚴、其表現出來的行爲讓子女不敢親近，如：「比較嚴肅，跟他沒什麼話講，平常的話也很少講話。」（Hg6）「我也不知道怎樣講

什麼話，他都會用罵的！」（Vb2）

（二）自我中心的父親

讓子女覺得父親似乎較重視自己本身、以自己意見為尊，包括了「不能同理」、「有潔癖」與「愛玩」的父親三種。

1.「不能同理的父親」──父親只顧慮到自己的喜惡、不顧及他人的需要與感受，堅持自己還要他人改變，如：「比方說看電視明明是我在看的，他來就轉他自己想看的。……有些東西明明是他自己的錯誤，他就是不會承認。」（Hb4）「（我）在家就是少講話就是了。反正大人說的就是對的，因為兩邊（兒子與父親）會越講越大聲。」（Hb1）

2.「有潔癖的父親」──父親自我要求高，也要家人遵守他的標準，如：「他有潔癖。……像我穿的這件衣服，不能坐在沙發上、也不能坐床，就是要換乾淨的衣服。客廳有兩張專門坐髒（衣服的）椅子。」（Hg5）

3.「愛玩的父親」──父親極少花時間與家人相處，而是喜歡安排與友人的聚會，如：「我爸愛玩、愛喝酒，因為可能工作很累，所以就想要輕鬆一下，晚上就會跟朋友出去。」（Vg5）

（三）現代父親

吻合學生所說的現代父親包括「體貼有趣」、「不過分要求」、「怕太太」與「胡思亂想」的父親四種。

1.「體貼有趣的父親」──孩子可以感受到父親的溫柔善體人意，偶而還會覺得好玩。如：「對我還不錯，什麼事都會為我們著想。」（Hb7）「常常跟他講什麼事情，他都會想到我沒有想到的地方，對，有時候我就是覺得說他有孩子氣，……家裡（人）就會互相開玩笑、會打打鬧鬧，很多事情都會跟他講。」（Hg5）

2.「沒有太多要求的父親」——父親給孩子適當的發揮空間，而在放手的同時也讓孩子感受到他的關愛。如：「不去學壞就好。（我爸）脾氣不錯，比較不會硬性規定一些事情。」（Hb2）「我爸對我就很輕鬆啊、也沒有在管，就是自由發揮吧。就是有自己的想法就自己去做，那就不要做壞事啊。」（Vb4）

3.「懼內的父親」——父親怕老婆，似乎顛覆了一般父親的形象，但是孩子看到比較好玩的部分，感覺上父親與他們更親了。如：「（像）洗澡嘛，我媽回來呀，就罵我爸『怎麼不去洗澡啊怎樣怎樣』這樣子，我爸（正）在看電視啊、在看選舉的事啊，他說『我等一下再洗啊、廣告再洗啊』我媽發飆啊『再不洗試試看』，我爸就跑去廁所洗了！」（Vb4）

4.「胡思亂想的父親」——由於父親不常在家，見面時對女兒就有許多想知道的訊息，會問一些無厘頭的問題，如：「他會胡思亂想，他有事沒事就問我說『○○哪，妳是不是有什麼男朋友？最近有沒有跟誰出去呀？妳是不是交什麼壞朋友？妳考試考得怎麼樣？』他就是很愛胡思亂想。」（Vg4）

（四）「偶像父親」

指的是子女們願意做仿學習的榜樣，包括了「是非分明」、「民主」、「負責自處」與「要求紀律」的父親。

1.「是非分明的父親」——父親為人處事有其一致標準、也身體力行，如：「他黑白分明、自以為是。（黑白分明）就是他對我的管教就是要我知道什麼是對、什麼是錯的。」（Vg4）

2.「民主的父親」——尊重也在乎孩子的看法，不會妄下斷語、以自己的威權發言。如：「應該很民主吧！他都會先聽我的意見，然後如果可以就可以呀，不行就不行，……有正當的意義就可以。」（Vb6）「就很民主，彎跟我們小孩子、子女就是彎會有互動的，不會像那彎有威嚴的感覺。」（Vg3）

3.「負責自處的父親」──父親會將自己分內事情做好、而且全心全意任勞任怨。如：「就像開麵店，都一直經營下去，不管客戶、去吃麵的人多不多，他照樣在做、做好自己該做的事。」（Vb4）

4.「要求紀律的父親」──父親有自己為人處世的原則，也要求孩子這麼做。如：「我爸爸對我比較嚴格，對家裡的（孩子）都很嚴格，因為他比較注重信仰上的管教。……對我來講，有些方面對我自己不好的地方，就是有困難的地方，就要跟他學。」（Vg6）

（五）疏離的父親

會讓孩子退避三舍、不想與父親有親密接觸或靠近，包括「碎碎唸」、「不能預測」、「不公平」、「沒有互動」及「裡外不一」五種。

1.「碎碎唸的父親」──父親可能因為擔心而表現嘮叨行為，子女會顯得不耐煩。如：「如果晚上沒有洗澡的話，他就會在那邊就是唸，不是罵、就是唸，說那麼晚了還不洗澡啊、很骯髒，會很愛唸。」（Vg5）「就是很愛管，就是那種、他就是那種有點像我媽媽，就是我爸比較會唸、一唸可以好幾分鐘。」（Vg4）

2.「不能預測的父親」──父親的情緒喜怒無常、或會突然爆發，讓孩子很難適應。如：「他的脾氣變得很快，就是晚上還在生氣、早上就沒事一樣。」（Hg2）「脾氣積到一個地方就爆發，平常好像沒什麼事這樣。可是有時候就會那一整天心情都不太好，妳稍微講一下話他就會生氣。」（Hg6）

3.「不公平的父親」──父親對孩子的差別待遇、特別是因為性別不同的待遇會讓孩子覺得不公，如：「蠻愛跟弟弟玩的，比較疼弟弟。我功課退步他就會罵很兇，但是對弟弟就不會那麼嚴，有性別歧視，他說女兒嫁出去就是別人的。」（Hg4）「重女輕男，感覺出來的，對我妹妹比較好就對了。」（Vb2）

4.「沒有互動的父親」——親子之間缺乏溝通，或是一講話就會引發不愉快，如：「沒話聊，都不說話。」（Vb2）「因為他只要一開口都一直罵人啊！」（Hg6）

5.「裡外不一的父親」——父親對待朋友與家人有親疏之分，讓子女很難理解。如：「就是很喜歡幫別人，就是不喜歡幫自己家人。……外面的事比自己家裡的事還要熱衷。」（Hg2）「因為別人都說他蠻喜歡開玩笑這樣，（但是）我跟他沒什麼話講這樣。」（Hg6）

中國傳統的父親角色比較威權，父子關係由於倫理上對下的期待、因此是相當謹守分際的。親子關係應該是雙向互動、相互影響的（Parke, 1981），但是只要一方有位階之分、或是不認同這樣的互動模式，關係就不容易維持或增進；儘管許多父親體認到自己渴望與家人有更親密的接觸，但是又希望可以達成社會對其角色的穩健期待，因此倍感壓力（Filene, 1986），這也是一種角色的兩難困境。

高中階段的孩子對父親形象有多面向的觀察、較之國中生更為細膩，包括傳統、自我中心、現代、偶像與疏離，而大部分學生會將父親與傳統畫上等號，特別是男同學對父親的批判，或許與現階段發展任務中的尋求獨立自主有關，以「切割」方式來區分與父親的不同。高中生對父親形象的描述其實另一方面也透露了他們希望與父親之間的理想關係，期待父親可以多同理孩子、要吻合時代的思潮，也希望與父親更親近、可以說些私己的話，希望父親可以適度放手、相信孩子、適時給予協助，偶而表現出軟弱的人性，他們也都可以接受，對於父親形象的要求似乎多了一些人性與「去性別」的期待（Silverstein et al., 2002）。在這裡看出父親與孩子的發展階段互動影響的影子，顯示出孩子對於父親形象的要求已經不若之前的威權與保護，而是像良師或友朋。父親以行動表示關愛的部分，也需要適時做說明解釋，以免誤解更多。此階段的孩子不會採取主動與父親親近，男同學甚至與父親之間保持一段距離，也許父子或父女都有自己

要忙碌或專心的事，反而忽略了日常生活中的互動。

三、父親形象──大學生部分

大學生描述的父親有「傳統」與「現代」兩類。

（一）傳統父親

包括嚴肅、不易親近、任勞任怨、愛家顧家、主觀大男人主義、唸叨與不善表達的父親。

1.嚴肅父親

如「看到卡車頭想到我爸嚴肅的表情，因為卡車頭給我一種害怕的感覺，其實不是因為我爸打我們讓我有害怕的感覺，（而）是覺得他很嚴肅，讓我不知道如何去親近他。」（Ub102）

2.不易親近

如「我國小買自修，那時我怕他怕到連講話都要（用）傳紙條。那時候大家都要買自修、還要用那個（書）皮包起來，不然督學來就……；我想大家都買、我也買好了，但是不敢跟我爸講，我就寫說『爸爸我要買自修，然後就寫（畫）一個框框寫【要】、一個框框寫【不要】，然後後面請打勾，○○（名字）』這樣，（還要）看他心情好不好。看他心情應該變好的、就拿給他，然後就趕快跑掉、躲在壁櫥偷看，他就這樣勾了、丟在那邊。」（Ug101）Ub105也有同感，儘管不會溝通，卻是用唸的、罵的方式，讓親痛仇快：「他基本上都不會跟我們溝通，也不會表現那種情感上的東西。（父母離婚）是因為我媽受不了，就是因為他嘴巴太會講，嘴巴是一個很厲害的武器。現在我們都比較不會跟他聯繫。」

3.任勞任怨

如「我覺得他很認真，他會想要去改變這個環境。我爸跟她（我媽）講他小時候的家庭生活環境都很不好，他以後絕對不要讓我們家

像他以前那樣。」（Ug103）

4.愛家顧家

在外努力工作、在家孝順長輩也關愛晚輩，善盡為父的職責，如：「（我爸）對他的父母就是很傳統、就是很盡孝道，對小孩子就是很疼小孩子。」（Ub107）「我媽媽這邊的事他會擔心，我叔叔那邊的事他也會擔心。」（Ug108）父親車禍早逝，在女兒成長過程中留下許多的遺憾與甜蜜回憶：「我爸是個很愛家的人，因為我爸是軍人啊，當軍人就是很長時間不會在家，他為了我們家就提早退伍、去當搬貨的司機，那時候他已經很老了，還要半夜很晚的時候還開車載貨。」（Ug104）

5.主觀、大男人主義的父親

自以為是的父親表現出來的是不容懷疑的威權沙文主義、對於屬於自己的權責明顯劃分，但是儘管主觀自大，也因為自信：「比較主觀，我覺得這一點影響到他這一生中（的）許多決定。」（Ug101）「譬如說當他講到家裡的事情，他會覺得媽媽不應該插手去管。」（Ug107）

6.嘮叨的父親

男同學特別會提到父親的囉唆，若能體會嘮叨背後的善意就沒問題，然而太過會引起反感：「我爸他是屬於比較會碎碎唸那種，但是他是關心我們家裏每一人。」（Ub107）「（父母離婚）是因為我媽受不了，就是因為他嘴巴太會講，嘴巴是一個很厲害的武器。現在我們都比較不會跟他聯繫。」（Ub105）

7.不善表達的內斂父親

父親不會將自己柔軟的情緒表現於外，可能因為訓練不夠，對家人的關愛非常含蓄：「他對我媽沒有那麼、那麼關愛吧！其實可能是內心有，但是就是不會那個表現出來。」（Ug107）「我爸他是屬於比較內斂型的，就是比較少看到他溫柔的一面，但是有時候他會……

譬如用一些話、用比較開玩笑的話講出來，（例如）他會說他很愛我們之類的，然後就比較開玩笑，我們也不會覺得有特別的感動。」（Ug109）

（二）現代父親

包括一切以孩子為考量、平易近人、玩伴與嬉鬧、以及幽默會撒嬌的父親。

1.一切為孩子的父親

父親形象嚴肅、但是非常顧家，為了孩子願意做許多事：「我小時候就鼻子過敏，以前也沒有擤鼻器那種，（我）還小不會擤鼻涕呀，所以他都是用嘴巴幫我擤，我媽就跟我說她都不敢做這件事啊！」（Ub103）

2.平易近人的父親

父親與人為善，對待人很親和：「（同學）到我們家都會覺得我爸爸很平易近人，大家都不會怕他，我們小朋友也不會怕他。」（Ub109）

3.可以嬉鬧的父親

父親像玩伴一樣可以打鬧，但是似乎也會看對象：「其實我怕我爸爸，（但）就是我爸只有跟我會很嬉鬧。」（Ug108）

4.撒嬌的父親

父親與孩子可以像同儕，可以討好、可以告密：「他很愛亂講話、就幽默型的啊，像他就會叫我們親他之類的，現在還會。」（Ug109）「就像如果我不在家，他就會跟我說沒人要理他。」（Ug107）

5.幽默搞笑的父親

父親懂得孩子的流行文化，可以拉近親子的距離，與孩子溝通沒

有所謂的身段：「他很喜歡虧我，譬如說回家的時候『喔，妳非常忙啊，妳那個行程、要跟妳吃個飯也要跟妳排時間。』」（Ug108）

　　父親在這些大學生的描述裡包括了外貌、個性、對待子女態度、與人之間的互動、經歷與道德觀等面向，而很有趣的是：這些外在的描述其實是為後來的「翻案」做伏筆，也就是會揭露父親「裡外不一」的真實面，一則可能是學生對於自己父親的深入觀察與了解，二則可能是在父親矛盾的呈現中發現了一些身為「男性」與「父親」雙重角色的社會文化與內心需求的困境（Filene, 1986）。回顧成長歷程，大學生族群也發現自己的父親形象有所轉變，由傳統過渡到現代，或是以「自我」、「家庭中心」過渡到以「子女」為中心；至於父親要擔任怎樣的角色，主要還是取決於父親本身（黃怡瑾，2001），而到大學階段孩子的能力與主動性增加，也影響到親子互動。父親的形象還是遵循傳統、嚴肅、不善溝通、為維持家計而任勞任怨等工具性角色；父親會希望下一代過得比自己更好，雖然在孩子眼中極為現實、不顧人情，但是也在戮力為他人奉獻的表現中，顯露了堅強的男性氣概，而傳承給下一代的氣節，從一個小小事件中也突顯出來了！

　　父親關心孩子是提供必要的協助、物質的滿足，但是情緒上的支持與關心並不直接，甚至是以暗地、不言說或不直接的方式表現，或是藉由以母親為媒介去執行關心任務，當然也有父親是很直接關切、找女兒談話。父親的溫柔是孩子最企盼、也印象最深的，即使是在孩子面前疾言厲色，但是一旦事發緊急、還是會硬著頭皮去為孩子作處理，而當孩子看到父親竟然會擔心、哭出來，孩子的心就不由得感動莫名、感觸良深了！

　　孩子當然也在自己身上發現了父親的影子，不管是承自父親的堅忍、不放棄、獨立自主，或是不善表達，也看到自己想要加以改善的部分。父親在這些參與者眼裡都是隨著自己的成長而慢慢改變的，感受到父親也有希望與孩子親密的需求、願意由自己這方踏出不同的第

一步，甚至發現自己的因應方式改變，導致整個家庭系統的連漪似改變！當然也有漸行漸遠的案例，這是因為接觸更少，沒有一方願意朝親密的方向做努力。當然在相處過程中與細密觀察之下，也有參與者提到父親其實是孤單、有一些不能對人言的痛苦，甚至是藉著酒力才可以展現較為真實或是軟弱的自己，的確也感染到作為一個中國傳統的父親，背負著許多社會期待與要求的責任；孩子在了解父親的感受之後，也會希望對父親做一些回饋的動作，包括希望早些分擔父親肩上的責任、讓父親去實現自己的夢想，體會到父親前後衝突不一致表現下的深切期盼，還有父親為什麼會有對外與對內的差異表現。

四、父親的溫柔──國中生部分

父親的溫柔出現在孩子印象最深的事件中、或是定義裡的溫柔事件。父親的溫柔出現在特殊事件的處理最多，反映了對父親處理事務的工具性期待，讓孩子覺得很man、像個男人；此外讓彼此親近的動作或表示也是很重要的溫柔表現。

（一）孩子在父親心目中的重量

男同學會提到自己生病或是遭受一些意外事件時，父親表現出來的焦慮與關心，他們想要知道的就是自己在父親心目中很重要。如：

Jb102：「像自己在學校發生事情，他立刻衝來學校。」國小時貪玩騎機車受傷：「然後那邊剛好附近也有醫院，然後爸爸就立即把我送進醫院，我爸就說賠錢小事，小孩子有沒受傷（最重要）。」

Jb101：「（國小）開刀的時候，媽媽帶我去開刀，然後立刻打電話給我爸，我爸當天就坐飛機回來，坐到高雄再連夜趕車到臺南看我。」還有一次是他「鬧自殺」：「國小三年級開始打棒球，課業就一直降，媽媽就一直罵我，就想不開，就拿著（刀）準備要割下去。（研：割下去了？）沒有割，我爸剛好出差回臺灣，把門給撞壞。」

無獨有偶，Jg101也提到類似的情況：「國一時很傻，為了一個

男生跟父親吵架，然後也跟○○（Jg101）一樣鬧自殺，割手啊，在他們面前割，然後他們才慢慢對我很好。」同樣地，Jg102國二時也有割腕的事件發生過。

Jb101是五、六歲及小學時游泳沉到水裡、差點斃命，是父親來救援；Jg202說生病時受到父親無微不至的照顧，而Jg102則是說父親很疼愛：「我要吃什麼（爸爸）就買什麼。」。

（二）親密的親子關係

孩子在敘述與父親之間的互動，出現最甜蜜的表情的就是可以與父親像朋友一般打鬧、嬉戲，也就是看到父親願意放下身段的模樣，如Jg102：「打（鬧）在一起。」

即便是父親小小的溫柔，在孩子眼中就是莫大的鼓舞：「我記得一、二年級的時候，他就是比較常回來，他回來的時候，那時候他買了一個就是『每日一字』，他說他會每次回來都教我一個字，可是到現在只教過一個字（後來父親就調到外島）。」（Jg201）J201還提到小二時父親有一次在軍中辦尾牙喝醉酒，後來回家路上親了她一下，這是她唯一記得父親對她疼惜的親密動作。

（三）偶一為之、或與平日不同的舉動

所謂的「溫柔」就是「出乎意料」、或是與平日父親表現有許多落差的行為。

「有時候（他）會很高興，有時候會請我們喝東西，因為他很少在做這種事（研：他很少請你們喔？），對，他就是那種很節儉（的人）。」（Jb201）

「五年級的時候我還在參加游泳隊，那一年冬天就很冷，就還是要下水游，然後游快完的時候，我爸就要來載我，然後就很冷，就準備一碗薑湯給我喝。（研：有什麼感受？）覺得很溫暖。」（Jb102）

「就是有時候考試考不好，他就會鼓勵我再加油。」（Jb202）

孩子對於父親溫柔的記憶大多是在孩子生病或是有意外、危急的情況下，尤其以男生為最，這似乎也吻合了父親的「工具性」角色——就是「處理」事件的能力，而下一代的男同學也以這樣的標準來衡量，似乎沒有太大的變化，而這也似乎隱含著父親對於男性性別化行為的影響（Beaty, 1995; Mandara et al., 2005; Stern, 1981）、以及未來男性角色傳承的挑戰。到底未來這一代也成為父親了，還是持續以工具性的角色來表達溫柔與愛嗎？還是只有在危機發生、甚至生命交關的情況下，才會看到孩子在父親心目中的重量？這樣會不會有危險？再則，若是父親表現出不符合「男性」形象、或與其性格不一貫的行為時，男性參與者也會將其歸諸為「父親的溫柔」；女生記得的屬於較細膩的部分，雖然不是攸關性命的經驗，卻也充分感受到不屬於「男性刻板印象」的溫柔。這是不是表示了：父親其實也可以表現出陰柔，而「陰柔」的層面卻是平日努力掩飾或避免的？而子女卻很希望看到父親的全部面向，不只是男性陽剛的一面而已？難道這是印證了父親對於不同性別子女的管教差異（Easterbrooks & Goldberg, 1984; Radin & Goldsmith, 1983, cited in Hanson & Bozett, 1985）使然？還是性別不同的天性造成？

父親的形象其實已經超乎原始的創世父神、天父，而朝向二分父神發展（Coleman & Coleman, 1988，劉文成、王軍譯，1998），然而表現的父職能力依然侷限於社會對其男性角色的期待（Parsons & Bales, 1955, cited in Boss, 1980）。而鬆動父親形象最主要的因素卻是父子（女）關係，只有當親子關係越親近、越平權，父親的形象才是兒女眼中的最佳典範；而父職角色也的確隨著孩子發展階段有了不同變化（Stoop, 1990, 柯里斯、林為正譯，1995；邱珍琬，2004a, 2004b；吳嘉瑜、蔡素妙，2006），而是否是因為投注程度增加（高淑貴、賴爾柔，1988，Barnett & Baruch, 1987，引自徐麗賢，2004; Mackey, 1985）、或有「自我移位」（陳安琪，2004）或權力下放的情況，在本研究中較不明顯。

五、父親的溫柔——高中生部分

有關父親的溫柔，高中生提及較多的就是工具性方面的協助，而且都表現在子女生病、出意外、或日常生活的照顧上，如自己生病時父親不眠不休地看護（Hb7），載回家休息（Hg6），腳開刀父親揹去醫院（Hb1），接送去補習（Hb5），父親送水果進房（Hb6），要孩子早點睡（Hg5），炒飯給孩子吃（Hg4），給零用錢（Hb3），把在沙發上睡著的孩子抱去房間睡（Hg2），對脾氣暴躁的妹妹輕聲細語（Hb2），吩咐家人不讓孩子知道已受槍決的事實（Hg1）等。比較特殊的是父親為了差點受性侵的女兒出氣：「我爸就很生氣啊，就衝過去猛揍他，然後我就覺得爸爸第一次為我這樣子。」（Vg2）也會記得體貼家裡的女人：「他很細心地會記得我媽的經期。假如說（他）在國外、船停靠的話，他會想辦法去寄一些補品回來。」（Vg3）

六、父親的溫柔——大學生部分

父親的體貼與溫柔都印在孩子記憶的深層，幾乎每一個參與者都可以娓娓道出一兩個父親的「深情故事」，這些記憶可以是孩子敏銳覺察父親身為男人背後的美麗溫柔。有些同學甚至提出父親的溫柔平常很難看到，除非是在不需要防衛自己男性尊嚴或生命攸關的時候、才會毫不保留地表現出來，即使是男孩子也可以體會到威嚴、肅穆父親臉孔底下的美麗溫柔與人性。父親的溫柔表現在行動上、但不是出之言語，即使是陪伴這樣的動作，也給了孩子很大的力量與感受。

（一）父親知道孩子的害怕，願意陪伴在身邊，這樣的溫柔記憶，也傳達了父親「在」與「支持」：「大概三年級吧，我去睡覺的時候第一次做惡夢、然後被嚇醒了，那時我記得我爸在客廳看電視，我第一個念頭就是想要出去找人，那時很晚了，衝出去的時候看到爸爸在那邊看電視，我就跟他講我做惡夢，我爸就『惜惜』【臺語】，拍拍我的背，（說）不怕不怕、沒有關係、做惡夢而已。我又不敢回

去睡覺，他就叫我睡在客廳椅子上、坐在旁邊陪我；後來我清楚地感覺到，我爸電視看得差不多、就關掉，把我抱到床上去睡，我感覺到非常受到保護的感覺。我爸是一個不苟言笑的人，也是因為他這個舉動，讓我覺得我爸真的很愛護我們。」（Ub102）

（二）雖然父親表現出不願意為兒子「收拾善後」，但是還是忍不住去做處理，孩子知道即使自己遭遇困挫、惹了麻煩，卻也不是孤單應對：「那時我我沒駕照，我爸是學校老師，沒有駕照發生（車禍）這種事一定要通報學校。……我就先打（電話）給我媽，我媽就來處理。回家就跟我爸講『爸我闖禍了』這樣，我爸暴跳如雷，他說你自己出了事情自己去處理、我不會替你擦屁股。我也沒有多說什麼就趕快去醫院照顧阿婆，其實我爸有去看阿婆、還有跟人家道歉。就是覺得說他（爸爸）其實也是彎會替我們想的，只是他想說小孩一定不會處理這種事。」（Ub101）

（三）第一次看到父親的手足無措與毫不掩飾的擔心，也見識了父親這個「堅強剛硬」男人背後一直存在的溫柔：「這次出車禍，現場一片混亂，我爸來，這可能是我一生唯一一次聽到他用那種很溫柔很溫柔的聲音（說話）。他馬上到我旁邊、因為他也不敢碰我，一碰我我就說很痛，他說哪裡痛，我自己也不知道，後來才知道是骨折。他就一直跟我說你不要哭，其實我也沒有想哭，他跟我說不要怕，其實（我）也不會怕，因為整個傻住了一樣，可是他就是很想要去抱住你，他就說把你自己靠著我。我是覺得他可能比我還想哭吧，那個眼神讓我第一次感覺到『哇，這一個男人是那麼焦慮這樣』！」（Ug105）

（四）看到一向隱身在背後、沒有聲音的父親突然為自己「挺身而出」，那種感動不是言語可以形容的：「我考上○○（大學）之後，我爸很想給我鼓勵，……因為我爸是一個非常節儉的人，非必要的事情他不會花錢。大一的時候大家都開始流行手機了，我就很想（要）手機、可是不敢講，就很想自己偷偷去買，我爸大概知道，因

爲我在問中華電信的事、他看到傳單。我媽是比較強勢的人，我爸比較弱勢，我說我要手機想自己去買，我媽就說手機沒有需要，現在講話那麼方便、爲什麼一定要手機？我就不敢講話了、想算了，但是我爸突然跳出來講話，他跟我媽說『沒關係啦，買給他啦，他考上○○（學校）啦，大學生有手機有什麼關係。』那時我看到我媽的表情是有一點嚇到。很難得他這麼摳的情況下他願意，其實那時候買手機還不便宜。」（Ub102）

（五）送孩子坐車，很簡單的一件事，父親卻是事必躬親，而且慎重其事：「我爸表現出對我的態度、他也不會說。如果我要搭夜車，兩點十四分的，我就會想自己從家裡走到火車站就好了；（但是）我爸就定鬧鐘一點半，響了我爸就起來穿衣服、還穿得很正式，還（去）叫我要坐火車了。（然後）我爸就到一樓說你會不會餓阿、要不要帶東西上去？就在我背包裡面塞一大堆東西，我就覺得很感動、想要做什麼，但是我什麼都沒有做。」（Ub103）

（六）父親出現、陪伴，有時根本不需要有所作爲、就可以發揮他的支持與鼓勵的功能，孩子覺得安全、願意去冒險，也感受到父親深深的關愛：「那時我很笨、一直學不會（騎腳踏車），學了好幾天還學不會。有一天我在那裡騎，騎到天色很暗的時候，我又摔倒了，我爸剛好從外面回來，看到我摔倒了就幫我扶起來，他其實之前看我騎的時候就放我騎、也不幫助，這次看我摔倒了，就會幫我從後面拉，（讓我）覺得可以一直往前騎了；我在騎的時候，會在那邊繞圈圈、就是不會離他太遠，感覺很好！」（Ub106）

（七）父親願意花時間哄孩子的方式讓孩子記憶深刻：「我小時候愛哭，所以他就會開著車一直載我、載到我睡著，他很晚回來喔，然後每天早上還會帶我去幼稚園上學。」（Ug104）

（八）喝醉酒的父親彷彿是另一個人，比較容易親近、也會曝露出男性溫柔的一面：「我覺得我爸爸是個奇怪的人，平常有點嚴肅又不會太嚴肅，有點像朋友、可是又有點像是中和、中庸的感覺。可是

當他一喝起酒來，就是會一直講話。……可是我覺得他好像有壓抑些什麼東西，喜歡喝酒唱歌，好像只有那些東西才能把他平常（壓抑）的那些東西發洩出來，我比較喜歡他喝醉酒的樣子。平常在家的時候，在看電視什麼的，他走過來、你會有一種感覺想找話題跟他聊天、又好像沒有什麼話題可以聊，可是當他喝醉酒之後、臉紅紅的，感覺就是很容易跟你親近這樣。」（Ug106）

（九）父親出現一反常態的行為，雖然出乎意料，但是卻也感動了孩子柔軟的心：「我國中時候，跟我媽說要買自修，我媽就說好啊、等一下吃完飯叫妳爸載你去。我媽沒拿錢給我爸，我媽說看到時候多少錢回來再算這樣。結果我買完自修、他付完錢，我就找錢還他，他就在書店門口掏出一張五十塊給我，說這個拿去買貼紙。因為我小時候很喜歡買無聊的東西，那時我快哭出來了，因為他從小到大帶我去書店，我一定是被罵著出來，他就會罵我說妳幹嘛買無聊東西、亂七八糟，那次竟然拿五十塊錢給我去買亂七八糟的東西、沒有叫我存起來。那張五十塊現在被我收起來（了）。」（Ub102）

綜合分析

父職角色會隨著孩子的發展階段不同而做調整（Stoop, 1990，柯里斯、林為正譯，1995；邱珍琬，2004a, 2004b；吳嘉瑜、蔡素妙，2006; Tamis-LeMonda, 2004），而本研究還發現子女也會隨著發展階段不同，對父職有不同的期待；父親對親職的投入程度似乎呈現鐘型的趨勢（嬰幼兒與青少年期之後投入少）（高淑貴、賴爾柔，1988，Barnett & Baruch, 1987；引自徐麗賢，2005; Mackey, 1985），嬰幼兒期之後可能是礙於性別角色的箝制（Silverstein et al., 2002）或文化的影響（Bronte-Tinkew et al., 2006），而青少年之後則可能要將父親與子女的發展任務（Erikson, 1997）考量在內。父親角色會讓男性對於自我的了解能力增加，也較能同理他人的情緒（Heath, 1978, cited in Snarey, 1993），而當孩子漸漸成長，也更能

同理他人處境（包括父親）；父親與孩子的關係模式還會有另一種傳
承，也就是父親與自己原生父親的良性互動，會延伸到自己擔任父親
角色時與自己的下一代有更良好的關係（Vaillant, 1977），即便父子
（女）關係會因爲接觸少而生疏，但是只要一方願意有改變行動，關
係自然會朝向成熟與親密（Gebauer, 2003, 黃亞琴譯，2007）。父親
本身若缺乏父職典範、或是因爲感受不足，在自己擔任父職時也會做
補償（陳安琪，2004），這其實說明了一個簡單的道理：人類是有
學習的潛能的，好的楷模可以做示範、不良的可以作警惕；現代的父
親處在傳統與現代的承接之間，也學會了以行動來爲理想中的父職
「發聲」。

　　父親的「邊緣化」可以有兩個原因：其一是自己因爲工作在外時
間很長，也比較少主動與子女做溝通交流，因此讓子女不「熟悉」；
此外由於前面的「不熟悉」，父親與孩子之間沒有互動的「習慣」，
不僅是孩子會刻意「逃離」接觸的機會，做父親的可能也會避免尷
尬，而採取了「不爲所動」、「中立」、或是「嚴峻」的立場，兩個
因素的惡性循環之下，自然就發展出一種既定的互動模式，倘若其中
一方願意主動做改變，自然也會「帶動」一些出乎意料的相對改變出
現，而孩子的主動其實是最具效力的，父親溫柔敏銳的觸覺也很容易
被感動，這也許描述了Coleman與Coleman的父子「和解」階段（劉
文成、王軍譯，1998），然而也不需要非得等到孩子自身也爲人父
母才開始，甚至可以提前發生；而這個結果也印證了Filene（1986）
的發現：許多父親會處於兩難困境，一方面渴望與家人有更親密的接
觸，但是又要達到社會對其角色的期待，因此裹足不前；而在本研
究中也看到孩子願意主動與父親改善關係、或是企圖親近，父親大
部分都會有善意的回應，打破了父親對於自己男性角色的刻板期許，
也說明了親子雙向互動與影響的本質（Parke, 1981）。隨著孩子逐漸
成長，也會意識到父親的孤獨與疏離、以及父親希望與孩子親密的需
求，願意從自己的努力來著手，希望改善親子間的關係；男性同學對
於早年父子之間關係的不滿意、後來也大半做了努力，雖然過程並不

順遂、但是結果還差強人意，也願意持續經營，而如果父子之間早期
有較為良性或是頻繁的互動，對於往後的親子關係是加分效果。如果
以Parsons與Bales（cited in Levant, 1980）歸類的性別差異——「工
具性」與「表達性」來看，其實可以推斷是社會文化的影響，而不是
天生自然，只要給予適當的時機與刺激，父親這個男性也可以展現出
溫柔、「表達」的特質的。

　　一般說來男同學與母親的關係較親，當然也有一位因為父母仳離
而沒有繼續聯絡；而女同學與父親之間的互動顯然比男同學要多，可
以解釋的原因可能還是因為父親主要擔任養家維持生計的職責，時間
上的不允許、加上沒有刻意去營造親子間的互動機會，相對也影響到
親子關係的品質，此外父親這個男性對於異性的女兒來說比較沒有同
性競爭、需要捍衛自己男性氣概的情況，因此對待女兒的態度反而
比較疼惜、身段柔軟，這與之前Radin與Goldsmith,（1983）針對父
親與青春期子女的關係親疏有別（cited in Hanson & Bozett, 1985）
結論不同，也挑戰了一些研究者（Bronte-Tinkew et al., 2006）認為
父親與兒子較親是因為兒子有較正面回饋的結論，也許是因為父親
對兒子還是將自己的重要性放在培育下一代「一家之主」的功能上
（Levant, 1980; Stern, 1981）。

　　父親的角色與功能其實密不可分，本研究突顯出一般父親依然是
以「養家」、「保護者」的傳統身分自居，當然也發揮了危機處理、
陪伴、與玩伴的功能，是屬於「選擇性」照顧者的角色（王舒芸、余
漢儀，1997）。孩子在觀看父親這一路走來的過程，也發現到父親
的多面向、甚至矛盾處，同情與體諒的心情也隨著增加；而當這些大
學生看到父親「軟弱」的一面，反而沒有以性別刻板印象來批判，而
是可以領會到男性堅強面具背後的溫柔與孤單，而對父親多面向的發
現，也讓孩子更體察人性、原諒人性。換句話說，子女期待的父親其
實是「兩性兼具」（或「去性別化」，Silverstein et al., 2002）的，
不因為是「父」職而有性別不同的期待，而且父親的非典型性別行為
反而更容易觸碰孩子的感動。

父愛對於孩子的身心發展與健康影響不亞於母親（Rohner &
Veneziano, 2001），父親在這些大學生的描述裡是從嚴肅典型的威嚴
父親，慢慢轉化成溫柔、隱忍、堅強面具底下有不為人知的痛苦與
寂寞，父親關懷的愛意是從默默關心、為孩子任勞任怨努力、以及
為整個家頂住一片天的方式表現，連溫柔都是表現得這般不經意、卻
又令人撼動！孩子成長之後，可以更加體會到父親深切的關愛、與受
限於自身表達習慣與角色期待的壓力，倘若找到改變之道（Gebauer,
2003, 黃亞琴譯，2007, pp.64-65）、或是願意做一些改變，就會開始
陪伴父親、傾聽父親、主動打開親子溝通之門，甚至希望可以讓父親
仍有機會去一圓自己未竟的夢想！

結論與建議

一、結　論

　　儘管本研究中不同年齡層的參與者將父親的角色定位在工具性功
能居多（Finley & Schwartz, 2006），然而孩子隨著年齡漸長，比較
能夠體會父親沉默或行動背後的善意，而對於父親的形象也有更多角
度的觀察；而子女與父親的關係，基本上自小到大頗為一致，這也暗
示了若無積極行動介入，許多親子關係依然不會有太大改變，而夫妻
的關係也影響著父子或父女的關係。國中階段的孩子對父親的依賴仍
深，而許多在童年時期沿襲而來的互動關係依然存在，只是進入高中
期，父子（女）有自己要負責的工作增加、加上子女（特別是男孩）
尋求認同與獨立的發展需求，親子之間的關係呈現膠著。大學生開始
會以行動來讓親子關係更親密，也許是認為自己較有能力去主宰或掌
控一些事物，而看待父親的角度也有了轉變，不像以往的戰戰兢兢，
當然長久以來的習慣要打破的確還需要一點勇氣，而父親願意做回
應、也讓彼此關係加分更多！經過青少年階段的自我獨立的不滿與批
判，漸漸看見父子企圖讓關係改變的努力，一直到大學階段，有些人

已經拉近了父子（女）距離，甚至進一步看見父親的人性，也接受父親跟自己一樣是平凡人的眞實面。

在本研究中父子關係似乎不像父女關係那樣親密，也許因爲男性之間的親密較像是「哥兒們」，也印證了「女兒是父親前輩子的情人」這句話，因此普遍來說父親似乎對女兒的要求不若兒子那般嚴厲，唯一可以解釋的也許是父親將兒子視爲未來家庭的支柱，因此對於兒子的男性角色形塑就更爲在意，由此觀之，父親是男孩「性別化」的模範與訓練者是說得通的。

二、建　議

（一）孩子對於父親形象隨著發展階段與生命經驗而有不同的轉變，這與父親的個性及自己對於父親角色的期許與表現、和孩子的個性與感受互相交錯影響，本研究只針對孩子知覺的父親形象與溫柔部分作呈現，也許看不到親子關係轉變的細膩處，但是也約略窺見一些輪廓。未來研究可以從父子（女）觀點著手，可以互相對照，或可勾勒出更完整的面貌。

（二）父親形象的研究也可以看到親職內容、父子對父職的期待與表現、以及親子關係的變化，未來研究或可做年齡層的上下延伸、或是不同族群的水平拓展。

（三）研究父親的形象也可從不同結構家庭的父親（如雙親、單親、同志等）來探看，可以增加多元文化與觀點。

第八章

轉化——中年男性的父親形象初探

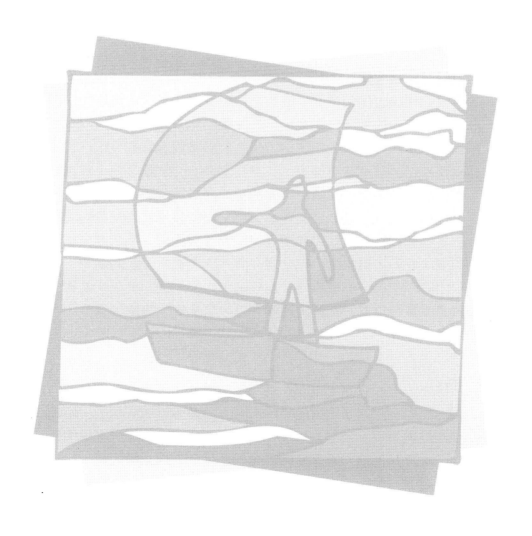

楔 子

　　Karl Gebauer（2003）所著的《尋找父親》一書，明明白白道出了「父親形象」，也吻合我接下來想要探索的中年父親這個族群。雖然Gebauer的這一本書是搜集了他之前所做研究的十六個案例故事，裡面不乏曾經誤入歧途、幡然悔改的男性，在自己擔任父親角色之後才有機會去反省、檢視自己與原生或繼父親之間的關係、如何「轉化」與父親間的關係，甚至進一步看見自己想要成為怎樣的父親。對我來說，感覺研究路上不孤單，因為有先學者的披荊斬棘，讓我行來較為順遂！也因此，我開始醞釀要將這一篇研究生產出來，於是就開始思考該找誰來敘說他的故事？有哪些問題需要提出來？

　　對於父親這個議題，我一直感受良深，因為在單親父親的羽翼下成長，我的經驗也比較特殊；成人之後也開始看見父親人性的一面，不像幼年時那般的神聖、完美，對於父親的感受也由親密、崇敬，到悲憫與諒解。探討了不少學習階段學生對於父親形象的看法，也了解到「父親缺席」也意味著傳統、「存而不在」的父職之後，我想要知道：當一位男性也擔任父職之後，他是如何去扮演與詮釋父親這個角色？又是如何看待自己原生父親？原生父親對其目前的父職影響又為何？於是我想找一位這樣的參與者，企圖想要從另一個角度來了解父職的轉變；此外，現代的中年父親在時代汰換與新資訊的衝擊下，在孩子眼中有了怎樣的形象改變？從孩子眼中所知覺的父親，其實才是影響孩子本身最重要的關鍵，透過一位中年父親的經驗與覺察，也是參照的一個重點。

　　本研究是以半結構式訪談為資料蒐集方式，主要是希望訪談大綱可以給研究一個大方向，也因為是「半結構」，因此若在與參與者進行晤談過程中有一些問題或是想要更深入，都可以隨時切入，增加資料的豐富性與深度。訪談在97年5月上旬在研究者的研究室內進行，歷時近二小時四十分。研究參與者允成（化名）為公職人員，目前在南部一所學校任職，今年41歲、碩士學歷，已婚、育有三子（長男

念小四、兩位雙胞胎【男女各一】念小二），分別是十歲與八歲，妻子從事教職、碩士。允成父親國小畢業，現年六十二歲；祖父任公職、後來辭職專注於農事，允成父親有五位手足、排行老二，自小隨著祖父務農。允成是家中獨子，下有兩位妹妹。邀請允成參與研究，主要是鎖定孩子唸國小的中年父親為對象，因此是立意取樣。資料分析是以錄音逐字稿為本，仔細並重複聆聽，先將訪談稿整理成故事型態，請允成閱讀有無需要修正之處，然後依據內容做主題分類，然後給予適當標題、依序呈現。

📐 資料分析與討論

一、父親形象──沉默勤懇的農夫

允成是鄉下孩子，家裡自祖父那一代就務農。允成說自己很喜歡父親，因為擁有農夫的「腳踏實地」特質，雖然是手足中書唸得最少的，但是基於「有土斯有財」的想法、「有錢就去買土地」，認為家中田地這麼多，需要有人留下來幫忙，因此父親國小唸完就在家幫忙農事。允成說父親少言語，不菸不酒、沒有什麼不良習慣，也不打人，一切以身作則，很努力、很拼，「**我在他身上看到就是說給孩子就是『自己的榜樣最重要』**！」允成與手足在長假日或農忙的時候也要參與農事，基本是在「半強迫」的情況下為之，但是也目睹、體驗到農事的辛苦，更體認到雙親的劬勞，甚至父親說「**你們有辦法就拼給你唸（書）**」，雖然孩子唸的都是私立大學，但是他不要讓孩子有後顧之憂，學費、雜費都一手包辦，允成說見過父母親賣過首飾籌學費。允成提到爺爺常說「**我們要穿皮鞋上班，不要穿雨鞋去田裡工作**」時，當下情緒激動、也流下淚來，他可以深刻了解到父祖的辛苦、以及對於子孫的期待，是這麼單純、卻又是那麼沉重！儘管父親在家似乎很沉默，但是在外面的社交人脈也很活絡：「**比較屬於安靜的──對我們，可是他在外面又很談笑風生啊，也是會講笑話，但是他**

對我們子女也不太會講他心裡的話。」我問允成看見父親在家裡與在外面與人互動情況不同，會不會覺得詫異或是對父親有期待？允成說不會，因為：「**我跟我爸爸相處很自在，不會害怕，也不會嚴肅，也不會無緣無故發脾氣。**」父親與母親之間互動也沒有言語上的衝突或吵罵，對母親很尊重，這也是允成認為母親強勢的原因。

在家裡父親似乎是很沉默的一個人，不太有聲音、也不會管孩子，但是當允成成績表現好時，父親會笑、以孩子為榮；允成的記憶中沒有與父親出遊或玩耍的印象，在這一方面，父母親是很不同的，至少母親會參與社區的一些遊覽或是廟會拜拜，但是父親就習慣待在家裡：「**他說你們去玩，我來顧家。他說他寧願在家休息，他覺得說家是最舒服、最好的地方。**」國小時候作文比賽「我的父親」，允成得到首獎，他說其實不清楚自己寫了什麼，與現實中的父親是不一樣的，當時父親覺得：「**很驕傲，回來的時候帶了一瓶啤酒吧，可是他看見我坐在那邊，就覺得不好意思，他就手這樣（揹在後面）走過去、把酒藏在後面。**」一直到允成成長之後，父親才告訴他當時自己背後是藏了酒，父親當時覺得很羞愧，因為要做孩子的榜樣、卻要掩飾自己喝酒的事實！父親擔心自己在兒子心目中的形象不同，怕傷害了孩子對他這位父親的印象。允成說其實父親不喝酒是事實，只是夏天喝喝清涼的啤酒是一種享受，但是父親為了維持自己在子女眼中所豎立的形象，卻感受到那種言行不一的「羞恥感」，這樣的父親的確質樸、不造作。連父親有一次被農機夾到中指受傷、骨頭碎了，也沒有看到父親露出痛苦的神色、還是不吭聲，只是到四叔開的藥房去拿藥來敷，當時允成覺得好心痛。

祖母早逝，允成沒有印象，父親與祖父之間的關係也讓允成看見父親對於祖父的尊敬與順從。允成說父親「**不大男人、尊重母親**」，雙親之間沒有大小聲過、也不曾目睹或聽見他們吵架，唯一的一次是母親買瓦斯爐，祖父卻要退回去，公公與媳婦公然意見不合，而父親當時也沒有多說一句話。

允成說母親「不傳統」，家中孩子不分性別都要做家事，不因為自己是長子有特別優惠，反而因為是長子、較為年長，母親會要求他做事要做得更好，現在自己在家裡也不會因為自己是男性而選擇性地不去做什麼事，因此允成說「當她的兒子很幸福」；允成與父親之間不像跟媽媽一樣會聊天，雖然母親也是個典型的農婦，不會聊一些貼心的事，但是感覺母親較疼他：「**跟爸爸要一千就給一千，跟媽媽要一千給一千五。……跟別人比起來她是比較疼我。**」

當了父親之後，讓允成有機會回頭去看自己的父親，比較能夠體會父親的立場與用心，對於父親的行為有不同的解讀，而父親也願意誠實釐清以往自己的行為，對允成來說不啻是另一種父親形象的展現與了解！而母親的「非典型」女性形象與教養方式，也是孕育允成後來身為父親的搖籃。父親的愛較為隱晦不顯，常常是在行動中表現（所謂的「工具式」，Parsons & Bales, 1955, cited in Levant, 1980），母親的關愛方式較容易讓孩子領受到，或許是因為接觸多寡的影響。

二、父親的教養方式——信任與放任

父親對於子女的教養是很民主的方式、甚至可以說是「放任」，因為他都尊重孩子、讓孩子自由發展，多年前大妹突然出家也撼動了家人，允成說：「**爸爸太相信我們了，連她（大妹）要出家都沒有預警，可能他太信任我們了，所以我一直覺得我爸對我們蠻民主的，民主得有點放任。**」父親其實不是反對大妹的決定，單身或結婚都可以，只是希望她能在有經濟基礎之後出家：「**他的觀念是——妳沒有錢的話，人家根本不理妳。**」言下之意似乎是即便要出家，也要在沒有經濟負擔的情況下比較能「受到禮遇」？談到以前與父親的關係，允成用「**蠻模糊**」來形容，他說：「**說不上親、也不遠**」，主要是因為父親是家庭經濟的支柱，「**就是一個父親的形象在那邊，然後他會去工作啊、會去賺錢啊！早出晚歸地努力工作啊！**」他說當時同儕的父親都是這樣，沒有可資比較的對象，也因此視為當然，認為所有父親

都是如此。

國小時候要背書給父親聽，當時懍於父親的權威，認爲爸爸都應該很厲害，雖然父親識字不多，但是卻可以敏銳察覺他背書的情況，原來父親是看他背書的流暢性與表情來做決定：「**他說『我聽不懂，但是我知道你背得順不順啊。』**」允成說父親不吝給他讚美，是他覺得最窩心的：「**他真的做到的只有讚美，『你考試很棒』、就是鼓勵我。**」父親不會因爲孩子考不好而責罵。也因此允成認爲父母親的伴讀很重要，光是陪伴還不夠，還必須下手干預、有一些行動。允成父親將自己定位在「養家」的傳統角色（邱珍琬，2004a；邱珍琬，2004b；黃慧森，2002; Pollack, 1998），雖然務農，雙親的工作份量差不多，但是可以看見主要的親職工作還是母親擔任，父親自己就肩負起孩子學業方面的工作（MacDonald & Parke, 1986; Snarey, 1993），這也是他表現關愛的一種方式，雖然識字不多是父親的一種自卑，卻也必須在兒子面前維護其父親的尊嚴形象，其背後的焦慮或擔心可以想見。

三、與父親互動的現況——主動與親密

允成自國中時代開始就跨區就讀、甚至住校，因此離家的時間很早，與同學相處也不會談自家的事，上大學之後返家探親，與雙親的互動還是沒有改變：「**（對家）沒有特別想回去、也沒有特別想念，只是一個家在那邊，我的家在那邊、還是要回去。**」只要家人健康平安，將家視爲理所當然，家人之間「**有事才會聯絡，也不會說沒事就哈拉。**」後來是大妹出事，家人也沒有知會或商量，允成也覺得錯愕，當時：「**是小叔提議要去找人（大妹）。**」他們才有行動。是成家之後，手足回家的次數才增加，平均每週會打電話回家，至少一、兩個禮拜會回老家探望父母親一次，要回家前手足之間還會互相照會、相約，可以一起回去就回去，如果一段時間沒有回去，父母親也會體諒子輩工作忙碌、偶而親自來載孫兒回老家玩。

允成說如果舉家回去，要先知會父母親，因爲擔心所準備的食物

不夠，回家之後家裡的飯菜也會變好：「我爸常說我們回去，他的飯菜就會變好。」言下之意有點小抱怨，但也傳達了父子間的親密；平日儉樸的父母親還是捨不得讓自己吃好的，總是得有其他家人回來，菜色才會豐盛一些。允成談到目前返家的情況：「我現在回去會主動跟他（父親）聊一些事情，吃飯的時候，就是你說的在飯桌上、就會跟他聊聊，自己工作的情況哪、家裡面的情況哪、聊我們小孩的情況哪給他聽。……他也很喜歡聽我聊這些東西。」允成的主動出擊，也會刺激父親與他對話，這樣的關係是允成想要的：「這樣（的關係）是好的，……現在我也當了人家的父親了，我覺得我會願意去分享我的一些看法，給我爸爸知道。」兒子願意主動與父親接近，而允成也發現父親其實也想了解孩子的想法，父子間的「和解」（Coleman & Coleman, 1988，劉文成、王軍譯，1998）其實可以有更多的解讀，不應限制在疏離或衝突後的修復或緩解，也可以是關係的重新定位與增進。

四、父親的影響——做事盡力、待人誠懇

允成的「父親」角色比其父更為鮮明，他自己也感受到了，雖然他說沒有刻意要去突顯自己擔任「父親」的這個角色，也許他不想成為像父親那樣的父親，另外一個理由是：「可能我老婆也沒辦法讓我這樣做吧！不會（讓我）站在那邊袖手旁觀。」他也說自己很矛盾，然而：「我還是蠻喜歡我爸爸那個樣子。」父親對他的影響，允成認為：「應該是做事情的態度吧。……我們小時候可以看到爸爸去田裡面工作，然後看到莊稼在成長，插秧、長大、收割、去賣錢，真的是很辛苦（的過程），那現在小孩子看到爸爸一早就出去、晚上才回來，那這樣子就有錢了，提款機就有錢了，那沒有錢就去提款機領，錢就這樣子跑出來，所以比較沒有感受到那一段的辛苦。我真的就看到我爸爸腳踏實地真的去做。」

當然這期間也目睹父母親與大地自然（天災或蟲害）的搏鬥過程，父母親也沒有抱怨，只是默默接受，他提到有一回擔心颱風來

襲，父親卻說一句：「咱做田人不怕颱風（臺語）。」允成說不知是一種「豪氣」還是「無奈」？父親後來還加那麼一句：「它要來我們也擋不住，它也不是只吹我們而已。」「我就覺得說這也是蠻好的一種態度，就是盡人事吧。」但是當他將這樣的家訓告訴孩子、希望孩子可以理解時，孩子卻問：「那幹嘛要一直讀書？」以前孩子目睹雙親工作的整個辛苦過程，現在的孩子卻沒有這樣的經驗，所以比較不會感激與珍惜；允成認為也許這樣的智慧需要假以時日、孩子慢慢去體會。

父親給他的另外一個影響是「待人的誠懇」，允成認為誠懇待人是人際最便捷之道，但是自己在職場有時候也發現這樣的因應方式不一定得到酬賞，而也看到父母親在面對商人時因為太老實而受騙：「總之好像吃虧也不知道。」此外父親是在家的男性角色也讓他有不同觀感：「我覺得其實一個好男人不一定要很大聲或是很權威，我覺得像我爸這樣蠻好的。……我從來沒有看過他跟我媽大聲說過話，我才會這樣（想），我還蠻佩服他的。」而這些允成認為他自己都無法做到。在這一個影響中，允成提到父親對於他的男性角色的影響，男性不需要故意裝酷、展現自己的剛強，這顛覆了一般社會對於男性形象的要求，也說明父親對兒子性別角色的示範與教育（Nydegger & Mitteness, 1991, cited in 吳嘉瑜、蔡素妙，2006, p.143; Stern, 1981）。

以前即便是一家人聚在一起吃飯，也不會聊學校或是與自身有關的事，現在回家會主動聊自己工作情況、也會詢問雙親家裡的相關事務，感覺上與雙親關係更親；雙親也沒有要求子女與他們同住，以孩子的生涯發展為考量，也會顧慮到子女往返交通的距離遙遠，甚至願意替子女照顧下一代、讓子女在事業或生活上有喘息機會。最近回去，會聽到父親說腳（關節）痛，允成就很難過，第一次感受到：「父親真的老了！」而且是這麼明顯！以前父親還很驕傲地說自己的腳是「日本製」的，表示很好用、也有品質保證，但是現在年紀增長，第一個出現老象的竟然也是他曾經自豪的腳！也許因為自己對目

前的生活很滿意，一切都進展平順的時候，年邁雙親的生命卻也開始
走下坡，讓允成覺得遺憾與不忍，也感受到生命的無常吧。

　　現在雙親還是下田工作，雖然耕地面積少了許多，但是父母親認
為這樣的生活最好、很自由，不像坐辦公室、或是受僱於人，時間總
是被綁得死死的。關於未來，老一輩的也想過，大不了租給別人做，
現在自己還能動，多多少少做一些，也可以打發日子。但是允成覺
得父親好像是在硬撐：「（他說）要做到不能做了為止。」祖父之
前也勸阻過父親買地，因為孩子都在外地唸書工作，允成自認為對農
事「沒有辦法也沒有信心」，因此不會繼承父親的農務，當然也不像
現在人「流行」退休買農地一樣，因為目睹農務辛苦，他說：「我對
土地的感受不一樣，所以我不會在退休之後再去買一塊地、然後再去
種，我不想這樣做。」對於將來與雙親同住的可能性，允成也了解除
非父母做不動了，或是身體出了狀況才有可能，況且要雙親搬離自己
熟悉的環境，去重新適應新的生活型態，似乎也不是最佳選項。

五、為人父的角色與省思──快樂學習與實際

　　允成自己當了父親之後，也常常想自己跟父親有什麼不一樣？
「我常常想以前爸爸媽媽是怎麼對我的？我現在是怎麼對待我的小
孩？我覺得他們以前對我有那麼大的包容心跟容忍力，我覺得我現在
對小孩子來講真的蠻愧疚的，因為我不知道、我覺得我沒辦法（像自
己父母一樣）。」一天工作回來身心俱疲的情況下，也對子女的需求
無心力應對，因此對孩子管教較嚴格（Stearns, 1990），允成雖覺無
奈與慚愧，但也會提醒自己不要將情緒轉嫁到子女身上。

　　在孩子生活常規或是課業上表現不如理想時：「我都會蠻在乎
的，蠻在意的，尤其是不乖的時候，我都會修理他們。……至少要跟
我差不多吧！」允成對於孩子的期待是拿自己來比較、孩子不要太
差就好，但是他還加了但書：「講好像很容易呀，給孩子快樂地學習
呀，不要輸在起跑點，我覺得真正去做、還是做不到！」他也意識到
現在孩子的競爭對象多，整個大環境與他當時成長時期不一樣，可是

就是無法同理孩子的處境、當然也有更多的無奈：「我覺得大家都好累，小孩子也累，父母親也很累，但是真的說『快樂學習』呀，真的還是（理想）。」允成也承認自己真的「太懶惰」，沒有常常積極參與孩子的學習過程：「我常跟我老婆講說，我們真的都太懶惰，因為我們都沒有下手去指導他們做功課。」允成也說到對自己的孩子反而耐心不夠，即便只是在一旁陪伴還是會看不慣、容易覺得煩：「我覺得教自己的小孩跟別人的小孩真的差蠻多的！」

　　另一方面他也擔心孩子學習的熱誠隨著年紀增長而削減，卻也拿不出有效的辦法來，也會懷疑「自己的孩子真的這麼不爭氣嗎？」以前父親只期許他們可以脫離勞力階級，但是現代的孩子面臨的競爭更劇烈，相形之下允成對自己下一代的期許可能較之自己原生父母親的還要高：「我知道自己這樣的期待是不可以的，而且對小孩子不公平，可是又往往不自覺地加諸在孩子身上。」這也許就是為人家長的困境吧——想放手讓孩子有自己的人生，卻又擔心自己介入不足影響孩子未來！父親角色讓允成對自己的了解能力增加，也更可同理他人的情緒（Heath, 1978, cited in Snarey, 1993）。允成與子女的關係模式，雖然不是承自與原生父親的互動模式、自己也做了改變，但也的確延伸到自己擔任父親的父子關係（Vaillant, 1977），帶有若干補償意味（陳安琪，2004）。

六、自己的父職角色──期待與現實之間

　　孩子剛出生時，允成希望：「好期待說他們趕快長大，然後我們父子可以一起去打籃球，……父子可以一起在運動場上（打球）。……但是我好像變懶了。」兒子邀約的時候自己卻以「沒有時間」或是其他較緊要的事做藉口，沒能圓成這樣的圖像，訪談時說起兒子有很好的運動細胞，一些動作一教就會，感覺上有一些遺憾與後悔。父母親的對待沒有責打謾罵，允成說他們的「包容、容忍力」很好，換到自己對待孩子，彷彿就做不到這一點，孩子「表現不好會在意」，覺得自己很「糟糕」，好像不是子女眼中的好父親；他說希望

子女可以「**快樂學習、自由成長**」，妻子也很配合。對允成而言，他的父職角色不是停留在選擇性、暫時性、與陪伴孩子玩耍的娛樂性（王舒芸、余漢儀，1997）而已，而是參與實際運作、也願意有多一些貢獻，不僅是自己願意參與，妻子也認為他「應該」加入的主客觀因素使然。

有一回與妻子在車上大聲討論，後來卻聽到二兒子說：「**爸爸你贏了。**」允成問原因，兒子回道：「**因為你比較大聲。**」對於兒子會有這樣的結論，他覺得有點好笑、但是也提醒自己去思考到底是怎麼一回事？「**其實小孩子都看在眼裡，可能不要在孩子面前吵架比較好。**」對於自己在子女心目中到底是怎麼一個模樣？他到底示範了怎樣的行動？他希望自己是「**很民主，可以接受子女意見的父親**」，而不是威嚴、專制的父親。

允成希望與子女相處，關係像朋友、甚至沒有界線，可以聊學校的事，雖然與孩子關係親密，但是現在卻發現有界限上面的模糊衝突，有時候與孩子打鬧、偶而卻覺得孩子「太隨便了」，因此在界限的拿捏上會有困難，而有時候自己因為累或是沒有耐心，也做不到這些，他會覺得有愧疚，可以看到允成與子女的關係，似乎也還在親密與倫理分際之間游動，因此偶而他會有一些矛盾的感受：雖然明白親子關係是雙向、互相影響的（Parke, 1981），但是渴望與家人親密的接觸的同時、又要達成社會對其父親與男性角色的穩健期待的壓力（Filene, 1986），也是父職角色的兩難困境。允成也期待自己與子女的親密關係可以一直延續下去：「**我希望他們升上了大學，交了男朋友、交了女朋友，都可以來跟我談談這些事情。因為我會很希望說我可以給他們一點建議，這跟我爸爸不太一樣，他都不管我們，像我交女朋友他也不會問，只是說『你們彼此喜歡就好了』（臺語），你們自己要負責任啦……他也不會反對我們。**」允成希望自己與孩子的關係可以一直保持下去，不會因為時間的流轉而有太大變易，這不僅透露了他對親子關係的親密期待，還說明了自己對父親這個角色的期待。

　　允成對於子女的課業注重與要求，不像西方社會那樣是在孩子青春期之後的重點轉移（MacDonald & Parke, 1986; Snarey, 1993），而是提早出現，這也許就是我國文化裡的「文憑主義」傳統，連允成也不能自外其中，他希望孩子在學業上可以有所發揮，但是兒子的表現與他「在課業的期待上好像有一點落差。」允成有一回問兒子的優點，結果兒子告訴他「（我）跑很快」，當時他愣了一下，後來想：「跑很快為什麼不可以是一個優點？」也許因為自己對於兒子的期待原本是希望他可以在學術上發展、至少對學業感到興趣，兒子沒有朝他的預想方向前進，不免也讓允成有一種失落與失望，只是他會回過頭來檢視自己的這個「期待」、是孩子的還是自己的？他願不願意讓孩子有自己的未來？

　　兒子喜歡運動，有一次甚至提到同學爸爸要帶同學去游泳、同學跑步跑很快，允成的直覺反應是：「你覺得這麼會運動以後會有好工作嗎？」「你想往運動方向發展嗎？」擔心孩子的生涯發展不穩定，而不是兒子也許想要表達的可能是：「同學爸爸帶他去游泳」語句裡可能蘊含的希望與期待「你是不是也可以帶我去？」儘管後來他說自己目前「勉強」可以接受，但是「還是唸書好一點」，有中國傳統的「士大夫」思想在作祟的意味。

　　允成提到有一回妻子詢及二兒子要像父母親的哪一位？兒子卻出乎意料地說「要做自己」，這一點讓允成很震撼，畢竟當時年紀不到五歲的兒子知道什麼叫做「做自己」嗎？「我就覺得說我們大人有的時候都沒有辦法做自己了」，現在的兒子「有自己的風格」，允成也容許這樣的發展。允成很羨慕別人的積極與戰鬥力，凡事可以很快完成，而他描繪大兒子的不積極卻與他神似：「我就從小孩子看到我的影子。我就覺得我老大就有夠像的！然後有什麼事情都是先等一下再說、好像不是那麼（積）極，那我就不能期待說他能夠也有一天能夠完成。」

　　對於孩子的期許他是「不怕慢、只怕站」，希望孩子可以有行

動，雖然時間延長、還是可以到達目標。兒子說「**我喜歡運動，不喜歡讀書**」的坦誠，也有一點傷到允成的期待：「**哇，我覺得【哇怎麼辦】，心都有點涼了。**」現在雖然正在學習慢慢接受孩子可以有不同的生涯發展，但是私底下還是希望：「**是不是大器晚成吧？……我也不是那種很積極奮鬥的那種型，但是我的想法我會去慢慢把它實現，或許不是在一年、兩年（之內），但是那種動力我是要慢慢醞釀起來，然後到最後會出動去做。**」儘管可以接受孩子有不同發展，但是也期待至少「虎父無犬子」，對孩子來說未嘗不是另一種壓力源。他認為自己在子女心目中是一個「恩威並濟」的爸爸：「**有時候也很好，帶他們去買東西、買零食、買玩具之類，可是有時候又會很兇，甚至忽然間怎麼變得很兇的那種感覺。……我耐心有限，但是我會先預告。**」他說自己生氣時就真的很生氣，孩子也會驚嚇到，而大人生氣有時候也會遷怒孩子。

因為自己自國中開始就跨區就讀、甚至住校，允成認為這樣很好，也想要讓兒子大一點之後如法炮製，但是老婆不同意。允成擔心若是青春期與孩子關係搞壞，反而更不好，倒不如彼此都躲過這一段較好：「**（我與雙親關係在）青少年時期就很空白、會很空白，我的叛逆期或風暴期其實我跟我父親都沒有衝突到。**」結婚之後允成說這才是衝突最大的點，因為老婆與自家的家庭教育是有很大差異的，允成想要像原生家庭一樣順其自然就好，但是：「**老婆她覺得說小孩子不該這樣放任，而且小孩子都懂，你要教他，而不是像我爸爸說『年紀還小沒有關係』（臺語）。**」因此允成的父親角色也不是他想怎樣就可以怎樣，因為老婆也是親職的主角，彼此必須要合作或配合。

綜合分析

　　一位正值中年的父親回過頭來看自己原生父親，感念父親質樸、堅忍的形象，也看到父親的認真與誠懇，更體會寡言父親對自我的期許及努力，期待自己是一個角色更鮮明、願意參與孩子生命並有所

貢獻與影響的父親，雖然對於子女的期待與現實之間還是有衝突與差距，但是比較能明瞭孩子的心境與感受，願意多些反思與改變行動，而妻子的要求與批判也是重要因素（Gebauer, 2003, 黃亞琴譯，2007）。

　　允成父親的「工具性」角色十分鮮明（Parsons & Bales, 1955, cited in Levant, 1980），如果說允成的父親是傳統的中國父親，基本上其父職是以行動凸顯，而意義與善意蘊含其中，子女必須要有相當敏銳的覺察，才可能體會父親的用心與行動背後的用意，這也似乎反映了中國傳統文化中的「父子」倫理與禮教約束的要求。允成對於自己身為人父的父親角色較為清楚，主要是妻子也堅持其參與、也因此有較多的訓練與熟悉，允成積極涉入子女的教養，與子女互動也增多，甚至願意去做釐清與溝通的動作，這些都與其父有很大不同，也可以瞥見他們對父親角色定義的差異。

　　也因為父親的尊重與母親的強勢，讓允成經歷到不同性別角色的「非刻板化」期待，對其自身父職角色也增加了許多彈性（Bulanda, 2004, Johnson & Huston, 1998, cited in Matta & Knudson-Martin, 2006），而與父親的正向經驗，即便後來也發展出不同的父職形象（或「裂變」）（Gebauer, 2003, 黃亞琴譯，2007），父親給他的安全感與關注也是相當重要的資產，其內心也因為有了一個「夠好」的父親（Gebauer, 2003, 黃亞琴譯，2007），才讓他在擔任父職時有更多的自信與寬容，這也可以說是另一種「社會傳承」的價值（Snarey, 1993）。

　　當允成晉身為人父之後，願意採取主動與父親更親密，也感受到父親的善意回應與喜悅，這也許是其在為人父之後對其原生家庭親職的反思較多、也願意與父親做更親密的互動（邱珍琬，2004a; Vaillant, 1977），而這些互動也連帶影響其與子女的關係。身為父親，讓允成更了解自己（Heath, 1978, cited in Snarey, 1993）、也自兒子身上看到自己的影子，卻又不太想接受這樣的事實，孩子可以擁

有比自己更好的未來與發展，固然他也意識到大環境的變遷、也許不能盡如人意，卻也還懷抱著這樣的希冀，也反映了「孩子，我要你比我更強」的一般父母殷切期待。允成的父親形象不只是來自對原生父親的觀察與批判，還有自我期許與妻子的督促，甚至還加上子女的意見與觀感，這些也都成為他自省與形塑父親形象的重要依據。允成父親形象的轉化可以大概歸納為幾個階段：觀察父親的形象→反思自己的父親角色→願意鮮明化自己的父親角色→增進與父親的親密關係。

結論與建議

一、結　論

允成回過頭去看自己父親，對於少言、勤奮、自我期許高的父親有許多感激與佩服，也藉此映照自己是怎樣一位父親？允成的父親角色相當鮮明，參與親職工作也明顯較多，不執著與性別角色的分工，甚至願意用行動與子女更親近。允成對於父職角色的定義與作法不同於生身父親，但是也隱隱透露父親對其的影響，父職角色讓其更能了解自己，也進一步採取主動與原生父親親密的行動。從這些跡象可以了解到允成父親形象的轉化：觀察父親的形象→反思自己的父親角色→願意鮮明化自己的父親角色→增進與父親的親密關係。

二、建　議

（一）本研究主旨在探討中年父親的父親形象與其轉化，可以由允成的敘述看到三代的關係，也就是窺見允成如何看父親、父親對其影響、以及他身為父親的定位。當然立意取樣只能就個殊性做了解，「中年父親」這個族群是可以回溯與前瞻的一個關鍵點，藉此進一步了解父親形象的內化與影響具重要意義。希望可以由這個研究為起點，激發更多的父親相關研究，特別是在這個揭櫫性別平權的時代，對於親職與角色的詮釋與定位別具意義。

（二）父親的角色與認定不只是社會文化的因素，父親本身也有許多的觀察與掙扎，許許多多的因素可能促成父親對其角色與功能的執行，了解「父親」也可以是了解男性的一個窗口；父親在本土文化的研究上也可以是一個豐富的議題。

（三）不僅是從一位「父親」的身份來看其與原生父親及自己父親角色的關係與發展，也許還可以從育有子女的女性角色來看自己原生父親形象，會是另一個角度的切入。

第九章

原住民大學生心目中的父親形象——一個初探研究

楔　子

　　父職的議題近年來在性別研究領域中甚囂塵上，由於以往的許多研究是以女性作為主題，可能是因應女性弱勢與發聲的需求，然而慢慢地開始有人意識到男性角色似乎也在這一波研究浪潮中被邊緣化的傾向，所以又重拾了男性研究，特別是關注在父職的議題上。父親或父職角色是最近方興未艾的研究議題，由於女性主義或是女權聲浪與要求的激發，不少研究開始就親職工作的內容、分配與公平性作了一些檢視與了解，然而到底一個人是怎麼去看自己的父親的？大學生族群進入人生另一個成長階段，大部分也是第一次離家負笈外地，週遭環境與人事物有了極大的變動，也開始學習一個人獨立過生活，對於家的依戀或許有不同的觀感，而對於雙親，特別是對於父親這個在中國傳統中一向是沉默角色的人物，又可能有怎樣不同的觀點與感受，是很值得探討的一個主題。在做過大學生族群與青少年階段的父親形象研究之後，我想到了校園中的另一個族群——原住民，在他們的眼中，「父親」到底是呈現怎樣的一番樣貌？與一般漢民族不同嗎？特別是排灣族社會裡，父親又是怎樣被看待？這就是本研究試圖要理解的議題。

　　一般人對於原住民同胞有個迷思就是酗酒或不負責任的父親，而到底原住民對於父親的看法與觀感如何？又是以怎樣的角度思索父子間的關係？在研究文獻中很少看到原住民父子關係的議題，除了達努巴克（2003）的一篇論述介紹之外，很少針對這個議題做研究與探討。這個議題也是我之前做父親形象的延伸，希望可以深入不同族群探看父親形象。

　　本研究採用半結構式個別訪談（大學男生三人、女生一人）方式進行資料蒐集，參與者之選取採便利抽樣，邀請學校社團負責人將關於研究的資訊傳出，然後邀約有意願參與之同學，進一步接洽訪談主題、時間與地點，參與者來自南部一所大專院校三個不同系所，大一一位（阿杰）、大二兩位（阿宗、小莉）、大三一位（阿基），共

三男一女，受訪者是雙親、或雙親之一是原住民，而其也將自己定位為原住民。訪談時間在九四年十二月中至翌年三月下旬，每位訪談者進行近二小時的訪談。對於資料的處理，研究者是將錄音帶轉為逐字稿，加上反覆聆聽、以及觀察筆記的補充，務必真正聽到受訪者所表達的意涵。資料呈現方式先介紹參與者背景，然後以歸納主題做整理分類，分別述及家庭關係、父親在兒女眼中的模樣、父親的教養觀念與態度、父親的溫柔、與父親的關係、父子（女）關係的轉變、對彼此的期許為何，最後以子女對父親的擔心做結尾。

資料分析與討論

一、背景資料簡介

阿杰的父親是退休外省老兵，年近80，母親是排灣族，上有一兄一姐，父母目前是分居狀態，母與兄因為工作故住中部。

阿宗父亦為退休老兵，年76，因罹癌作氣切手術，不能言語，母是排灣族（已過世），上有一兄（已結婚生子）、下有二妹。兄對手足有暴力紀錄、也威脅過父親，目前因限制令住在外頭、不得接近原生家庭。

小莉雙親皆為排灣族，年齡在45至50歲間，父親入贅，父有飲酒習慣，父母分房五、六年；上有一姐，姐夫亦入贅。

阿基父為排灣族，母親是布農族，年齡都是四十多歲，因為排灣族是階級制，況且父親家族是屬於貴族，父親與母親的結合曾經受到阻撓，父母皆為勞工階級，工作時有時無，阿基國小就來平地唸書，自高中起多半是靠自己的獎學金過生活，下有一弟唸大一。

二、雙親關係與家庭氛圍

家庭氣氛會影響親子關係，這些受訪者的父母親有的經常爭吵、

或是彼此生疏，有些因為工作緣故而分居兩地，只有一位受訪者（阿宗）認為雙親感情極佳，可惜母親已經過世；儘管家庭氣氛不和，卻也極少聽到雙親因此而開門見山談到這個議題，彷彿已經是存在的事實，不需要做任何處理。

（一）關係淡漠、互動極少

阿杰的雙親分居實際的情況他也不清楚，可能是因為經濟與工作的考量，或是習來已久，也忘了原因：「應該不會是感情上的分居啦，就是可能因為媽媽可能就是住在阿姨家那邊，就是其實原因（我）也不太曉得。」母親會隔一陣子回家一次，但是雙親很少跟孩子談論到彼此：「（家人）大家都知道，只是（父母親）感情是變淡，可是會往來，也不會說像……也不知道怎麼講，感覺上應該大家都明瞭這個情況，但是大家從來也不會去過問哪。」父母彼此間的互動，就阿杰的觀察：「就不會很熱絡，就會講一下生活方面的事啊、小孩子的問題。」

（二）爭吵不休、溝通不多

阿基的雙親是自由戀愛結婚，而且當時還挑戰了沿襲的傳統（貴族娶平民），他目睹的父母關係是：「從小就吵吵鬧鬧啊，而且我爸爸會打人，（研：會打媽媽？打你們？）對。小時候會（打我們），現在就不會啦。」也因此阿基高三時曾經因此而離家出走。「很不喜歡爸爸大吼大叫啊，然後會拿媽媽出氣啊，（研：那時候你怎麼辦？你是老大，看到這樣你怎麼辦？）可是他們在吵的時候我們都是在睡覺，然後小時候當然就會害怕啊，然後也不敢說什麼，自己在房間哭啊這樣子，然後長大後就會，長大後打下去就會吵得很兇這樣子，然後媽媽也會突然消失不見這樣子，（研：她回娘家還是【去】哪裡嗎？）沒有，她爸媽都去世了，她就跑去朋友那邊這樣子。……有的時候就有很多話就想跟父母親講，就是不應該這樣子，可是到那個情景的時候，就又說不出口這樣子。」「我們家四個人話很少，……會

吃飯，可是也是話很少。」

（三）鶼鰈情深、手足扶攜

　　阿宗的父母親相距29歲，母親16歲就因爲經濟緣故與父親結縭：「（父母親）就互相照顧啊，每天就在那邊鬥嘴呀，就是生活中的小衝突，因爲我爸很固執、非常固執，軍人主義。」「我爸可能軍人，生活習慣就比較差。（研：怎樣的差？）就是不修邊幅啊。……然後我媽就有潔癖，就光是這一個啊，或是平常就會找些無聊小事情，兩個人就在那邊就吵起來了。」但是阿宗認爲父母親的吵嘴是一種生活樂趣，不會讓他覺得是家庭危機：「因爲鬥鬥嘴其實也還好，生活的（樂趣）。生活中兩個人互相挑剔小缺點，故意找事情然後吵架。」

　　阿宗父親生病，不是住院就是在家，因爲罹患咽喉癌做過氣切手術，不能言語，與孩子是以紙筆溝通。長兄年30，曾經對三位弟妹施暴、威脅要殺死父親，因此家人申請禁制令，兄目前與其妻子住外面。母親已經過世三年，有氣喘、後來是肺癌。父親之前在大陸有過婚姻、以離婚結束，後來曾回鄉三、四次，認爲大陸還是自己的家，臺灣只是暫時居留的地方，父子倆常因此而吵架。儘管父親每半年只領十七萬元的「官餉」，而三個孩子都還在就學中，經濟情況很艱難，但是每半年還是會匯錢給大陸親友。阿宗有獎助金、自己也打工，日子可以過下去，還可以給妹妹們一些零用，阿宗說與兩位妹妹年齡相近、算是一起長大，因此關係很好：「都我照顧她們。……現在還好，我妹她們都很獨立。」「小妹做什麼事都會坦白跟我講。」以前因爲哥不負責任，母親生病卻還要在醫院替哥哥帶小孩，也因此阿宗會常與兄長衝突，現在兄弟之間：「我跟我哥沒有嫌隙，都是一家人。」而阿宗與兩位妹妹情誼深厚，雖然在父親面前希望表現堅強、不讓父親擔憂：「有時候三個人吵一吵、罵一罵，然後三個人就抱在一起哭。」「因爲我們家裡人其實不會說界限，像我爸、尤其是我媽，就是也可以互相沒有什麼界限地談這樣子。」「我覺得我爸在

我們家的地位（研：最低喔？）對呀（笑）。」

　　儘管父親還是有落葉歸根的想法，這一點讓阿宗與手足們較不能認同，但是手足的關係還是緊密，尤其是阿宗與兩位妹妹，幾乎是相依為命。

（四）雙親不和、女兒搭橋

　　小莉母親未嫁當時的平地男友，是因為外祖父不喜歡漢人，於是就趕緊安排母親的相親，父親家族因為階層較低，所以入贅：「（男生入贅）一開始是會（影響男性氣概），可是到後來好像慢慢權力就會變在男生（那裡），一開始（權力）就在女生（身上）。」「在我們那個部落好像都是這樣（婚姻不好）。（研：都是酒嗎？）好像蠻多人都有外遇的，還有賭博的行為、就是欠債呀什麼的。」儘管雙親之間的關係不和，但是小莉可以敏銳感受到父親其實也很想承擔父職角色，只是苦於小時沒有楷模可資效法（祖父早逝），自己又不擅於溝通技巧，因此目前小莉似乎也擔任了雙親之間溝通的主要橋樑。

三、父親的樣貌

　　這些父親在孩子眼裡蠻有一致性，有原則的父親、也可以很慈愛，生疏父親是不適任父親、或是與孩子沒有緊密互動，孩子氣的父親是家中弱勢、也不知如何為自己爭取權利；霸道父親不知反省、也受困於自己酗酒習慣。父親在孩子心目中的樣貌大抵可以分成：沿襲傳統也善盡父職的父親、傳統不善表達的父親、生疏陌生的父親、與非典型的父親。

（一）沿襲傳統也善盡父職的父親

1.嚴守傳統、經歷豐富的父親

　　阿杰的父親在退休之後也曾經賣菜補助家計，後來因為生過一場大病，才沒有繼續，目前姐姐與父同住在部落區，他在校住宿，一

週會回家一趟。在成長過程中，父親是主要的照顧者，阿杰形容父親是：「一個很勤奮的人，然後很照顧家庭的人，非常的節儉，然後很喜歡說一些道理給孩子們聽。然後歷史常識比較豐富。（研：怎樣的歷史常識？）就是以前高中（要）上大學，歷史的東西比較麻煩，然後我就會問我爸一些在中國大陸一些那個歷史或事情，然後我爸爸幾乎都說得出來這樣，因為他很喜歡看那些演以前朝代那些（片子）。」父親也是「最常讓我尊敬的一個人。」父親很擔心阿杰：「就算我已經長大，他還是講說必須有他擔心的地方。其實說起來蠻慚愧的（研：怎麼說？），就是因為自己年紀這麼大還要讓爸爸來操心這樣子。」

2.固執、守規律、懂得教養的父親

阿杰認為父親的教養方式得當，唯獨拗脾氣令人不敢領教：「喜歡的事就是我覺得啦，我父親很懂得怎麼去教育小孩子。……有時候我覺得我爸個性比較偏，（研：怎麼說？）就是會很固執，就是說有時候自己已經不餓了，啊我爸就說『你最好趕快吃』這樣子，不然菜會涼這樣，可是那時候我媽也在吃，他就說趕快吃，最後兩個人都會生氣這樣子。可是到頭來會想說，其實他這是為我好，因為他會很擔心說孩子們的事，就是受餓、著涼啊這樣子，有時候是他脾氣固執、（我）就會偶而跟他吵一架這樣子。」「他比較不喜歡我們沒有規律這樣子。就是到了時間應該吃飯哪，應該怎麼樣怎麼樣。」「我爸對自己要求蠻高的。」阿杰的父親是軍人出身，因此紀律是很重要的，也不太會表達自己對家人的關心，不過阿杰現在也會去思考父親行為背後的善意。

3.鐵漢柔情

阿宗形容父親是：「一個標準的大男人，但是有所謂的『鐵漢柔情』，會寫情詩給我媽，因為我爸學問很好、又寫得一手好字。」「我爸很固執、非常固執，軍人主義。然後他要怎樣就怎樣，就是他說一就是一呀，說二就是二，然後但是很疼小孩。」「軍人啊，……

不修邊幅。」但是父親也可以像朋友一樣地談。「他跟我媽吵架，媽真的生氣的話，他就會寫情書給我媽，……寫個短短的詩啊、或幾個句子，……就讚美我媽啊什麼什麼的，然後我媽就原諒他啊。」母親過世之後，父親也會寫信燒給母親：「我媽過世那天開始到現在，現在是斷斷續續，就是會次數越來越少，就是我爸都寫信給我媽，寫了再燒掉，特別日子寫得更多。我們孩子看在眼裡也會很感動，也會不捨啦。」

阿杰與阿宗的父親都是退伍軍人出身，軍人的自我要求、對孩子管教的嚴格，以及對孩子的教育重視是相同的，而阿宗的父親還讓他見識到父親的浪漫與溫柔。

（二）傳統不善表達的父親

1.霸道、脾氣不佳的父親

阿基對於父親的感受是：「以前就很專制、很霸道，然後（研：很大男人喔？）對，就是他就會，現在有時候還是會有一點這樣子，就是他就是覺得我媽媽很笨，然後什麼都不會。……常愛亂罵人這樣子。……然後現在爸爸就好一點這樣子。（研：現在他是怎樣的人？）就可能（大一下）有中風過吧，（研：中風過性情大變嗎？）對，（研：哪些變化？）可能沒之前那麼應該說大膽吧，就是比較小心，然後感覺沒有之前那麼權威啦、愛命令人什麼之類的，沒有，就比較好講話。」父親的大男人主義在大病過後有了改變，比較不威權、讓孩子容易靠近。

小莉談父親：「我爸也愛喝酒啊，身體就常常不好。一個禮拜就工作四、五天或三、四天，其他時間都在喝酒。」「我媽是叫我不要結婚吧，因為她的婚姻不是很幸福。」「因為從小，我媽因為他們是相親的嘛，所以他們結婚的時候才慢慢培養感情。……我爸就是以前比較不會愛喝酒，可是慢慢到後來就、孩子都大了就越來越嚴重。然後我記得我小的時候，爸爸喝酒的時候就摔東西呀、還會打我媽。」

也因此就她所知，父母分房已經五、六年：「**我爸很可憐，就會被冷落。……其實他不喝酒有時很好的。**」小莉認為父親是因為酒而有了大改變，包括脾氣、家暴，也因為這樣家人不敢靠近，主動或被動與父親疏離。

2.囉唆的父親

父親因為自己的緣故、與親友處不好，也要制止兒子與對方一家往來，但是阿基認為沒有必要，上一代與這一代的糾葛不應該攪混在一起，但是父親卻還是樂此不疲，他說：「**就覺得（我爸）很囉唆。**」阿基了解兩家恩怨的來龍去脈，因為對方其實也很惡劣（也會在家族之間挑撥離間），也明白父親生氣的原因，因為父親不會這麼惡質、有心機，可是阿基就是不想要讓自己牽扯那麼多！「**現在日久見人心，大家也漸漸了解了，然後（大家）就比較團結這樣子。**」

儘管父親不是囉嗦的類型，但是阿宗說：「**我住在外面一年，那時候就覺得說家長的囉唆、能被囉唆真的是一種幸福。我媽過世之後我妹她們更覺得這樣子。**」阿基的父親是因為人際紛爭而企圖解釋自己立場或拉攏孩子，讓阿基覺得囉唆，但是阿宗卻看到父親囉唆背後的關愛與珍惜，可能是因為兩位父親年齡差距很大，讓阿宗有不同的覺察。

3.死要面子的父親

阿宗說父親是：「**我爸就是死要面子，……他平常什麼事都不會表達，除非我們瞎起鬨，偶而陪我們high一下，平常死要面子的時候，表面上很威嚴。**」雖然父親在外面很顧及自尊，但是在子女面前也沒輒，看起來子女不僅與父親關係親密，也很了解父親。

4.不會表達愛的父親

小莉說其實父親很想與孩子親近，只是不知道該怎麼做：「**因為他好像他總是想跟我們說話，可是他都不知道要怎麼（做），而且我覺得他很多事情都不了解我們這樣子的狀況。**」「**因為發現他跟我們**

講的就是『妳吃飯沒有啊？喔妳要回學校了，路上要小心』，然後說
『妳有零用錢嗎』，然後給妳，一些小動作上面，其實還是可以看得
出來是關心我們。」小莉對於父親的「工具式」關愛覺得不滿足，但
是卻也看到父親不善表達背後的矛盾與關切。

5.偏心的父親

小莉認爲父親很偏袒她，因爲在外型上比較像父親那邊的家族：
「我爸就是偏心也偏得很那個。……我姐就會說我爸偏心。……像我
到禮拜六就回家嘛，……因爲我爸去打獵呀，會抓一些飛鼠啦、什麼
山羌啊之類的，什麼好吃的東西，我爸就會說『這是要留起來等我回
來然後煮』這樣子。」在這裡小莉其實看到父親偏心與姊姊妒忌裡有
父親濃濃的關愛，小莉歸納爲是因爲自己像父親那邊的人（漂亮）。

（三）生疏陌生的父親

1.陌生的父親

由於接觸時間少，加上與父親有點話不投機的感覺，小莉說：
「一直都很陌生哪，……可是我爸那些成長背景啊，都是透過我媽媽
才知道的，可是我媽不會主動跟我講，我（要）去問。因爲有的時
候我也想去關心我爸爸，只是有時候我覺得我們兩個是一樣的，我不
知道怎麼關心他。」「我們很少可以這樣子聊天。（研：跟媽媽可
以？）跟媽媽可以。……就是我們讀書嘛，講話的方式或是價值觀會
差很多，可是我覺得我媽媽有跟上來。……我爸就不太理解。」與父
母親的溝通情況似乎與父母的「上進」與否有關，當然也有「用心」
的成分。小莉在自己身上也看到「不善表達」的一面，但是也開始有
了一些與父親更親近的行動。

2.任性孩子氣的父親

小莉覺得：「其實我覺得我爸很任性、很孩子氣就是這樣子，因
爲他覺得對的事情就是對。」到底是因爲父親這樣的性格排擠了家

人，還是家人生疏而使得父親沒有參照、討論對象而變得執著拘泥？
於是「任性」就等於「孩子氣」、「自以爲是」。

（四）非典型的父親

1.會跟孩子起鬨的父親

阿宗說特別節日時，孩子也會瞎起鬨：「**就我爸會親我媽、抱我
媽什麼之類的。**」阿宗之前也提到父親可以在孩子的簇擁下「high」
起來，其實也說明了父親與孩子互動良好、與妻子感情濃厚，才會願
意「配合」。

2.弱勢父親

小莉認爲相形之下，父親是弱勢：「**我媽媽比較強勢（笑），
（研：怎樣的強勢？）大大小小的事情都是我媽在管，我爸好像只有
賺錢，我覺得他生活在這個（家）……（笑）。**」言下之意還有點心
疼。「**我爸爸其實蠻善良的，然後心還蠻脆弱的（大笑），他很愛偷
偷地哭，我常常看他偷偷地哭，跟我媽吵架完之後。然後其實我知道
他也很想要關心他的孩子，他不知道怎麼該怎麼關心。……其實我覺
得我爸蠻可憐的，在我眼裡（是這樣）。**」在這裡看到性別角色互易
的情況，也就是賺錢回來（工具性功能）的並不一定是當家做主，而
是「影響力」與「掌控力」來決定，小莉也看到父親陰柔、脆弱的一
面。

3.可憐的父親

小莉疼惜父親是因爲父親表現得很弱勢，而父親的身世也是其中
原因之一，父親排行老九、就是最小的：「**其實我覺得我爸也很可
憐，因爲他一生下來他媽媽就去世了，然後他國小的時候他爸爸就
去世了，所以根本就是我姑媽－他姐姐在帶，所以就是我爸有被他哥
哥姐姐寵壞的那種（情況），所以我覺得他脾氣有一點孩子氣。**」父
親沒有被呵護、典範可資效法的情況下成長，也因此影響到父親的性

格、爲人處世、以及親職執行，小莉會去爲父親找原因，怪罪就不是那麼深了。

4.廚藝甚佳的父親

小莉認爲父親在清醒的時候就是好父親：「**假如清醒的時候（研：就是好爸爸。）對對對（笑）。然後他廚藝還比我媽媽好，……他清醒的時候就會煮菜煮飯啊，就叫我們吃啊。**」父親還是願意爲這個家、爲孩子盡點心力，這是不是也反映了家庭系統其實是彈性很高的？也就是若去除性別刻板印象與期待，家庭可以運作得更順暢？

5.帥父親

小莉說父親長得很帥，連外公都很得意：「**我爸爸長得很帥【笑】，眞的，我阿公都說『妳看我幫妳媽媽找了一個很帥的老公什麼什麼的』，然後我就說就找了一個酒鬼來吧！（笑）**」「**我媽也說『妳看妳爸爸喝酒喝成這樣子，其實他是很帥的』因爲你喝酒整個臉色、氣色會不好。**」小莉的這一番話也反映了她的價值觀：男人外表不經看，實際的作爲才重要。對於酒與父親的牽連，她有很深的遺憾。

四、教養觀念

父親的教養觀念與其本身的教育程度有關，軍、警、教師與護士是最佳的生涯規劃，可能是因爲公家機構、較有保障。父親的管教方式有嚴峻、有民主，也有不知如何涉入的，而父親本身的經驗與傷痛也會影響他對孩子的教育與涉入親職的程度。教養方式有：傳統責全式、民主式、與任性式。

（一）傳統責全式

1.軍、教、護、警是最好的生涯選擇

「他對我的期望蠻大的。」阿杰說：「因爲只剩下我一個在唸書啊！」兄姐都只是高職畢業，已經算是不錯，阿杰是家中唯一的大學生，在填寫志願時父親也讓孩子自己做選擇，沒有特別的要求：「比較大的壓力在媽媽跟親戚那邊，對呀，因爲表哥也是考上師範大學，他們說（我）應該跟表哥他們看齊這樣。其實他們之前有跟我說要不然當老師，要不然就去從軍這樣子。我個人覺得啦，在原住民社會當中，好像這兩種職業長輩們比較看重，因爲以後隨便就有鐵飯碗嘛。」

小莉說「好像我們那邊女生都是當護士、當老師，然後男生就是警察、要不然就是（研：老師或軍人），對對對。（研：爲什麼會有這樣刻板的東西？）不曉得耶，好像從以前就是這樣。……這樣算是我們排灣族裡面比較高階的，比較會給人家尊敬的。」這些行業不僅是收入穩定，也是教育水準要求比較高的，連帶地也可以爲家族爭光，公職與護理從以往到目前還是最夯的生涯選擇。

2.打罵教育

阿基說父親會喝酒、脾氣不穩定、也會揍人，母親與孩子都不免其害：「過年我們村莊會玩鞭炮，……大街小巷大家都在玩鞭炮，然後大家都是一箱箱地買，然後爸爸就叫我回來、我沒有聽到，然後（我）回去的時候（爸）就拿東西、拿錢（硬幣）拿起來丟我們哪。（研：是怎樣的情形？）他酒醉了，然後他叫我們回來。」

「小學不是要買顯微鏡哪，……我們就去買呀，去○○買，我們買完回家的時候，媽媽就叫我們說不能跟爸爸講我們買顯微鏡（的事），就會變害怕的。」

「國中的時候爸爸就很愛唸我。」阿基家裡基本分爲兩派，父親是另外一派，子女對父親懼怕，是因爲他的脾氣不能拿捏、還有暴力

傾向。

3.禮節教育

阿宗說父親很重視禮節：「我們家有個習慣—很注重禮節。像我們睡覺之前都會跟我爸說晚安，或我爸會跟我們說晚安，吃飯前都會講『開動』，然後都一定等我爸先吃，我們才吃這樣子，回來出去都會跟我爸講。」父親的要求與堅持，讓這些禮節也成為家庭規則之一，也看出阿宗家庭的倫理與彼此關係。

4.表現自律、會照顧自己的父親

阿宗父親年過70、又有病痛在身，但是每天都會運動，騎腳踏車到處晃：「我爸身手很靈活。」但是畢竟一個人在家住、年紀又老大不小，他很擔心父親出意外，因此：「我是每天都會回家，除了禮拜四晚上要在學校社團練舞這樣。」雖然父親不希望孩子擔心，但是孩子在外求學、卻心繫家裡，加上父親年邁、獨居，子女擔心的就更多，也看見子女與父母角色的互換。

（二）民主式

1.教養適當、不緊不鬆

「我父親很懂得怎麼去教育小孩子，比如說他不會就是會很強迫我去做什麼什麼，就比較就是讓我們去做喜歡的事，就是他發現我們哪個地方不是很對的話，就是去指正我們這樣子，也不會說太放任，讓我們去做自己喜歡做的事。」（阿杰）

雖然村落裡面的家庭大部分是外省老兵與原住民的組合，可是阿杰對於父親的教養觀念很敬佩：「其實在我們村落裡面，在我們這個同年紀的啊，其實現在的（情況）話，不能算很好吧，可能就是自己已經去工作啊、不然就有的就已經學壞了，就是大家看到我們這一家就覺得ㄟ，那個最小的小孩已經考上大學，大家就覺得ㄟ，好了不起那樣子啊，可是我轉回頭去看我以前的同學就是說，那他們怎麼會變

成這樣子？有的學壞學壞、要不然就已經沒有在唸書，好像自己去工作，怎麼ㄟ，大家怎麼都沒有繼續去升學這樣子？我爸就是把我們調教得很好這樣子。」與週遭同儕相形之下，阿杰看到父親堅持與教育的結果，也會感激父親的要求與努力。

　　「我爸是以讀書為重，學校有什麼他一定配合。」阿宗說：「他在意我們小孩子的學歷成就，因為他擔心我們出社會這樣子，然後像說我們讀書的時候要選興趣、志向什麼的，他都是以我們的興趣、就是叫我們自己決定。」「我爸是要求我們達到一個固定的、那個標準程度就好了，（研：什麼叫做『標準』？）就是不會落後啊，能維持到一個水平，就是大眾化一個水平就好。」「我爸他們就是很堅持說希望我們有什麼童年，所以就沒有送我們去才藝班什麼的，除非我們自己有興趣才會想去學。像我們三個小孩子（如果對什麼）有興趣我們就直接去打工、去打工說學什麼，像我對寵物有興趣就去寵物店打工。」阿宗的父親也注重孩子的教育，還多了民主、自決的部分，他也要孩子可以為自己的選擇負責任。

　　2.疼小孩

　　阿宗說父親很疼小孩：「也不會說太寵，除了我哥之外。像我們基本別人家小孩有什麼，他就會讓我們跟著有什麼，他怕我們會（研：叫）對。」阿宗在小三之後到平地唸書，父親很擔心同儕之間會比較物質上的條件，因此都會滿足孩子、讓孩子可以跟同儕平起平坐、不需要自慚形穢。雖然在學前教育方面幾乎是母親在負責，母親即便只有小學畢業，但是非常喜歡看書報雜誌，另外也擔心父親的濃重鄉音，當然父親也盡了自己的一份力：「我爸（在我們）小時候就教我們讀古文啦、寫毛筆之類的。……我的毛筆字寫得不差。」「像我們生日的時候，我爸一定會幫我們買蛋糕，會等我們回家、再切給我們吃。」而子女在碰到父親生日時，也會投桃報李，煮豬腳麵線為父親慶生。父親會希望孩子與其他同儕無異，盡量讓孩子覺得不遜色，夫妻對子女教育可以說是同一步調。

　　小莉身為么女，也深受父親疼愛，雖然父親不太會表達對孩子的關愛，但是只要小莉回家，父親都會準備一些山珍野味，指名要等小莉回來才吃：「這是他表現（愛）的一種方式。因為我覺得他可能覺得他沒有什麼可以給我，所以他就可能就養我長大、幫我賺錢啦。……可是我覺得這樣就夠了（笑）。」。

3.尊重孩子

　　阿宗說父親基本上尊重孩子的選擇，除了學校與志願的選擇外，其他也儘量放手：「他剛開始會反對我們去做正式的打工，因為他養得起我們，但是其實我們直接就去打工了，我爸也沒話說了。對，其實很尊重我們。……就是我們沒有失掉本份就好了。」「他真的很尊重我。他不刻意安排說，有些家長說會幫小孩子填志願的什麼，（他）就讓我們自己走自己的路，只要不學壞就好了，就像說我們有什麼興趣就往自己興趣發展。」阿宗的父親不是沒有意見，但是他願意聽孩子的看法、不以一己的意見為意見，而孩子也相對表現出自律，讓父親可以放心也願意放手。

　　雖然父親與子女有許多無法跨越的觀念鴻溝，但是小莉還是說：「其實他也蠻尊重我們的想法的。像他比如說抽菸啦，他就會出去抽。然後吃飯的時候也是啊，我爸都會如果他先吃，……我爸他都會吃得很少，說喔你們還沒吃、不敢吃太多，然後我們吃飽以後，他又會繼續吃。就是他一些小動作你可以看得出來。」小莉說父親的尊重，其實就是他愛孩子的方式。

（三）任性式

　　父親因為自身關係，制止下一代來往。阿基的父親與親友處不好，也不希望自己家人與對方往來：「他（親友）的女兒就跟我很好，我們就覺得上一代他們工作的關係，應該就不關我們（這一代）的事，再加上我們又讀同一個學校這樣子，又還不錯這樣子。然後姑丈、姑媽也對我也不錯，然後我爸就會生氣，就不要我跟他們來往這

樣子。（研：怎麼制止？）就跟我說他們的壞話這樣子。」

五、父親的溫柔

　　孩子們定義父親的溫柔幾乎都與父親男性的角色有關，只要父親做出與嚴父、或是傳統男性不相符的行為（包括孩子氣、浪漫），都可以震撼到孩子們的溫柔感受，當然也有受訪者注意到父親一般關切生活的平凡舉動其實就是父親關愛的表現，也將其列為溫柔舉動，當然孩子們的敏銳觀察也隨著年紀成熟而可以察覺到父親行為背後的善意。孩子觀察到的父親的溫柔可以分為：突破性別刻板印象、動作裡的關愛兩類。

（一）突破性別刻板印象

1.父兼母職

　　阿杰對父親的看法從以前到現在沒有多大的改變：「其實一直都沒有（改變）。因為爸一直是那個樣子。」而印象中對父親最溫柔的記憶：「應該是現在這個時候吧，因為我現在住在外面，因為從來沒有這個（與父親分開）經驗，那就是爸爸每次、每個禮拜都會很擔心我，那幾乎都會叫姐姐打電話給我，就說看我在外面有沒有吃好、住得好這樣子，有沒有感冒、生病什麼之類的，然後每一次我跟我爸說我要回去，我爸就是身體不舒服也要親自下廚去弄一些菜、然後等待我回來這樣子。每次我回去的時候都覺得很欣慰，爸爸就是自己嘴巴不會講，但是感覺上來講就是說『你回來就好啦』，因為我每次回去就會跟他開玩笑說『你有沒有很想我』這樣子，他就說『算了算了，你回來就好了』那樣，就假裝他好像是一副不在乎的樣子。其實私底下姐姐就會跟我講，就是我爸每次都很期待我回來，就是會弄一些菜給我吃，然後就會叫我姊去可能是去買個飲料，然後大家就是坐在一起一起吃飯這樣子。對呀，我就是很欣慰又很感動。」父母目前因為工作之故分居兩地，老父就承擔起雙親的責任，嘴裡雖然不會說好聽的話，但是行動裡的關愛卻也傳達給了孩子。

2.表現不符男性形象的父親

阿基對於父親的印象似乎是在父親表現出「不一樣」的情況，平日父親暴躁、強悍，但是在生病時表現的衰弱、或是可憐的模樣，讓阿基覺得「心疼」。由於家人之間互動真的太少了、彼此間很難得表現出關愛，他又身為老大，從小就很獨立：「**我個性比較內斂吧，什麼事情都自己扛、自己想辦法這樣**」，也不會去麻煩母親；當然他也心疼母親，只是這些都是內隱的感受，沒有表現出來：「**（媽媽）可能不知道怎麼帶我們吧。**」他曾在小時候花了很多時間完成了母親節卡片卻不敢送出去。

3.會偷偷哭泣的父親

小莉說有一回不經意瞥見父親在與母親吵完架後偷偷哭，她的解讀是：「**可能是對我們很失望吧，還是對他自己很失望。**」但是母親的解讀是說父親在想念自己早逝的雙親，小莉也表達自己認為並非如此：「**可能是他想表達什麼，可是沒有辦法，很無力，那種很無力的感覺。**」很奇怪的是儘管彼此有諸多揣測，卻沒有人願意直說澄清，這一家人的互動的確非常生疏。

（二）動作裡的關愛

1.不善表達的愛

阿基印象中的父親幾乎都是罵人的，很難想出曾經有過的溫柔畫面，家人在一起聊天、一見到父親也會作鳥獸散，但是他也提到高三離家半年那一年，都是住在學校宿舍，週末則住在同學家：「**就是不回家，然後就是比如說週末啊可能大家都回去了，可能就住同學家，所以我幾乎每個同學家都住過。……我爸爸他就來學校，就有幾次，然後我表姊呀就跟我說，因為我們同一所學校，就說你趕快回家啊，你爸沒事就喝酒，對呀，就在講你呀，說看（起）來還蠻可憐的。……因為高三都有留下來自習嘛，我爸媽就會來學校給我送東西呀，然後我媽媽說『ㄟ，爸爸在那邊哪，要不要跟爸爸講話？』當時**

我說『不要』。……他就在車子裡，啊只有我媽媽下車而已呀。……應該是心疼吧，也不算感動。」「我爸就這樣子，（愛家）但不會說出來。」

小莉的父親也不善表達關心，但是孩子體會得到：「就是他一些小動作你可以看得出來（關心）。」若是小莉與母親在閒聊，父親在場也不會插話，只是會在一旁笑著：「我爸不太常講國語，其實也是（溝通障礙之一）。」在母女聊天的場合，父親似乎變成「陪襯」，但是他不以為意，很能享受這樣的親密。

2.願意爲孩子花錢的父親

阿宗說小時候沒有玩玩具的經驗：「我妹妹都是有在買（玩具），像我就沒有買（流淚）。……因為從小我就知道家裡狀況不太好，就不會說去要求家長買一些多餘的什麼東西給我。……就有一次電視上有樂高的玩具，我很喜歡，就會刻意地講，……因為我爸在拾荒，第二天我爸就把他撿的寶特瓶賣掉，就帶我去文具店，就買了一個三十九塊的一個樂高、小小的，就是跟那個什麼類似魔術方塊那種大小的樂高。」「我爸會為了我們小孩子想要什麼就去（買），因為我爸很儉省，……到外面去拾荒，然後不管人家的眼光去拾荒，買一些東西給我們，所以我比較不會想去要求什麼，但是那一次我爸買樂高給我，感觸非常多！」「他對我們付出真的是無怨無悔。」父親即便經濟上不寬裕，卻也盡量滿足孩子的心願，在阿宗眼裡看來就是非常貼心的舉動。

3.對自己很有自信、卻擔心孩子的自尊

阿宗說自己父親是軍官出身，寫得一手好字、很有學問，自視亦高，但是出去拾荒也會擔心他人對孩子的眼光、怕孩子受到傷害，因此吩咐孩子：「我爸在做拾荒，他會很擔心說我們的同學或者朋友嘲笑我們，然後他甚至講過說『在路上如果看到他，不要跟他打招呼。』他都盡量避免來我們學校，都是讓我媽來、要不就是不來。」但是貼心的孩子，即便父親這樣說，在路上遇見了，還是會跟父親打

招呼：「有同學這樣嘲笑過我們沒錯，但是我們不以爲意眞的。」孩子不介意：「我爸當然很高興。」

4.讓女兒感到自卑的父親

小莉提到國中上輔導課，下課通常是母親接送，但是有一回父親來接她：「我覺得自己很自卑，因爲其他（同學的）父母都是公務員，就算不是公務人員就是很清醒啊、不會喝酒這樣子，然後我覺得有時候會很討厭我爸爸。可是他說很有心要來接我回家，⋯⋯可是那時候我拒絕了。⋯⋯只好我爸就載我，然後我就很不甘願地上去啦。⋯⋯我坐在後座啊，其實我就開始哭，他也不知道我在哭什麼。我爲什麼會有這種想法？」與同儕父親相形之下，小莉覺得自卑，不是因爲父親的工作，而是父親酗酒的習慣，小莉也思考自己爲何會「嫌棄」父親，覺得自己不對，後來這樣的情況就有改善。

5.可愛逗趣的父親

小莉父親曾經因爲氣母親的強勢、說話不饒人，賭氣將賺來的錢交給女兒，而不是妻子：「他對我比較關愛。他很好笑，他會把他賺的錢給我，不給我媽媽（大笑），因爲他討厭我媽媽。⋯⋯其實我知道他是透過我給我媽媽，因爲直接給我媽媽他不服氣。」「我爸其實還蠻善良的，他常常會去體貼別人的想法，⋯⋯他的出發點可能是好的，但是他不知道要怎樣去表達。對呀，而且有時候我覺得他孩子氣、有時候我覺得他很好笑，⋯⋯其實我覺得他的心其實還蠻單純，他不會想太多。」

五、與父親的關係

受訪者描述自己目前與父親之間的關係：像友朋、感情超好；雖然生疏，但是可以慢慢感受父親的困境。也就是與父親從小感情很好的，後來也如此，而與父親較爲生疏的，到目前也有改善的趨勢，也許是父親與孩子的努力或行動，讓彼此互動改變了。親子間的關係可以分爲：亦師亦友、相依爲命、與漸入佳境。

（一）亦師亦友

1.像朋友一樣

阿杰很尊敬父親，但不是敬畏那種：「他讓我很尊敬，不管是他的智慧上面，要不然就是教養小孩子那方面，我就覺得都很不錯。因為在家裡嘛，就是說不會說非常害怕，大家都生活得很融洽，就像朋友一樣吧，平常聊聊天這樣。」「現在（與父親）就像好朋友一般的吧。因為現在他也會關心我，我也會去關心他，兩個人講話方面也會像朋友那樣子。」雖然父親長他幾乎一甲子，但是他沒有特別感覺父親與其他父親的不同：「就是沒有什麼不一樣。」與父親之間的關係也似乎有一些角色互換的跡象，之前他只接受父親的單向照顧，現在他也會慢慢回饋、回應父親，但是還是對父親有一些尊敬與畏懼：「其實還是有一點怕，就是會害怕爸爸嘛。因為爸爸是軍人退伍出身嘛，然後就是比較嚴肅，啊到慢慢成長之後，就是越大就比較了解彼此啊，然後就會漸漸跟爸爸就會互相變成好朋友那樣子，就是會互相關懷、了解這樣，就是比較不會像有『你是父親啊，然後我是兒子』那種感覺那樣子。」變化較多的時候是阿杰在高二、高三那段時間，因為父親在他國三大病後，住在安養中心，當時還沒有感受到父親的轉變，後來才發現。

2.可以戲弄開玩笑

阿杰說之前就會跟爸爸開開玩笑、逗逗他：「可能我爸就是不苟言笑的啦，對呀，就是可能是一個很嚴肅的臉，啊我平常就會喜歡逗他啊，就是在他面前就是嘻嘻哈哈這樣子啊。」阿杰說媽媽也是喜歡開玩笑的人，哥哥雖然是老大、稍微嚴肅一些，但是也不失幽默本性。

3.關係親密

阿宗固然還是不喜歡父親的不修邊幅、不整潔，但是子女都會隨後收拾，也就不會造成衝突。然而因爲父親心心念念在大陸的親友，也讓阿宗很不以爲然：「有時候他做得過火，我就不高興，到現在他一天到晚說回大陸。……我們家（經濟）情況不好，還一天到晚寄錢給大陸（親友），我對這件事情很不滿。」阿宗認爲與父親的關係很親密，也希望可以維持現狀：「（與父親的關係）會突破一般人對父子的觀念吧，就是父子會很隔離，我覺得我跟我爸是沒有什麼（隔離），因爲我跟我爸幾乎是無所不談。……我還會抱我爸什麼的。」「我覺得我跟我爸之間很親密，比一般人跟爸爸更親密。」

（二）相依爲命

父母親在阿杰還很小的時候就分居了，因此他與父親等於是相依爲命的情感：「爸爸是我從小就生長（活）在一起、又最照顧我的人。」阿杰憶起自己唸國中、父親生病的那段時間，「因爲從小就看著他。那時候他住在病床上面，講難聽一點就是可能就快要去世這樣子，就是病得非常嚴重，那時候家族都在旁邊哪，那我在旁邊一直看著我父親，就很難過，因爲想說就是希望他可以多（活）、趕快再好起來，因爲從小就看到他，就覺得要是失去他就會很難過，我就心裡不斷祈禱，就是希望爸趕快好起來。」父親在鬼門關前走過，身體慢慢復原的時候，阿杰就告訴自己：「應該好好珍惜跟父親住在一起的日子。……經過這一件事情之後，我就覺得我（要）更加去珍惜我身邊的人，而且對我好的人我都要對他們、就是應該要回饋他們這樣子。」

（三）漸入佳境

1.從害怕到領受父親的關愛

阿基以前怕父親，因爲父親脾氣暴躁、又會打人，後來中風過

後，右手無力：「那時候還蠻心疼（父親）的。」之後有若干改變，現在阿基與他的父子關係：「講話多？也是還好，可能會去比較關心他、或是會比較說ㄟ想說他怎麼會這樣做這樣子。」與父親之間的關係，阿基說：「他就好像一個普通的朋友，（研：多普通？）比如說他有時候回家會關心你，問我需不需要錢？我說不用，我自己有在打工這樣子。也就這樣子吧，我們互動都這樣子。」「功課退步會唸一下。」喜歡父親的部分是：「比如說回家的時候會問要幹嘛啊？比如我要洗澡了，他就會馬上去幫我開瓦斯，小動作這樣。……有時候會太過over，比如說我朋友來，明明就有帶吃的，他就一定要去買飲料什麼之類的，可是就是說太熱情。……比如說要吃飯了，本來就是要自己去拿筷子，他就幫你拿、拿過來這樣子。」不喜歡的部分則是：「現在沒有不喜歡。以前就是不喜歡他打人哪，……我不喜歡他喝酒、碎碎唸，就很煩，（研：他喝酒會碎碎唸？）就在馬路上啦，還要扶他回家之類的，啊就很丟臉。（研：喝酒真的是原住民文化嗎？）對，之前會覺得就是很討厭原住民，就是抽菸喝酒。……可是當你了解原住民文化的時候，就是它就是一個文化啊，其實也沒有什麼。」

2.互動極少到接受父親就是父親

小時候小莉曾經認為父親只是賺錢的工具，因為與父親互動機會很少，現在更少：「（與爸的關係）還好耶。（爸爸）只有清醒的時候才會找我說話。（清醒的時候）很少ㄟ，早上吧。……他碰到我的機會很少，我越大機會越少。」

小莉也曾經因為母親太強勢、怕父親受到傷害，所以寫信給父親，企圖緩和雙親之間的關係：「有一次，我爸媽吵架嘛，我寫信給我爸。……因為我覺得我爸媽他們的價值觀什麼差很多，常常吵啊吵啊。……因為我比較了解我媽媽，比較知道她在想什麼，然後我覺得我媽的出發點就是為我爸好。……我之所以寫信是因為我媽媽講話就是很衝，然後很直接。……我寫那封信是幫我媽媽表達對我爸爸的

一些關愛，還有我覺得我想要跟我爸說一些話。」她在信中表達希望父親可以少喝一些、長命百歲，至少可以看到子女成家，小莉也擔心自己父親像部落中其他父親一樣，因爲酗酒而英年早逝：「因爲用寫的，他可以慢慢看，然後慢慢去想、比較可以冷靜下來。」寫過信之後，她也看到父親的改變，對待她的態度比較好：「那一陣子我們家會比較和平吧。」

在家裡面，小莉與父親同桌吃飯的機會也比其他家人還要多：「因爲我媽嫌我爸身上有酒臭味。」小莉也發現自己可以較接受父親本來的樣子，而不會像以往那般批判：「因爲他覺得他好像只能給我們這些了，他好像不能再給我們什麼，⋯⋯所以我會他不管做什麼、我都接受。⋯⋯至少他覺得他那樣做很高興，至少他知道他在做什麼啊。」小莉說她對待父親的方式也改變了：「我不會碎碎唸哩，因爲從小到現在就已經碎碎唸好幾百萬遍了（笑），他就還是一樣啊，就是不會（再唸）了。」「我越來越能知道他的感受，而且我覺得我越來越能尊重他的意見哪、他的一些行爲。」當小莉越能接受父親的模樣與現狀，她的抱怨與不滿就減少很多了，而且可以看到更多父親的苦處與關愛。

六、與父親關係的改變

讓受訪者回憶一下與父親之間的關係有無改變？改變的契機在哪裡？阿杰與阿基提到父子關係的確因爲離家求學與父親重病而有了改變，阿杰體會到以往享受一些理所當然的呵護，在離家之後才了解當時的幸福，也開始與父親有相依爲命的感受；阿基看到平日暴戾的父親受到病痛折磨、判若兩人，而父親也因此較爲自制、照護自身的健康，也讓父子關係有了前所未有的進展。

（一）時空轉換之後

阿杰雖然提到與父親關係似乎很一致、沒有多大變化，但是他認爲時間與情境不同可能也有些影響：「（之前）是比較嚴肅點，因爲

都在唸書啊，對呀，爸每次都會說『欸，你唸書了沒呀？』就是比較注重在課業上面的事，就是考上大學之後，爸爸就是（認為）你也比較成熟了，自己比較懂得打理自己的一些方法，就是他還是會時常擔心我這樣子。」「以前比較感受不到（父親的關心），因為你回到家之後都是有菜有飯嘛（研：理所當然嘛），啊，對，在外面之後，爸爸不知道你吃了沒有、有沒有錢那樣子，就是會很擔心啊，因為爸爸也看不到那樣子。」這也說明了父母親的關愛：放在手邊可以照顧比較放心，但是孩子還是要去飛翔、探索新的世界，他們也必須放手，可是又不能不擔心。

父子關係的轉變讓阿杰看到原來與父親是可以像朋友一樣：「就是會互相就是多去關懷那樣子，就感覺上就是ㄟ，我們兩個就是在互相照顧啊、關懷，就感覺就是ㄟ，我們兩個（像）朋友關係這樣子。而且比以前就是都更常在聊天那樣子，就是聊些比較不是在課業上的東西那樣，就是在生活上的一些東西啦。」

（二）父親病後

阿基小時候怕爸爸，因為爸爸會打人，以前會嫌父親，但是在目睹父親中風之後的情況態度有了改變：「以前會嫌他，比如說會亂丟垃圾，我就會把他打（笑）。……現在講話兩個人就很客氣呀，就沒有像以前那樣子、也比較會關心他。」大病初癒之後的父親，改變了許多生活習性：「他之前很愛吃爛肉（臺語），現在就沒有，他都吃青菜呀，酒偶而會喝啦，就是比如說下班回來可能就吃飯時喝一小杯啊。……應該也怕到吧，因為那麼嚴重。」「我跟我爸的關係比較好，而且慢慢越來越好。」

綜合分析

小莉與阿基的父母親都是原住民，而阿杰與阿宗的父親是退伍老兵（年紀皆在七旬以上）、母親是原住民。阿杰與阿宗的父親對於孩

子的教育很重視，在生活約束上也有較多要求，而小莉與阿基的父親似乎都有飲酒與家暴的問題，難道這是原住民男性普遍的問題？還只是偶然？小莉可以敏銳感受到父親想要表現關愛的一些行為，雖然母姐沒有同樣的體會，可是這些也扭轉了她對於父親形象的改變，特別是在那一次輔導課接送事件之後，讓她反思自己為何嫌棄生身父親？這樣是不對的，也更可以感受到父親不善表達背後的真心。父親為退伍老兵的父母之間的年齡差距較大，然而卻也見識到父親努力發揮親職的面貌，子女也可以體會了解其背後的深沉關愛與期許。

父子關係會隨著年齡增長或歷練增加而改變，阿基與阿杰對於父親的感受較深刻也是高中之後，這個結果與邱珍琬（2004a）之前所得結果若合符節，而父女關係似乎沒有太大變動，主要的變化可能在子女本身——生命的閱歷、自身反思的能力可以看見之前所看不見的；當然父親本身因為年齡與發展階段、責任不同，其對待子女方式、以及家人互動也趨於緩和、品質因而增進。子女目睹父親的衰老，開始會回頭檢視自己與父親之間的關係，也比較願意做一些主動回饋，這其實也反映了父子角色的互換已然開始。

夫妻關係會影響到孩子對於雙親的形象與親子關係（Cummings & O'Reilly, cited in Krampe et al., 2006），這在阿宗與小莉身上看到最清楚，阿宗因為母親早逝，然而雙親之間的鶼鰈情深卻讓他對父親更為敬愛，父親似乎兼具了男性的陽剛與女性的溫柔；小莉不喜歡父親的不盡責、酗酒，加上母親對於婚姻生活的抱怨，相對地也讓她有怨懟產生。而另一位阿基，也因為父母爭執太多，對於父親的嗜酒與暴力雖然厭惡、但也莫可奈何，當然也影響親子互動。這一點似乎也印證了若干學者（Dickstein & Parke, 1988; Lamb & Elster, 1985）所推論：婚姻關係對於父親與孩子間關係的影響更甚於母親與孩子的關係，或許是因為孩子從雙親的互動中，更可以觀察到父母的個性與修為。

父子間的「和解」關係似乎較Coleman與Coleman（1988）所預

測的（劉文成、王軍譯，1998）要更早發生，父子（女）關係的確隨孩子年齡增長有更親密的趨勢（Roberts & Zuengler, 1985, cited in Hanson & Bozett, 1985），可能是孩子回溯之後所感受到的，以及成熟的因素使然。小莉的父親與女兒的疏離，部分原因可能是因為不太了解女兒的需求為何（Radin & Goldsmith, 1983, cited in Hanson & Bozett, 1985），屬於性別上與相處經驗的認知差異，也可能是接觸太少之故。

以Erikson（1997）的論點來看，本研究的受訪者較重視與父親之間的社會性與親職傳承，而生理上的傳承還受「父子倫」的階層影響。雖然父親還是將自己定位在養家的傳統角色上（Levant, 1980; Pollack, 1998）（如小莉、阿基之父，而阿杰與阿宗的父親領有退休俸），但是阿宗與阿杰的父親似乎就已經擺脫了這樣的制式角色（Rochlen et al., 2008），讓孩子可以有多一些自主空間（Morman & Floyd, 2006），是不是因為年紀世代（chronicle cohort）的關係（小莉、阿基兩者之父親皆在40至50歲左右，而阿宗與阿杰的父親是70至80之譜），因此與孩子的關係就可能不同？

父子間較少有動作或遊戲上的互動，不像Snarey（1993）所稱的結果，可能要考慮成為父親時的年紀、以及研究者沒有特別觸及這個議題，或許還需要考量經濟或文化因素，使得原住民家庭無法與一般漢民家庭的發展相提並論；另外的可能解釋是：子女感受到父親關注課業與前途的部分很多，也許是因為孩子都已經處於青春後期之故（MacDonald & Parke, 1986; Snarey, 1993）。當然，也可以說父職能力的缺乏主要是因為社會刻板印象與疏於訓練的結果（Tripp-Reimer & Wilson, 1991; Frodi, 1980），而父親的幼年經驗、父職技巧與性別態度也是親職參與的重要指標（杜宜展，2004），一旦在不得已情況下，必須擔負起親職的重責大任時（如阿宗與阿杰之父），父親也會學習承擔。

與一些研究者（邱珍琬，2004a；邱珍琬，2004b；黃慧森，

2002）所得結果不同的是：受訪者與母親關係未必較父親更親密，主要是受到家庭結構與氛圍的影響。父親親職工作內容一如徐麗賢（2005）所稱，包括學業指導、生活關懷、健康安全照顧、養成孩子獨立能力等，這當中也蘊含著情緒需求的滿足，只是父親採用的方式或較迂迴（不是直接問起）、也可以說是直接（以實際行動展現，而不是用言語），端賴不同的定義。小莉祖父早逝，沒能讓父親有父職的記憶，自然也無楷模可以遵循（Vaillant, 1977），這似乎也說明了親職工作其實也是自觀摩原生家庭而來，少了觀摩學習，在自己身爲父母時就沒有對於親職的認識與可資傚仿之處，加上夫妻互動時沒有針對這個能力有所期許與訓練機會，就更難發揮，比較可惜的是：無法驗證Karl Gebauer（2003，黃亞琴譯，2007）所稱——父親這個角色是否必須先有穩定的男性角色爲先驅？

Jim Herzog（cited in Pollack, 1998, p.124）所稱的「渴望父愛」（father hunger）情況，也出現在這些受訪者身上，包括對於父親角色期許的落差。雖然研究者沒有詢及達努巴克（2003）所謂的「共同父職」經驗，但是所有受訪者似乎還是以自己生身父親爲唯一父職執行者，達努巴克或許將生命中男性楷模或照護者列入「父職」角色，也許是另一種「渴望父愛」的替代。而Heath（1978, cited in Snarey, 1993）發現父親角色會讓男性對於自身的了解與自我觀念了解的能力增加，也比較可以體會他人的情緒感受，在本研究中卻看到兒女們會隨著年齡增長較能體會父親關愛的方式與心境，也許應該從父親角度去看、做個對照會更精確。

親職工作在本研究中的兩戶原住民家庭，似乎還是呈現「性別化」的痕跡，是否是因爲「漢化」的緣故不得而知（易言嬡整理，游美惠發言，2003），而即便阿宗不是排行的長子（因爲長兄不住在家裡，而是技術上的長子），其似乎也承擔了照顧妹妹們的責任（陳雅惠，2005），這要以家庭系統的觀念來看會比較清楚，也就是家中若有人缺席或不在其位，自然會有另一人取代或執行其功能。退休老兵父親對於父職角色較可以發揮多面向的功能，而不僅止於賺錢養

家的傳統角色而已，而其對下一代學業與生涯上的教導與期許，也是
孩子爭拔向上的主要動力；而父母皆為原住民家庭的子女多半要靠母
親或是自己的力量，爭取自己的成就與未來，這也凸顯了原住民家庭
普遍的資源（包括物質與人文）不足，另一方面也說明了父職角色與
功能發揮似乎也參雜著多樣因素，可以探討的空間仍多。

結論與建議

一、結　論

　　父職雖然可能是因為文化或性別角色區分而與母職不同，然而只
要「必要性」出現，父親還是會毅然承擔起自己的親職工作。雖然父
親還是執守較為傳統的父親樣貌，父親為老兵與原住民的教養態度與
子女所看到的父親形象有差異，退伍老兵對於子女的教養很重視、
也承擔較多的親職責任，這或許必須將成長時代背景（或「年紀世
代」）與資源考量在內。原住民父親以養家為主要職責，其酗酒習慣
與暴力，影響家庭與親子關係甚深，而子女似乎也在成長之後才可以
更深刻體會父親的關愛方式。軍教護是這些父親心目中的好生涯，孩
子在學業上的成就也讓父親驕傲。

二、建　議

　　（一）本研究當初只設定以南部原住民大學同學為對象，沒有進
一步將可能的背景做限制，因此參與者背景多樣，有外省老兵娶排灣
族妻子、同為排灣族夫妻、排灣與布農聯姻等。外省老兵（或榮民）
父親將自身漢族文化與期許帶入家庭，也影響其親職運作，而原住民
父親其實也不能自外於漢化影響，因此未來研究也許可以從背景的篩
選開始，也或許不同族群有不同的父親形象與理解。

　　（二）其次，儘管本研究是將對象鎖定在原住民大學生，但是在
研究文獻上的蒐羅不夠，沒有將排灣族的制度與相關資料與結果做對

照，這是很失策的，當然也礙於目前原住民受主流文化影響太多的緣故，要去做古今之對照，或許還需要更縱貫的研究設計。

（三）此外，訪談對象只限於南部一所大學學生，可以囊括其他地區的原住民同學或是族群，所得資料應該更具實用與全面性。

（四）本研究也看見父親成長年代與成為父親時年紀，可能影響其在親職功能上的期許與表現，未來研究對於父親年齡與孩子間的配對，可能看到更多變化。

第十章

父親缺席 —— 一個男性
大學生的經驗

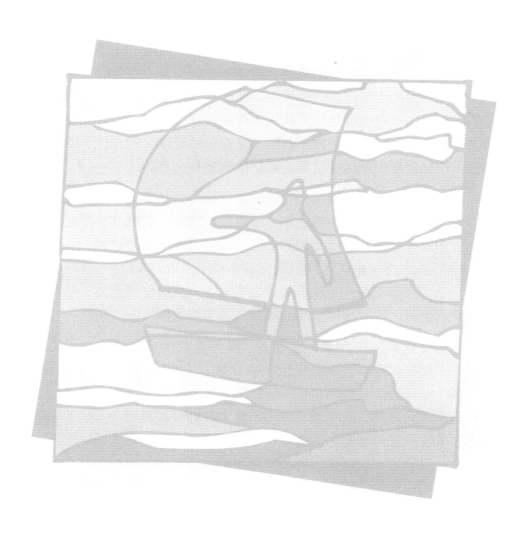

 楔 子

最早研究父親缺席是在二次大戰之後，因為當時許多男性上戰場、甚至犧牲性命，而女性不得不肩負起養家的重責，時間過渡到現代，父親缺席成為社會結構變動下的產物，許多的因素包括離婚、分居、拋棄、在外地工作或外派、不適任、入獄等，都可能造成父親在家庭中缺席。「父親缺席」曾是許多社會學者研究的議題，其主要探討重點在於父親（生理上）不在孩子身邊所造成的影響。在性別研究甚囂塵上的今日，父親的角色似乎也漸漸受到重視，而在家庭結構日新月異、自我意識昇高的今日，以母親為戶長的單親家庭數目向來是居高不下，然而即使父親也同在一居處，也可能有「父親缺席」的事實。而在「父親缺席」的男性生活中，他到底是以怎樣的方式來應對？由他敘說的生命經驗與事件中，或許可以略窺父親角色的變異與可能的反思。本研究就是特別找出一位父親「存而不在」（心理與親職工作上缺席）的案例作故事敘說，來看一個缺席父親在孩子眼中的樣貌，也探討父子關係在這樣的脈絡中的變化與意義。

本研究是以一個男性大學生對缺席父親的故事敘述來看其經驗，與研究文獻所列舉的「父親缺席」不同在於這位父親雖然實質地存在家中，卻沒有發揮其身為父職的功能，也是另外一種「缺席」，且是文獻中所忽略的。參與者阿昌表示父親的存在根本就是「不相干的人」、是「存而不在」，理由是阿昌的父親一直與他們同住，只是對這個家庭而言，沒有發揮父親的職責，甚至是心理上的「缺席」。

阿昌（化名）年20歲，北部人，排行老大，下尚有一妹（差距六歲），父母都從事公職，雖然同居一處、但在五年前就已經沒有彼此對話。父母分居多久阿昌並不清楚，只是覺察到父母相處模式的劇烈變化是在阿昌高二的時候，原本不斷小吵的雙親經過一次公開大吵之後，就沒有任何互動，而這也影響著兩位子女與父親的關係。九二年底，父母終於簽字離婚，短短一週內拍案底定，然後阿昌就接連受到母親的壓力、要他立刻返家改回母姓，這一點讓阿昌覺得很矛盾。

　　本研究做訪談一次，歷時三個多鐘頭，是在研究者的研究室裡進行，研究目的在邀請阿昌參與時已經說明，訪談大綱也讓阿昌過目，提醒他不想回答的可以略過，由於當時阿昌並未修研究者的課，雖然還是師生關係，也儘量避免可能出現的倫理議題。研究者找阿昌進行研究的主要原因是一個不太向外人言說的他，竟然在班版上Post自己父母離異的消息，對阿昌來說應該是一種「塵埃落定」的輕鬆，但是阿昌的看法似乎不是如此、也在後來有不同的思索，而阿昌也因為雙親離異過程完成之後，連續接到母親要他回去改姓的電話，覺得很煩，也希望將事情始末做處理，這也讓研究者想要進一步了解阿昌的心路歷程，因此儘速安排了訪談。

　　本研究是以敘事方式進行資料蒐集，研究者先不預設立場，想要自阿昌口中去了解他這樣一路走來的感受與想法，研究者僅在訪談過程中就不明部分做釐清、或是對阿昌的想法更深入做詢問探究。這個研究方式不屬於個案研究，以立意方式選擇參與者，也選取了一個非典型的個案來探討問題（Bogdan & Biklen, 1992），同一般研究文獻中所聚焦的「缺席父親」不同的是：阿昌的父親是一直存在在他的生活中的（同住一處），但是卻似乎沒有發揮父職角色功能，只是這樣的「缺席」對阿昌的意義為何？是本研究所欲探討的主題。採用「敘事」方式進行研究的優點：（一）從阿昌的自行篩選敘述材料中了解他對於事件重要性與優先次序的安排，（二）因為「父親缺席」對不同的人意涵不同，這一點交由阿昌去做決定與定義會更恰當；（三）敘事研究最重要的是參與研究者對事件的詮釋與反省，這也是研究者想要探討的內涵；（四）敘事中有其時間與環境脈絡，也可以自其中看出一些轉變。

　　資料分析部分乃依照紮根理論的編碼方式逐步進行，先做概念式的開放編碼，然後依據相關概念做主軸編碼，並將重點鎖定在父子互動上，最後統整為選擇編碼，以作為研究者了解整個脈絡進行的情況。唯資料呈現基本上按照時間序列進行，重點放在父子關係，故事情節部分以敘述方式呈現、佐以參與者的陳述，最後會做簡單的分析

與結論（粗體字部分），主要目的是希望讀來順暢有邏輯。

資料分析與討論

一、阿昌的成長史──與父親漸行漸遠

　　阿昌說自己的成長史等於是「被打大」的過程，父親對他這位長子要求很嚴，凡事不如意就拳腳相向、也必定伴隨責罵，一直到後來上高中，這些虐待情事才減少許多，主要是因為他會反抗、不買父親的帳。父子的相處模式自早年就是如此，因此他對父親沒有什麼父愛的感受。阿昌對父親的這種嚴厲要求與暴力行徑，在國小採用默默承受、國中會開始用言語表達，到高中就明顯有肢體上的反抗動作。之前母親在兒子被處罰時會勸阻，但是父親就連母親一起打，母親後來也覺得無力阻止，似乎是處於「共謀」的立場，最後也只在事後說少惹父親之類的話，讓阿昌覺得是一種「無可奈何」，所以他也學會自己慢慢承擔。

　　阿昌對父親的印象主要是「愛之深責之切」的暴力，聚焦在對課業的要求與語言學習。阿昌記得自己上小學前，父親會逼著他學閩南語，如果說國語就會遭來毒打或責罵，也讓他現在對閩南語有一股無法言諭的憎恨！「**就是很小的時候，然後我爸是騎那種野狼一二五，我是坐在前面那個油箱上面，他就一直跟你講閩南語，然後你只要回他國語，他就從後面打你。（研究者：敲頭嗎？）對。所以就因為那個每天都要（學）呀，然後慢慢慢慢就學會了。**」對於課業上的要求，父親更是嚴格，會檢查他的作業、要求每科考試在八十分以上，在阿昌的記憶裡：「**（我就是）不能犯錯，一犯錯就被打！**」連表示意見或回話，都是觸犯威權、不尊重的表現：「**我爸不好溝通，（我）一反抗就被揍！**」由於父親的標準與期許，阿昌常覺得自己未能達成父親期待，不僅父親將原本可以很愉快的學習過程變得痛苦不能忍受，也更加深了阿昌對自己的不信任與失望。父親的期許與自認

能力不逮間的落差，也讓阿昌感受到自己無能、無力與羞愧。父親的親權執行，似乎侷限在教導與期待上，因此阿昌對父親的感受就是疏遠、有賞罰權力的（Levant, 1980），親子關係的負向發展也演變成後來的敵意。

阿昌說自己在小學中年級被打得最慘，國中時曾被父親甩耳光，當時母親還勸他說：「**被打的時候要小心，（記得）要把眼鏡脫掉。**」此時母親所採取的策略是讓孩子懂得自保，另一方面也反應了習慣丈夫暴力下的無奈與無能吧！

儘管父親的嚴格暴力，與母親「自主開放」的教育態度有極大分野，但是孩子是有能力的，阿昌與父親互動的模式隨著他本身的成長，也嘗試做過改變，但父親的對應方式還是一樣，讓他後來索性放棄：「**他很不好溝通。其實我小時候也不敢跟他溝通，因為一反抗就會被揍啊！後來我國中的時候，其實我比較大一點的時候，我曾經嘗試著要跟他講我的想法，那是什麼事情呀？好像是出去玩吧還是幹嘛，他就不給我去參加，我就跟他講說，那一次就是班上同學都有去，然後我想說我也很想去啊，然後我媽肯了，我媽媽也願意就是說好呀、那錢我出呀，可是我爸爸不准我去。**」阿昌說他從不敢違抗、凡事順從，到後來願意對父親說出自己的想法，雖然只是著重在單向溝通，已經是很大的進步；然而父親這一方還是依然故我、不願意做改變，高中時期阿昌就轉成較公然的反抗：「**上高中以後，他（父親）不肯、我就偏要，就是會反抗這樣子，然後就變成說他有點、我感覺上啦，到最後他是對我放棄。**」

父子關係變得更糟的時候是他高二上，起因與父母之間關係的惡化有關，讓阿昌覺察到父親是不可撼動的一座山：「**跟我爸講也沒什麼用啊，然後反而是跟我媽講比較有用。**」阿昌沒有明說是怎樣的一種轉折，讓他對父親的態度幡然改變，也許是因為忍受到了極限，另外也可能是阿昌接觸世界的面向廣了，有較多對照的可能，加上自身的發展階段與成熟，也讓他願意冒險為自己發聲。

　　高二上的事件之後，阿昌與父親之間的「區隔」就更大：「我們會講話、就是完全不會聊天，完全不會談自己的事情、完全不會談他的事情、完全不會談家裡的事情。我們會講的對白就是『早安』、『晚安』、『吃飯了』、『我要去睡覺了』、『我回來了』就是這樣子，不會有其他的東西。他很少很少問我。……在我的想法（裡）其實從高中就這樣，我不會對他生氣呀，因爲我覺得對他生氣沒用呀，因爲那是傷自己。高二的時候是漸漸地完全不理他，就是傾向我媽那邊，然後到什麼時候完全就是、我連看他都不想看他這樣子，那是要到重考那一年。」

　　阿昌用疏離的方式來「區隔」父親與自己的不同，這與一般青春期孩子的需求有時間上的重疊，也因爲採用了這種方式，他才得以「保全」自我的完整性。他也曾經衝撞父親，期待以這樣的方式「喚醒」父職，但是結果不如他預期，於是他就以漸漸脫離的方式放棄，也避免自己再度受到傷害。對父親的批判似乎不是自國中才開始（不同於Gebauer的發現），只是在此之前自己在生理與心態上還是「小孩」、處於較無力改變的立場，甚至在國中階段還嘗試與父親溝通、希望獲得諒解與認同，發現這些努力都徒勞無功之後，直到高中時才公然反抗，換成父親對他的無奈。

　　阿昌說父母平常很少吵架，主要可能是母親一貫反應以屈從居多，即使吵過架後，也不會以冷戰、不說話的方式作結。母親的「溫和」本來是忍受父親的「威權」而來的，但是人的忍受有限，何況當其中一方發現不能再隱忍下去，而另一方卻堅持玩下去的時候，就會產生更大的衝突！阿昌高二那年，父母因爲養家與花費的問題大吵，兩個人後來就不說話，父親本來會將錢交給母親，但是那一次只「丟」了八千元，母親把這筆錢退回去，說明這些錢根本就不夠用、養孩子她自己可以應付，甚至放話：「沒本事就不要養這個家！」就此阿昌明顯感受到雙親交惡，後來母親甚至不要父親在家吃飯洗澡，父親就開始了早上六點出門、晚上十點回家睡覺的作息。夫妻間的互動形式可以是依循傳統角色、軟化並維持和諧、或是打破傳統

形式以權力競逐等方式因應（洪雅真，1990），阿昌母親的因應方式似乎也因為夫妻情感因素而有了幾種轉變，先是默默遵從、以家庭和諧為念，後來發現情況只有更糟，最後就爆發出來。阿昌母親也是職業婦女，她的生涯發展不會造成婚姻的不穩定，卻會讓離婚的決定更篤定（Schoen, Astone, Rothert, & Standish, 2002），只是母親在婚姻中停留時間很久，或許在等待適當時機；夫妻間的「權力位階」雖然是很主觀的，卻與性別認同與平權相關密切，也可以詮釋彼此之間對「愛」的感受（Thagaard, 1997），阿昌母親也許在先前與丈夫有類似「權力」的爭拔，最主要的可能是連維繫家庭最基本的愛與恩情都失去了，才決定仳離，而這段「決定離卻不能分」（父親不同意離婚）的階段，卻是最折磨人、讓人心力交瘁，幾乎把整個家都賠上去了。

　　已婚女性的情緒福祉、自尊與對於婚姻關係的滿意度息息相關，若是不能將自己對配偶的不滿或意見不同之處做適度表達，也會影響到她對自己的看法（Wright & Busby, 1997）；阿昌母親的隱忍、到最後不與丈夫溝通，加上沒有原生家庭的支持，更遑論丈夫讓其感受到更多情意的表現、互相依賴的關係、以及做適度讓步（吳心芝，2003），這些對婚姻關係的殺傷力更大！

　　阿昌自高二父母親爭吵事件之後，與父親之間就有明顯的「區隔」，也就是「各自為政」的意味，基本上他與父親沒有任何溝通或交流，僅止於基本上的禮貌招呼與問候。阿昌說明自己採取這種方式的原因：「對他生氣沒有用，傷自己（而已）！」與父親漸行漸遠，後來甚至是陌生、敵意；而原本自己對於父母親的關係是站在中立立場，也在這時候開始印證與改變。大學重考那一年春節，發生了一件關鍵大事，也因此阿昌對父親與其家族徹底失望，決定不再委曲求全，轉向維護母親也在後來贊成母親的決定。阿昌對於父親父職的不滿，主要是因為父親沒有盡到他應該盡的責任，加上父親之前嚴苛的管教，讓阿昌感受更拒絕與疏離。

在阿昌談了這麼多負面的經驗之後，我請阿昌回憶一下曾經享受過父親的關愛，他說父親以前買過樂高玩具給他、也特別為他錄下「頑皮豹」的卡通，只要他向阿媽「魯」（撒嬌）要玩具，父親最後都會屈服。但是在阿昌的記憶中，「壞的帳本」總是積累得比「好的帳本」多，因此即使有過的美好回憶，都在許多負面的事件中淹沒消失。阿昌說對父親的感受有八成是自身的感受、二成受母親的影響。

二、父親與其原生家庭──牽扯不清的情結

阿昌小時候是阿媽照顧，當時妹妹年幼跟在父母身邊。阿昌覺得阿媽很寵他，幾乎是予取予求，也許是因為他是長孫、又是唯一的男孫之故。

原本父親就是家裡的獨子，對於自己原生家庭有照顧的義務，這一點父母之間彷彿有一種默契，由於母親本身也有工作、有固定收入，所以這些年倒是相安無事，但是父親後來在老家買了房子，每月固定拿出一筆錢給阿嬤，也將剩餘的錢全數交由妻子處理，後來不知怎麼的，拿回來的錢就漸漸減少，從五、六萬元直落到後來引起爭執的八千元，父親當時責怪妻子用錢太兇、也說家用不需這麼多。阿昌說父親似乎認為把錢拿回來就是盡了職責，對於其他家庭事務根本不干涉，因此當父親連這個唯一盡到的責任也不見了，阿昌的感受就更為不平。

如果要說父母關係中一直存在的問題，就必須將阿媽的因素列入。阿昌說父親的孝順干預了他作為人夫與人父的功能與責任，孝順祖母固然應該，但是偏向祖母一方就是不對！之前母親曾經與父親有過溝通，甚至會刻意邀父親出遊、不必每週回老家，主要是希望可以讓父親適度與原生家庭作切割，但祖母的介入卻沒有因時或減，後來讓母親認為作他們家的媳婦很辛苦，只是她沒有抱怨，最後發現儘管自己這麼努力要討好婆婆，但婆婆卻是百般挑剔、甚至在父親背後說壞話，讓媳婦的努力功虧一簣！婆婆疼愛兒子、但是卻也將入門的媳婦當成爭奪兒子的敵手！

　　阿昌母親因為嫁了獨子父親，因此每年過年都非常忙碌，不僅要張羅十幾個父親家族的人來家裡過年、還要在家住上幾日，往往從大年除夕忙到初五都不得休息，而父親雖然也體諒母親的辛苦，但是在祖母面前卻還是乖順的孩子，祖母會對父親私下抱怨母親做不好的地方，父親就會直接數落母親的不是。婆媳間的角力、父親夾在中間，原本父親一旦不說話生悶氣，母親還會主動去與他說話、化解嫌隙，但是後來父親就不理會母親，讓母親覺得少了支柱、也倍覺失望。

三、衝突爆發——家族的嫌隙

　　重考那年大年初一吃團圓飯前幾天，他告訴父親說功課忙、不想去，父親叫他打電話去徵得阿媽的同意即可，阿昌照著做了，跟阿媽說明理由、阿媽也應允了。但是父親回老家之前，竟然將他的電腦線路全部拔除，意思是：**「就是說你回老家沒事幹，我就讓你在家裡沒事幹，應該是說原本我不相信的事情，他就做給我看！然後讓我很生氣。我只覺得說『好，我終於摸清楚你的（人了）』，原來你的人就是這樣、讓我看清楚你了！」**吃團圓飯當天，他想想還是抽空回去一下，雖然遲了一些、應該無傷大雅，然而卻演出了「全武行」。阿昌與妹妹才一進阿媽家門，父親就衝著他喊：「跪下去！」他覺得莫名其妙，直覺反應是「不要」，父親過來要抓他跪下，他用手擋開，父親與他僵持在那裡，後來父親甚至撞開他、要去抓妹妹，被阿昌自背後架開擋了下來，阿昌看到父親的親友們竟然作壁上觀、沒有出聲，甚至當初接電話聽他說明的阿媽也是如此，更是氣憤！爸爸無法對他動粗時，竟然就動手打他身旁的妹妹，阿昌下一步去架開，其他旁觀的人才上前阻止。後來親友不理會他之前打電話說明的理由，只是一再強調：長孫本來就應該要來。阿昌當時的感受是：對方仗著人多勢眾，是很卑鄙的行為，與他之前對他們的觀感相差很多，他也開始去回想母親這方面的說辭，以前認為不可能的，現在也因此變成可能了！他也開始從「中立」改變成「擁護母親」的立場。

　　阿昌認為在年夜飯事件中，父親不該讓他沒面子，何況是大年初

一，一家人再怎麼樣也應該和和氣氣，更令他氣憤的是祖母一家人的態度，不僅不守信、還沒有制止動作、甚至是在「看好戲」，這讓人孰可忍孰不可忍？「我不會期望他們（親友）會為我說話，但是我會覺得說你們應該出來勸阻、或是出來制止吧，但是完全沒有。一直到我跟他（父親），因為他知道他打不了我。……很好笑的事情是說，我原本跟他們講的話、變成全部都是放屁。我說我因為什麼關係不能來，然後沒有想到他們那時候跟我說『好好好，那你去忙你的』、說『好好好，你什麼時候能來再來』，然後到了現場的時候，他們就說『你是長孫啊，你大年初一什麼時候，你還是你要來呀』然後怎樣怎樣。所以我之前講的話，他們跟我講好（的話），那完全是放屁！」

　　父母不合早在祖父過世前就已經發生，所以祖父過世，母親也只是露一下臉而已，之後逢年過節、甚至吃年夜飯，母親都沒有出席，只有阿昌兄妹還會配合一下，這也是出自於母親的用心、不希望將兩家的關係弄擰了，而且孩子是無辜的。但是團圓飯事件之後，一切都不需要掩飾了，阿昌也覺得沒有必要委屈自己！

　　阿昌認為自己對父親的期待很一般、沒有什麼特殊，認為他應該關心孩子，不要強灌孩子一些觀念，父親應該最起碼讓孩子有挫折時可以依賴、有疑問時可以詢問意見，可以為孩子挺身而出，至少不是不予理會、或是故意糟蹋，但是他所認識的父親卻是連這些最基本的父職都不能做到，在失望之餘，有強烈的「被遺棄」感受，同時伴隨許多的悲傷與無奈吧。

四、大吵之後──父子決裂的開端

　　團圓飯的衝突之後，父親交給母親的家用錢急遽減少，銳減到八千（父親說看帳本發現家用只需八千），當時母親把八千元丟回去，道：「**沒本事就不要養這個家！**」母親與父親間算是「正式」決裂，而兩人之間也達成一個協議：母親不要父親在家吃飯、洗澡，父親也依從這樣的決定，只是回家睡覺，他的作息是清晨離家、夜晚進門，週末就回阿媽家。年夜飯事件之後，阿昌說他只叫他「阿爸」，

其他的事就不會多提。

阿昌說他認為母親一向很委屈，即使自己遭受父親毒打、母親也無力維護，以前父親處罰他的時候，母親曾經伸手阻止過，甚至是拖住父親、不讓他再動手，但是只換來自己也被打的池魚之殃。之前母親提過離婚，而且態度上較為積極，但是母親同時也擔心丈夫在離婚之後就一無所有，後來彼此也談到離婚條件，父親說要錢不要小孩，這一點讓母親極為痛心，認為他的「不稱父職」之外，可能也心疼自己的辛苦與壓力。

去年八月，父親在得知自己病情（癌症末期）之後，對於離婚的態度轉趨積極，甚至說連財產都不要了，因為在此之前父親一直認為自己對這個家的金錢貢獻較多。阿昌對父親的這個轉變極為不解，因為相較之前真是「退讓」太多了，但對一位行將就木的人來說，生命中的優先次序已經不是這些細枝末節了，這樣的轉變是可以理解的。也許阿昌父親在面臨生命的最後階段，對於許多瑣碎事務已經不那麼在意了，而也願意「放手」。反而是母親態度不變，母親說：「反正沒剩多久了」不願意離異，因為顧慮父親名下的另一棟房子，怕一旦離婚、房子可能就會落入丈夫親人之手，後來母親還回去找外公商量，外公說：「（不離）妳還必須跟他們有關係。」是這一句話提醒了母親吧，母親也願意辦理手續；母親態度的轉變也許可以將「離婚」與「鰥寡」在社會文化中的份量不同來考量：畢竟「離婚」是雙方都需要負責，而「鰥寡」較容易被接受、也不涉及責任議題。

阿昌談起父親得知自己罹癌的那段日子，是因為父親連續幾天都沒有回來睡覺，也許父親不在對於這個家來說是一件令人高興的事，至少其他家人可以少一些心理上的負擔，但是阿昌覺得好幾天沒見到人影有些奇怪，後來父親回家、就要阿昌翌日送他去坐車，也要他順便簽一份手術同意書，阿昌當時很好奇地問道：「你在幹嘛？」父親才告訴他罹患癌症、需要馬上動手術，阿昌不諱言當時的確有「報應來了」的感覺，可是也想到：「接下來該怎麼辦？」該不該去探病？

可能也伴隨著不相信這個消息的心情。阿昌把這件事轉知母親，母親說她不會去探病、但是要求孩子們去看一下。阿昌認為從以往的歷史來推論，如果自己主動去關心父親的病情，可能父親也不會感激：「去關心，爸也不會鳥你。」阿昌把父親對待他們兄妹的情況與父親對待其原生家庭的人做了一個比較：「對我們再好，也好不過對家人。」言語中夾雜著許多的積怨與不滿。

　　父母的決裂開始得很早，只是沒有列入正式形式而已，養家金錢的爭執只是爆炸的引線而已。母親雖然已經不想與父親有任何瓜葛，但是因為共同的孩子，還是會要孩子去遵從一些禮俗上的規定，當然也有遺產或是繼承上的實質顧慮。父親患病，也學會放手，只是這個消息對阿昌來說起初還有些許懷疑，擔心是父親玩手段，後來父母協議離異，阿昌反而擔心接下來與父親的關係：到底應該關心多少？底限在哪裡？自己這樣的主動會不會換來像以往的鄙視與粗暴？這樣的矛盾心情真是折煞人也！

五、父親的影響與反思

　　在阿昌的記憶中，父母原本有親職「分工」，父親負責管他的功課，只是後來阿昌意識到父親的權威管教是無效的，自己身心都受創，才有較為強烈的反抗。阿昌承認自己是不聰敏的，即使父親卯盡了力氣教導，他的成績也沒有什麼起色，只是按照父親的標準來說，彷彿是要求自己的兒子完美、不能出錯：「基本上我蠻笨的呀，然後成績就很爛呀，就是可以想像一下，全班大概五十個人的話，我大概都三十幾名吧，然後就會被打得很慘！（研究者：他之前有要求你怎樣？）就比如說要前十名呀，或者是說要幾分以上，什麼八十分以上啊，比如說加法不能算錯、算錯就要被打，然後國語，那個什麼注音國字那裡不能寫錯。」父親不留餘地的責全，對阿昌來說不啻是一種逃脫不了的重大壓力，自忖能力不足、但又被要求達到高標，這樣的積怨隨著時空挪移，卻積累了更可怕的反作用力！

　　妹妹差阿昌六歲，也就是阿昌小時候受到父親嚴厲管教的階段她

沒有看到,她主要是隨著母親成長,所以算是母親這一邊的,阿昌提到一幕場景:通常父親進來,妹妹還是盯著電視、視若無睹,有一回父親問妹妹爲什麼見到人不叫?妹妹立刻頂回一句:「反正你也沒養我,何必叫?」子女似乎也成了父母親「毒化」教育下的產品,甚至是用來強壯自身聲勢、攻擊對方的武器!不僅阿昌的父親將自己固定在「養家」的角色上(Pollack, 1998),子女似乎也是以這樣的期許來要求父親,而當父親連這樣的功能都失去之後,在子女眼中已經形成陌路,主要原因可能是一家人連一個共同奮鬥的目標(或連結性)都沒有了。

阿昌對於父親的影響,基本上是從比較與自我覺察來,他希望自己「不輸給」父親,而當研究者提到他對父親的觀感時,他也道出了父親的一些做人原則:「**我不要輸給他。……從他身上說真的我學到蠻多東西,包括婚姻吧、還有他的價值觀。**」

對於父親的評價,他認爲:「**就(作爲)一個兒子來說,他(指父親)做得非常好;就一個丈夫和作一個父親來講,他(做得)不夠。**」

即使父親有這麼多的不對、甚至不適任,促使阿昌時時提醒自己不要重蹈覆轍,但是阿昌也看到一些他願意保留的東西:「**應該是說我會拿我自己跟我爸作比較,而且是處處作比較,我不想要變成他那樣。比方說我女朋友問我說我會不會花心?我說我不會,因爲我爸爸從來沒有在外面亂搞過,我說起碼我這個絕對不會輸給他。可是他壞的部分,我就一定要想辦法、我不要!因爲我已經看到了那就是不好的,比如說對小孩子啊,就是用暴力的或是說用恐嚇的,不是用恐嚇的、就是用罵的;我絕對不會,我會很喜歡我的小朋友這樣子。**」

「**比如說熬夜,有時候明明知道不應該熬夜,但是卻又熬夜了,這時候我就會想到說,因爲我爸定性很夠,就是說他只要說我不熬夜、他就絕對不熬夜,然後我可能就比較不會(熬夜)。**」雖然阿昌是以父親爲借鏡,基本上是不希望自己落後、或是比父親做得更差,

他提到父親的堅持、定性、守時、守信，這其實也反映了父親對待他的期許與方式，有一種希望傳承給兒子的東西，只是他採用的方式卻引起兒子的反彈。阿昌說現在與女友交往的時候也會從這個關係中看到自己與父親，會反省自己是不是要這樣？這是他自我覺察的部分。他從父母身上看到夫妻雙方因為價值觀的歧異所造成的悲劇：對父親而言，成家就是希望傳宗接代、被人問起時不會不知如何回答，而母親則是希望一個可以好好對待她的人、在此人面前不必掩飾自己。

如果他有一天作父親了，遭遇到同樣的情況，如何在母親與妻子之間作抉擇？阿昌說：「**我可能會很珍惜他們。如果現在是小孩、母親、妻子三個人，我第一個要剔除的是我的小孩。我說真的，我第一個會剔除我的小孩，因為這是我從以前到現在的觀念，然後我再來會剔除掉我的母親，我最後留下來的會是我的妻子。……我的母親跟我的妻子（的份量），可能基本上還是在維持五十五十，但他（父親）是幾乎完全都不是，他母親有可能已經九十、偏太多了。**」

當然阿昌也希望從上一輩的經驗中習得一些教訓，期待自己未來可以彌補目前的缺憾（Coles, 2002），他對於父親失職的控訴，也突顯了他對父職的期待，只是看見父親是年幼失怙，也許是缺少學習楷模使然，而父親與原生家庭的互動頻繁、情感親密，卻也妨礙到他自己父職的實踐，這也許是阿昌始料未及，但是從這段談話也似乎看出阿昌將父職與子職做了一些區分，自然在責任上也希望可以有較公允的分攤。

阿昌父親周旋在母親、妻子、與子女之間，他其實都做到了一部分，包括沒有拋棄對原生家庭的貢獻、與妻子的共締生活、教育孩子，只是後來沒有堅持下去，反而偏差得讓妻與子都起了反感，也許父親曾經嘗試過、卻不如預期，在整個陳述中沒有聽到父親想要改善的企圖與努力，也許是阿昌故意忽略也未定。阿昌看到父親的優點是：孝順兒子、定性夠、專情，但是他也看到原生家庭對於一個人的糾結影響，希望自己可以有優先次序的思考，這一點可能就不是他父

親所執守的「乖順兒子」形象了。

六、結局：子女是父母爭戰的戰場

　　雙親因為自己的問題，想要多爭得一些支持，所以會將子女納入戰場，像是一種權力爭奪戰；原本阿昌在雙親的爭戰中是站在比較旁觀、中立的立場，對於母親這一方的說辭還是採「聽其言、觀其行」的態度，雖然後來強烈感受到母親拉攏孩子的動作與意圖，但是還是不敢只相信一邊說辭，結果這個態度也因為父親與其家族對待自己的行徑而有了轉變：「**我覺得我媽也蠻奸詐的（笑），她是那種會在背後說人家壞話的人。她會說你爸又把什麼東西怎樣啊、又把什麼東西怎樣，可是重點是——那是她在說，然後我的個性很死啊，我是我沒看到不算。**」「**其實她跟我爸的關係到最不好的時候，她就會這樣講，就是她有點感覺像說她在……我的感覺啦，她當然是會否認啊，可是我的感覺是說她會爭取兩個孩子的（愛），然後讓兩個孩子去討厭爸爸。**」團圓飯事件就讓他秉持的中立立場幡然扭轉。

　　當母親打電話告訴他離婚成了，阿昌沒有興奮的感覺，雖然有一種解脫、彷彿長期爭戰終於告一段落，但是也有許多難解的地方：是因為父親知道自己來日無多，想要做一個了斷？還是徒然懺悟自己的不是？罹患末期癌症這樣的生命事件，也讓阿昌父親釐清了生命的優先次序？還是……？也許只有當事人才清楚。母親想要離婚的心情，曾經讓父母兩方家長都出面作了緩頰，離婚的事暫時擱下了，但是雙親之間的恨意卻越來越強烈。阿昌不記得父母何時分房而居，反正自己也很久不去關心與在意了。母親對於婆婆的搬弄是非，以往只是隱忍，後來漸漸壓抑累積、終於爆發，但是最親密的丈夫竟然一邊倒，他選擇作孝子、而不是好丈夫，這彷彿就是古代婆媳爭子的重演，只是最後贏的真的是婆婆嗎？還是把整個家族都賠上去？阿昌在父母長期的爭戰中，被期待擔任「替代父親」的角色，許多事母親會跟他商議，也讓他不能好好做一個兒子，這就產生了所謂的「界限」問題（Lowe, 2000）。阿昌父母不睦，也嚴重影響了親子關係的

品質（Cummings & O'Reilly, 1997, cited in Krampe et al., 2006, p.163; Dickstein & Parke, 1988; Lamb & Elster, 1985）。

離婚書一簽，麻煩事務也緊隨而來！母親不理會兒子還在學期中，強力要求阿昌回去改姓，一天就打了好幾通電話，逼得他「覺得自己快瘋了」。阿昌不能理解為何母親已經要到她自己想要的，卻又有這樣的情緒反應？母親這樣的動作，是急著要切割與夫家族的關係？還是在爭一個獨立自主性？或是表徵一場勝利？

雙親離婚之後，父親搬出去，對於一個存而不在的父親，阿昌原本以為不會有什麼差別，但卻覺得有些異樣，包括是否是自己做了什麼所造成的？其實也反映了他一向視為當然的「完整家庭」的迷思：「我剛開始的時候我很贊成（父母離婚），我很高興，然後可是過兩天之後，我覺得很奇怪，我覺得很不對。因為我覺得就算是在以前，好，我們都不講話、都不怎麼樣，但是我家還是有一個爸爸、還是一個媽媽，看起來好像還是（一個家），你要出去幹嘛的話，你還是可以說這是我的家人，這是我爸、這是我媽、這是我妹，但是在那個（離婚書）簽下去、（我爸）搬出去之後，就變成說這是我家人，啊這是我媽、這是我妹，少一個。少一個腳就對了。我會覺得說這樣子很奇怪，就是在那一段時間，我覺得我非常不能接受。（研究者：不能接受？）我覺得說為什麼？我覺得我沒有做錯什麼事，但是為什麼我的家人就是會少掉這個部分？……現在說真的，我現在也漸漸地就是習慣了。」即使父親是存而不在，但是還是有他的功能在：「（表示）一個完整的感覺。」

知道父親來日無多，阿昌說自己沒有特別的感受，也不會想要去改變與父親之間的關係，他的擔心反而是在父親過世後，祖母可能會轉向依賴他這個長孫。對於父母「離婚」定讞前後的感受，他的描述是：「很奇怪，不太能接受。」畢竟一個原本「結構完整」的家，突然之間有人搬出去、破壞了長久以來的模樣，還是需要做一些調適。

「（研究者：知道父親生命已經快終止了，這會影響你對父親的

看法嗎？）我很坦白講，不會。因爲其實我們都已經，包括他、還有我媽媽，就是我們家都已經做得很絕情了，他也對我們很絕情、我們也對他很絕情。（研究者：所以你要繼續這樣下去嗎？）應該是說我也不會去主動關心他，其實照通常倫理來講，兒子其實應該要主動去關心父親這樣子，但是我不會，而且我也不覺得我需要主動關心他。我再說一句很自私的（話），我反而希望他現在就這個樣子就好。」但是當研究者詢問是不是希望父親早走早好？阿昌搖頭否認，他擔心的不是自己的情緒會難過或如何，而是害怕祖母因爲失去獨子，又會回頭來找他這個長孫：「我是覺得我爸爸如果眞的走了，我阿媽是一個很嚴重的問題。」他會不勝負荷，也不情願與父親的家庭還有這一層牽連。

七、阿昌期許的父親形象

　　阿昌描述父親是一個定性夠、情感忠實、守時、說到做到的人，但卻是一個失敗的父親：「（我爸）對小孩是暴力（相向）、用罵的，對妻子要她盡責的要求，（而認爲）父親角色只是金錢的提供者而已。」這些與他心目中的父親形象差距太遠：「（父親）對小孩要表現愛、發自內心的，不緊迫釘人，溝通、了解也包容對方的想法。」「我會覺得說起碼你一個父親喔，就是你如果（有）挫折的時候，你回來他還可以給你依靠，或是說你有什麼疑問的時候啊，去詢問他、他會給你一些意見，要不然就是……我覺得他應該要很挺孩子吧！」父親給兒子安全感與穩定關注就是重要的影響（Gebauer, 2003, 黃亞琴譯, 2007），阿昌對此深感欠缺；阿昌其實也在父親身上、與父親互動的過程中學習到了自省，不僅對自己更爲了解，也頗能同理他人的感受（Heath, 1978, cited in Snarey, 1993），只是這樣的領悟會以什麼樣的方式傳承給下一代（Valiant, 1977），仍有待未來的發展。

　　阿昌認爲父親是一個很好的兒子，但是對妻子卻不夠，而就一個父親的角色而言，是一個管教者、但沒有表現出孩子希冀的關愛，這

也說明了親職工作也要考慮到孩子的需求。即使父親不在身邊、甚至已經慢慢削減了他的影響力，對阿昌來說父親還是其競爭的對象，因為他「不要輸給我爸」，就另外一個意涵來說，也是父親傳承給他的一部分。

 綜合分析

在阿昌成長過程早期，父親也參與親職工作，但是他體會到的壓力與期許多過父親的關愛，只記得自己是受體罰長大的。小時能力小、所以採取順從的方式，後來漸漸長大，也開始了不同的對應方式，首先是企圖表達自己的意見，但是遭來更多的斥責與謾罵，最後不理睬，將自我與父親作區隔、減少衝突與摩擦，沒有想到竟然就此形成陌路，一直到最後得知父親罹患癌症、雙親離異成定局。父母關係影響孩子與父親的互動、也影響孩子對自我與他人形象的想像（Karl Gebauer, 2003, 黃亞琴譯，2007, p.51），母親本來不會跟孩子說夫妻間的爭執與問題，後來夫妻情況惡化、孩子彷彿就成了「爭取」的對象，企圖作一種夫妻角力與權力的平衡！妹妹方面先失守，阿昌認為自己初時還頗為中立，母親說父親的不是只是聽聽而已、沒有偏袒哪一邊，後來當他遭遇父親親族的不友善待遇，整個情況就逆轉！雖然阿昌也認為母親在父親背後說他的不是，其實是一種「奸詐」，但是也頗能體諒母親做如是反應的苦衷，可能是因為缺乏訴苦對象，也可能是希望籠絡孩子靠向自己那一邊，不過這都是親子界限的一種違反，徒增家人的痛苦指數與誤解而已！儘管妹妹不叫父親是因為「他沒有養我」，表面上似乎將父親定義為「養家」的工具性角色，其實影射許多父親未能達成的親職，而阿昌雖然與父親有一些基本寒暄，但也期待父親可以「有愛的感覺」、「可以溝通」、「會挺兒子」等等。對阿昌來說，對於父親存在的要求當然不止於生理上的「在」，而是還有更多，包括心理上的層面（Krampe, et al., 2006），也就是對子女的態度、行動與關係品質上。

　　母親與父親的親族在這些事件上，扮演著舉足輕重的角色。儘管父親很孝順祖母，甚至到了盲從、不分青紅皂白的地步，這樣的關係發展其實也是隨著夫妻摩擦增加而慢慢演變形成；從夫妻的不和、到兩個家族的對立，可以遠溯到多年前的歷史發展、不是一夕造成！母親的家族在當初也積極介入，後來因為母親不告訴原生家庭自己的家事，所以演變到最後不可收拾的局面。阿昌對於父親親族也曾經有過不切實的期待——希望有人主持公道，但是當親族之中沒有人這麼做時，也讓他對他們徹底失望、甚至放棄。當阿昌以這樣的條件（公平）要求父親做到時，他似乎也忽略了：許多事情不是以公平客觀為唯一評估標準，而是夾雜著人情世故，當夫妻關係變質，其他相關的認知與行為模式也隨之改變，這就是人們因應變化的一種「平衡」機制吧！

　　如果說「心理上的出席」（Boss, 1980）是對軍旅家庭妻子與家庭功能預測的主因，反過來說「心理缺席」也可以作為雙親與家庭功能不彰的指標，這對阿昌來說是很貼切的，畢竟「渴望父愛」是主觀的感受（Erickson, 1998, 陳信昭、崔秀倩譯，2002），若父親不能提供父愛，孩子自然感受到被拋棄、不被喜愛。儘管父親都一直「在」家，但同在一屋簷下卻沒有互動交流，這樣名存實亡的家庭給孩子的影響到底是如何？父親的形體在，但是心卻不在，或者說「存在」家裡，卻沒有真正發揮父親功能，也是另一種「父親缺席」。從阿昌的案例，父親的存在從威脅、陌生、礙眼、敵意、到無足輕重，經過了多少期待、掙扎與失望？父親在他國中之後就沒有真正「存在」過，也就是完全沒有發揮父職功能。

　　父母甚至是在父親罹患重症之後，離婚才塵埃落定，這麼多年的戰事終於有了結局，耗損的卻是整個家庭與連帶的家族。也許是父親的想法改變了、不希望自己成為「不良」父親與丈夫，也許是發現自己已經沒有多餘的精力繼續與妻子兒女做長期的抗爭拔河，到底是因為擔心社會壓力、或只是尋求心理的解脫？也許只有他本人清楚，但是那個已經造成的傷痛，卻烙在每個家庭成員的心裡。在父母離異成

定局後，阿昌才發現對完整家庭是有迷思的，也可以說是不習慣、或是社會的壓力，他提到即使父親沒有善盡親職責任，但是仍有讓一個家維持「完整」形象的功能，好像是每個人都有自己的位置與分際，一旦缺角，還是很不能適應。

在Snarey（1993）所提的「傳承」，父親應該是兼顧了「生物」、「社會」與「親職」三種功能，對阿昌來說最大影響似乎是在「親職傳承」上，其對父親的定義也以此為中心；沒有感受到父親的關心溫暖，是他最大的缺憾，雖然父親在形式上曾經是養家與管教的角色，但對阿昌來說，有「愛」的感覺才是最重要的。阿昌的父親把自己定位在傳統社會所期待的男性，表現出提供家計、與擔任管教（Levant, 1980）的親職功能，卻忽略了其他可以發揮的場域，也就是指專注在Parsons 與Bales（1955, cited in Levant, 1980）所說的「工具性」角色，其與家人之間的疏遠、後來對孩子來說卻轉變為敵意，而父親也漸漸抽離了他原本擔任養家與管教的角色，變成一個「寄住」在家裡的男人、彷彿與任何人都不相干。這或許說明了夫妻之間的「親職」分工，不只是個性的搭配問題，只要其中之一開始「撤離」合作與合夥關係，整個家庭系統就有重整與調適的必要。

父親擔任親職工作會受到文化因素的影響（Snarey, 1993; Silverstein et al., 2002），而其「在」不是只限於身體面向而已，還有心理、對待子女態度與行動、以及關係品質（Krampe et al., 2006）。在阿昌的案例中，原生家庭（祖母與姑姑們）的積極涉入反而成了負面因素，這牽涉了「界限不分」（enmeshment）的問題；而婚姻關係對父子關係的影響更顯著（Dickstein & Parke, 1988; Lamb & Elster, 1985），導致雙親為了孩子在做親情角力戰，雖然阿昌極力去維持一個最基本的關係（如喊父親），但這樣的力量終究抵不過夫妻間漸行漸遠的冷漠。父子關係品質影響子女的發展（Levant, 1980），也因此影響了未來的親密度，阿昌與父親關係沒有如Robert Zuengler（1985, cited in Hanson & Bozett, 1985）漸趨親密的傾向，而我不知道也許有一天阿昌會企圖與父親修好，只是時間

夠不夠？

　　如果說父親的親職角色是停留在選擇性、偶一爲之的暫時性、與陪伴孩子玩耍的娛樂性上（王舒芸、余漢儀，1997），但親職工作應該是持續性的，只是隨著孩子發展重點不同；阿昌父親參與親職工作沒有持續，著重在孩子小學階段，後來也只是「要求」而已。父親與孩子之間的互動中言語行爲最少（陳淑芬、李從業，1998），阿昌父親似乎也是採用少說多做的反應，管教上也讓孩子有這樣的印象（誇獎少、體罰多），對於孩子的管教自然較爲嚴格（Stearns,1990），與Shek（1998）的研究不同的是要求多，或許這是父親表現關心與期許的方式，但也顯現了嚴重的缺憾，可以將Levant（1980）研究中對於溫暖父子關係與積極參與管教的父親的結果作一些對照：父子關係不親密，父親在孩子年幼時雖積極參與管教工作，但是給孩子的感受只是管訓、沒有溫暖，即使孩子想要極力去體會其中的關愛、似乎沒有多大作用。

　　阿昌父親與寡母關係深厚，雖然祖父在三年前過世，但是他對父祖之間的關係並不清楚。我不知道阿昌往後會不會想要對目前疏遠的父子關係做改善，但是當時他只希望維持現狀，似乎也不願意有太大的變動，也許是因爲不知道如何做改變，可能也是積怨太深的結果。雖然父親在搬出去之後，主動與阿昌以手機聯繫過，但是阿昌不會主動去問候，他甚至認爲如果父親一死，可能許多事情就會變得單純了，因爲父親牽繫著他們與其家族間的「關係」，一旦聯繫這種關係的媒介不存在了，也許就會雲淡風清，然而阿昌也擔心父親過世後祖母可能會有爭奪他這個長孫的行動。而阿昌本身因爲父親疏離而與母親結盟的情況，似乎也印證了Lowe（2000）所謂的親子「界限不清」的結果，然而，我卻也擔心他與父親之間未了的心理事務（unfinished business）。Karl Gebauer（2003, 黃亞琴譯，2007,p.71）認爲男性身份的發展是未來父親角色存在的基礎，只有在與男性榜樣接觸之後，才可能有這樣的經驗，倘若父親這個角色沒有情感品質、甚至扼殺了孩子的心理空間，而且沒有其他替代角色的出現，

那麼兒子就不太可能有完整（或承載能力）的內在父親形象，對其未來擔任父親的能力會有影響。在訪談後陸續與阿昌有接觸，也發現他與女友孩子之間的相處是與原生父親給他的不同，這或許就是Karl Gebauer（2003, 黃亞琴譯，2007）所稱的一種補償或學習到的積極行動。

　　阿昌說自己小時候很受祖母寵愛，幾乎可以透過祖母來影響父親、滿足自己的物質需求，但是一旦對祖母的印象改觀，甚至發現祖母在子輩婚姻中涉入太多，阿昌也感受到不平與憤怒。Heath（1978）發現許多男性不會將父親列為自我成熟過程中的重要角色（cited in Tripp-Reimer & Wilson, 1991），也許對他父親是如此，但在阿昌的案例中似乎是例外，也藉由觀察父親角色，讓他對於自己更了解（Heath, 1978, cited in Snarey, 1993）。阿昌的父親本身肩負著原生家庭的長子（與獨子）之責，但是其與生身母親的緊密關係，似乎也干預了他作為一個男子與父親的成熟度；阿昌的「渴望父愛」（Jim Herzog, cited in Pollack, 1998），也感受到被傳統父親的遺棄與拒絕（Erickson, 1998, 陳信昭、崔秀倩譯，2002），這些心上的創傷，也許會停留一段時間，一直等到阿昌願意去面對與處理為止。

 結論與建議

一、結　論

　　阿昌的「父親」是一種「存而不在」，一種心理上的缺席，也就是即使在家中也沒有發揮其親職功能，對於阿昌來說就是「缺席的父親」。其實阿昌的父親在其國小階段是很盡職的，只是後來夫妻關係嚴重影響他的親職履行。儘管阿昌似乎沒有意識到父親存在與否的影響，卻在雙親離婚成定局之後，有一種「不習慣」的感覺，這也說明了他對於「完整家庭」一向抱持的迷思，只是沒有經歷過、就不容易發現，此外是不是也說明了「父親」形體的存在其實也有其作用或

功能在，要不然阿昌的感受為何會這般強烈？雖然阿昌希望父親不只是「在」、也「應該」盡些責任與發揮功能，至少讓「家像家」。與父親之間的關係由順從、會表達己見、發現無效之後、做較明顯的抗爭，到後來與父親之間的區隔、以致於最後對於彼此的憎恨與疏離，這之中還摻雜著雙親彼此之間關係的變因。刻意「區隔」與父親之間的關係，也就是你是你、我是我的互不相干的做法，其主要目的不就是防衛自己、避免受到更大的傷害嗎？

　　父親沒有如阿昌所希冀的方式來關愛孩子，這是阿昌最為遺憾的。孩子處在父母親不合的夾縫中求生存，妹妹選擇了依靠母親，而阿昌即使初時會希望持平、公允，最後還是必須做一個抉擇，這當然是子女最痛的決定——如果不是雙親一方將孩子推離，又怎會有這樣「選邊站」的悲劇？父母親的戰役，拿孩子做武器，沒有人會是贏家！而在這個家庭中，每個人都是傷痕累累，不僅是生理上緊縮賁張，心理上也是疲累交瘁。在阿昌的故事中，有傳統中國婆媳的爭戰，父親身為獨子不能兼顧原生家庭與自己立即家庭（immediate family）的無奈，父親不能擺脫傳統嚴峻父職形象的矛盾，子女在不能捨棄雙親裡任何一方的掙扎，以及夫妻勃谿造成家庭緊張與受難的現況。換句話說，父親的「養家」與「管教」角色太僵化，其親職功能也因此削弱許多，而夫妻關係與親子關係緊緊相連，也牽動整個家庭系統的運作，加上夫妻雙方與其原生家庭的「不區分」（in-differentiation），也就是「界限不明」，也造成家庭成員的困擾與行為問題。父親若因為其他原因（如入獄），縱使身體上缺席，卻也會讓孩子對其形象有「理想化」的傾向（邱珍琬，2004），在本研究中阿昌的父親，卻因為本人存在、「具象」的互動事實，讓阿昌心目中的父親形象遭受更大考驗。可以說，父親的「在」（presence）應該具有一些認定的功能，不能自外於親職角色，一旦父親「放手」責任，整個家庭似乎陷入混亂，要不然這樣的一種存在，其實與「缺席」（absence）沒有兩樣。

　　「存而不在」對於許多孩子來說是一種傷痛，但是隨著年齡與經

驗的成長，也許可以將其視爲「遺憾」，因爲父母親也是一般人，他們也不是生來就是完美的父母，只是親子之間的和解，也許還是有許多主觀的因素參雜在內，即便做了和解動作，也不需要期待太深，最主要是給自己交代而已。阿昌也在父親身上看到自己想要的與不要的，這也許也符合了坊間的一種說法「父母是給我們修行的」。

二、建　議

（一）「存而不在」也是一種缺席！本研究只以阿昌的案例爲對象，父親缺席其實有許多類型，而心理上的缺席其影響不可謂不鉅！再加上夫妻勃蹊，孩子也成了當然的犧牲者，爲了求生存、必須「選邊站」，這樣的「缺席」是不是比所謂的身體缺席（physical absence）更爲複雜、影響嚴重？

（二）若是因爲死亡而造成的缺席，子女似乎較能接受，然而是因爲離異、或是未能履行親職的「缺席」，似乎帶給子女的傷害更大！父親缺席的確是一個創痛，其後續效應可以做更進一步的追蹤探討，父親缺席所留下的成長「空洞」，給了一般大眾或心理衛生專業人員的啓示又是什麼？也可以做更深入的探究。

（三）一般研究文獻將焦點放在單親家庭的功能，也許要將另一「缺席」角色的影響與家庭調適也納入考量，或許可以得到更多的資訊以供進一步策略擬定與執行。

（四）父職的參與受到許多因素的影響，夫妻關係、與原生家庭的互動、父職楷模、以及親子關係等等都是未來可以探究的議題或方向。

第十一章

結　語

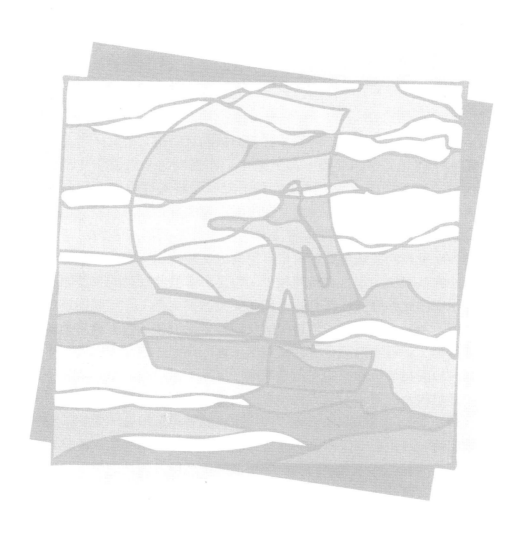

　　父親研究的確是一個很值得探討的議題，時代的更替與週遭環境的轉變，加上下一代對於親職要求的不同，使得現代父親在主動與被動的情況下，都必須做一些調整與改變。父親形象包含幻想（理想與期待）與現實（實際與父親或其他父親人物互動的眞實）兩面，而不可否認的週遭社會文化與性別期待的影響持續存在，也複雜化了父親形象。

　　我所做的父親形象研究，主要是回答以下幾個問題：（一）父親形象與父職是有區隔的，但是區隔在哪裡？（二）不同發展階段的孩子對於父親形象會有怎樣的看法與變化？（三）父親怎麼定位自己的角色與功能？從子女眼中來看父親，而不是從父親或其配偶的角度來看，是不是會更貼近實際的「父親形象」？（四）當兒子長成、也擔任父親了，他怎麼去看原生父親對他的影響、以及對他自己做父親的影響？

　　父親形象與父職是不同的，父親形象的意涵還有子女「看見」的父親與「理想」中的父親，甚至是孩子作爲自己未來擔任父職角色的楷模或修正指標。國中階段的孩子對於父親的樣貌已經有多種觀察與描述，主要是以父子（女）關係爲主要觀察指標，而關係也從親密、疏遠到感受矛盾，進入青少年階段也許是因爲成熟的影響、或是與外面世界的接觸更廣了，較容易同理父親行爲背後的善意，但是此階段的孩子與父親相處時間較少，也是影響彼此互動的主要原因之一，這與彼此的發展任務有關（孩子要發展獨立自主、父親則是走入事業穩定期），儘管孩子仍希望與父親親密，但孩子較不會主動採取改變行動，認爲主導權應該在父親處。進入高中，對父親的批判更爲明顯，也看見傳統顧家的父親是疏離、沉默、威嚴的形象，讓孩子較不能滿足親密的需求，父親養家者的角色最爲明顯，與孩子的記憶就成爲孩子成長過程的關係資產，孩子也會隨著年齡增長，對父親有不同的期待，這也說明了親職功能發揮的重點可以不同，也需要父親看到孩子的成熟發展，意識到自己要扮演的角色得做彈性調整，只是本研究中的父親較少主動做一些調整。到了大學階段，孩子與父母的角

色似乎因為「孩子離家」有個分界點，孩子開始被視為「成人」，也開始學習承擔成人的角色，此時會見到親子角色的「互換」，孩子對待父母慢慢有「親職」的意味；大學生也是開始採取具體行動改變父子（女）關係的一個重要時期，這也許是從之前意識到父親行為背後的善意與動機，然後觸動到改善的意念，而當負笈外地、與原生家庭有一段距離之後，更容易讓一些行動變得可行，雖然第一次進行時會有不安或焦慮，然而卻也發現父親的反應其實是很好的、也更增強了下一步的持續行動，漢民族或原住民族群的大學生也都是如此。縱然我的研究中也有一個「存而不在」父親的故事，但是還是看得出：父親的「在」有其積極意義（表示家庭的完整、給人安定的感受），然而若父親未履行其應盡義務與責任，孩子心上都會有傷痛。等到孩子也成為父親了，原來他身上不僅有原生父親的形象、還有他希望的形象，甚至是配偶要求的影響，擔任父親這個角色讓男性更知道反思、也更了解自己，更能感激自己之所由來。

　　子女從與父親主觀印象、實際互動的關係、及觀察父親與人的關係中去形塑自己的父親形象，他們也更了解父親的更多面向與實際，也願意去接納父親「人性」的部分；從這個角度來看，子女希望父親是有擔當、能力（男性性別角色的期待），也期待父親「可以靠近」（親密的需求、女性性別角色的期待），子女企望的父親形象較是接近「兩性兼具」的。

　　誠如Gebauer（2003，黃亞琴譯，2007, p.71）的研究發現「男性身份的發展是未來父親角色存在的基礎」，原生家庭的父親與相關模範提供了父親的原型，父親願意與社會文化做一些妥協與修正、而不視為理所當然，將親子與配偶關係列為首要，甚至有行動跟進，對於自己的親職實踐是最有力的。只是儘管如此，父職實際還是受到諸多因素的影響，除了本身希望符合社會期待、卻又企想與子女親密的平衡，加上配偶的矛盾期待（希望他很man、卻又同時要求溫柔體貼），或是在自己原生家庭之前是具男子氣概、在自己的立即家庭是顧家愛家的「新好男人」，這些脈絡的交互作用，讓父親這個角色更

形艱難。慶幸的是,子女隨著歲月增長與發展階段的成熟,慢慢可以同理父親的難為與為難,有些會主動採取行動來貼近父親的情感、與父親更親近,不管是父親或子女誰開始行動,大都可以收到預期的效果,青春期的孩子理想性較高、批判意味亦濃厚,相對地行動力就較低,等到負笈離家或外宿,重新思索與家人的關係,此時時空的距離反而成為一個極佳調節器,父子(女)關係也會有正向的轉變,倘若加上實際行動的履行,親子關係更邁向理想與成熟。

　　一般父親會隨著自身與孩子的發展任務做適當的調整,親職重心或有不同,也慢慢學會放手。子女是絕佳的觀察者,會從父親的不同面向去探索父親這個人,也許作為自己未來的學習典範、或是尋覓伴侶的依據;而子女也會隨著自身的發展,對父職有不同的期待,基本上是朝向「兩性兼具」或「去性別化」的方向。缺席父親依然在子女心目中佔有一席之地,只是其形象有待父親之外的他人來建立,可能缺乏公正性。父親生理上的出席,固然是完整家庭的表徵,但是子女要求的不僅如此而已,還希望其心理上的「可接近性」與「有反應」,因此傳統、疏離的父親就是另一種「缺席」,這樣的「存而不在」帶給家庭與子女的傷害可能是始料未及!可見在家庭中每一個角色都有其功能與重要性,倘若因為自願或非自願性因素造成缺席,其填補效果就很重要,許多情況下變成子女之一必須「取而代之」,也讓子女提早承擔成人責任、甚至喪失童年。很有趣的是:父親在親職功能上是刺激與拓展子女探索情緒與外面世界的主要推手,但是在孩子行為上卻是保護與約束的角色居要。由此看來,親職工作基本上是沒有性別上的制約,因為都可收可放,沒有專屬於父親或母親的職權。

　　父親研究也是親職研究很重要的一環,而親職不應該有性別區分或輕重之別,孩子需要的是「夠好」的親職,也就是父母親職都能適時發揮適當功能。基本上子女對於母親與父親都有其內化的形象,只是傳統上將親職規範為母職範疇,使得父親形象較不鮮明,然而隨著時代的演進與性別界域的模糊,父親需要承擔的親職工作也有了劇烈轉變,關於「父親」這個領域的研究還有許多發展空間。

參考書目

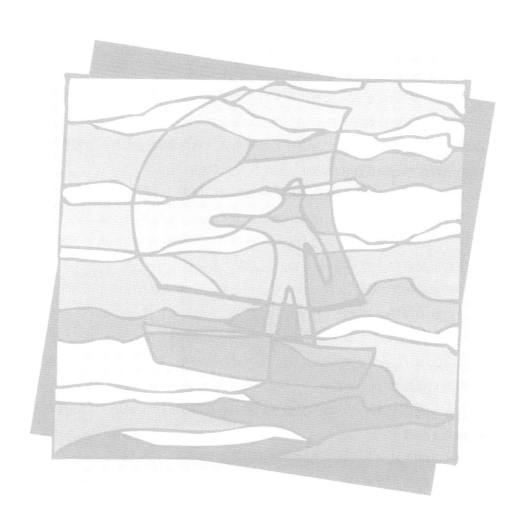

王勇智、鄧明宇譯（2003）。敘說分析。臺北：五南。Riessman, C. K. (1993). *Qualitative research method* (Vol.30)。

王舒芸、余漢儀（1997）奶爸難為──雙薪家庭之父職角色初探。婦女與兩性學刊，8，115-149。

王珮玲（1993）父親角色與兒童發展之探討。教育研究雙月刊，32，52-57。

石磊（1976）中央研究院民族學研究所專刊之二十三：臺灣土著血族型親屬制度──魯凱排灣卑南三族群的比較研究。臺北：南港。

江文瑜（1996）。口述史法。見胡幼慧（主編）質性研究──理論、方法與本土女性研究實例（pp.249-269）。臺北：巨流。

朱儀羚譯（2004）自我與認定的理論。敘事心理與研究：自我、創傷與意義的建構。嘉義：濤石。Crossley, M. L. (2000). *Introducing narrative psychology: Self, trauma & the construction of meaning* (pp.5-39)。

杜宜展（2004）父職參與與意願、參與行為、參與感受及其相關因素之研究。臺南師範學院國民教育研究所碩士論文。未出版。

林本炫（2003）紮根理論研究法評介。收錄於齊力與林本炫（主編），質性研究方法與資料分析（pp.171-200）。嘉義：南華教社所。

吳心芝（2003）維繫婚姻穩定的歷程與影響因素之研究──以結婚20年以上的女性為例。國立臺灣師範大學人類發展與家庭研究所碩士論文，未出版。

吳芝儀（2003）敘事研究的方法論探討。收錄於齊力與林本炫（主編），質性研究方法與資料分析（pp.143-170）。嘉義：南華教社所。

吳嘉瑜、蔡素妙（2006）父親派外對家庭的影響──從成年前期學生的回溯經驗中探討。中華輔導學報，19，137-174。

邱珍琬（2004a）大學生知覺的父親形象。屏東師院學報，22，291-330。

邱珍琬（2004b）高中生眼中的父親形象──初探研究。九十三年度師範院校教育論文發表會（1313-1341）。屏東：屏東師範學院。

柯里斯、林為正（譯）（1995）父愛不缺席：心理醫師剖析父親的十二種模式。臺北：智庫。

周芬姿（2000）排灣族的性別文化。兩性平等教育季刊，10，18-20。

周芬姿（2003）排灣族Vusam觀念下的婚姻制度、配偶關係與親屬結構。兩性平

等教育季刊，21，14-35。

易言嬡整理（2003）非父系社會之性別圖像：排灣族、阿美族、卑南族與漢族的對話。**兩性平等教育季刊**，21，70-93。

洪志成、廖梅花譯（2003）**焦點團體訪談**。嘉義：濤石。Krueger, R. A. & Casey, M. A.（1998）*A practical guide for applied research*（3rd ed.）。

洪雅真（1990）**夫妻性別角色、權力與衝突之研究**。國立嘉義師範學院家庭教育研究所碩士論文，未出版。

胡幼慧（1996）質性研究的分析與寫成。見胡幼慧（主編）**質性研究——理論、方法與本土女性研究實例**（pp.159-170）。臺北：巨流。

徐麗賢（2005）臺商家庭父職實踐需求之研究——以大陸臺商為例。2004兩岸家庭教育學術研討會論文「廿一世紀的親職教育」（pp.439-463）。嘉義：嘉義大學。

陳安琪（2004）以批判女性主義觀點探討中年父親父職角色實踐與父子關係之跨世代影響。國立高雄師範大學性別教育研究所碩士論文，未出版。

陳向明（2002）**社會科學質的研究**。臺北：五南。

陳信昭、崔秀倩（譯）（2002）「**渴望父愛**」——失去父親及其影響。臺北：五南。Erickson, B. M.（1998）*Longing for dad: Father loss and its impact*。

陳淑芬、李從業（1998）產後初期父子依戀行為及其相關因素探討。**護理研究**，6（3），246-258。

陳雅惠（2005）**排灣族婦女性別觀之研究**。屏東師院教育行政研究所碩士論文，未出版。

黃怡瑾（2001）雙薪家庭中男性參與親職主觀經驗之探究。**臺南師院學報**，35，313-337.

黃怡瑾、陳放子（2004）男性親職參與與親職教育需求相關因素之研究。2004兩岸家庭教育學術研討會「廿一世紀的親職教育」論文集（pp.141-164）。嘉義：國立嘉義大學。

黃亞琴（譯）（2007）。**尋找父親**。臺北：雅書堂。Gebauer, K.（2003）*Vter Gesucht*。

黃富源、鄧煌發（1998）單親家庭與少年非行之探討。**警學叢刊**，29（3），

117-152。

黃慧森（2002）高職男生父職角色知覺與認同之研究——以屏東縣市為例，嘉義
　　大學家庭教育研究所碩士論文，未出版。

達努巴克（2003）我的Kama們——排灣族共同父職經驗。兩性平等教育季刊，
　　21，53-58。

葉光輝、林延叡、王維敏、林倩如（2006）父女關係與渴望父愛情結。教育與心
　　理研究，29 (1)，93-193。

蔡敏玲、余曉雯（譯）（2003）。敘說探究：質性研究中的經驗與故事。臺北：
　　心理。Clandinin, D. J. & Connelly, F. M. (2000) *Narrative inquiry: Experience &
　　story in qualitative research*。

潘立夫（1996）1996排灣部落訪問及其文明探索。屏東：屏東縣立文化中心。

潘立夫（1997）排灣文明初探。屏東：屏東縣立文化中心。

潘淑滿（2003）質性研究——理論與應用。臺北：心理。

劉文成、王軍譯（1998）父親：神話與角色的變換。北京：東方。Coleman, A.,
　　& Colemen, L. (1988) *The father mythology and changing roles*。

劉盛興（1995）屏東原住民影像筆記。屏東：屏東縣立文化中心。

劉惠琴（2000）母女關係的社會建構。應用心理研究，6，97-129。

魏惠娟（2004）焦點團體。收錄於質性研究（謝臥龍主編），271-316。臺北：
　　心理出版社。

Atkinson, R. (1998). *The life story interview: Qualitative research methods series 44*.
　　Thousand Oaks, CA: Sage.

Ballard, D. (5/10/2001). Adolescent health: For girls, having dad around is preventive
　　medicine. *Women's Health Weekly*, 7-8.

Beaty, L. A. (1995). Effects of paternal absence on male adolescents' peer relations and
　　self-image. *Adolescence, 30* (120), 873-880.

Bloor, M., Frankland, J., Thomas, M., & Robson, K. (2001). *Focus groups in social
　　research*. London: Sage.

Bogaert, A. F. (2005). Age at puberty and father absence in a national probability
　　sample. *Journal of Adolescence, 28* (4), 541-546.

Bogdan, R. C. & Biklen, S. K. (1992). *Qualitative research for education: An introduction to theory and methods* (2nd ed.). Needham Heights, MA: Allyn & Bacon.

Boss, P. G. (1980). The relationship of psychological father presence, wife's personal qualities and wife/family dysfunction in families of missing fathers. *Journal of Marriage & the Family, 42* (3), 541-549.

Bouchard, G., Lee, C. M., Asgary, V., & Pelletier, L. (2007). Fathers' motivation for involvement with their children: A self-determination theory perspective. *Fathering*, 5 (1), 25-41.

Bronte-Tinkew, J., Carrano, J., & Guzman, L. (2006). Resident fathers' perceptions of their roles and links to involvement with infants. *Fathering, 4* (3), 254-285.

Brown-Cheatham, M. (1993). The Rorschach Mutuality of Autonomy Scale in the assessment of black father-absent male children. *Journal of Personality Assessment, 61* (3), 524-530.

Brownson, C., & Gilbert, L. A. (2002). The development of the discourses about fathers inventory: Measuring fathers' perceptions of their exposure to discourses. *Psychology of Men & Masculinity, 3* (2), 85-96.

Chang, L., Schwartz, D., Dodge, K. A., & McBride-Chang, C. (2003). Harsh parenting in relation to child emotion regulation and aggression. *Journal of Family Psychology, 17* (4), 598-606.

Chapman, F. S. (2/16/1987). Executive guilt: Who's taking care of the children? *Fortune 115* (4), 30-37.

Coles, R. L. (2002). Black single fathers: Choosing to parent full-time. *Journal of Contemporary Ethnography, 31* (4), 411-439.

Connelly, F. M. & Clandinin, D. J. (1988). Narrative meaning: Focus on teacher education. Elements, *19* (2), 15-18.

Cook, J. L., & Jones, R. M. (2007). Identity, intimacy, and father involvement. *North American Journal of Psychology, 9* (1), 153-162.

Crossley, M. (2007). Narrative analysis. In E. Lyons & A. Coyle (Eds.), *Analyzing*

qualitative data in psychology (pp.131-144). London: Sage.

Danziger, S. K., & Radin, N. (1990). Absent does not equal uninvolved: Predictors of fathering in teen mother families. *Journal of Marriage & Family, 52* (3), 636-642.

Devlin, P. K., & Cowan, G. A. (1985). Homophobia, perceived fathering, and male intimate relationships. *Journal of Personality Assessment, 49* (5), 467-473.

Dickstein, S. & Parke, R. D. (1988). Social referencing in infancy: A glance at fathers and marriage. *Child Development, 59,* 506-511.

Druckman, D. (2005). Content analysis. In In Druckman, D. (Ed.), *Doing research: Methods of inquiry for conflict analysis* (pp.257-275).Thousand Oaks, CA: Sage.

Dyer, J. (2005). Prison, fathers, and identity: A theory of how incarceration affects men's paternal identity. *Fathering, 3* (3), 201-219.

Easterbrooks, M. A. & Goldberg, W. A. (1984)Toddler development in the family: Impact of father involvement and parenting characteristics. *Child Development, 55,* 740-752.

Elliott, J. (2005). *Using narrative in social research: Qualitative and quantitative approaches.* London: Sage.

Erikson, E. H. (1997). *The life cycle completed.* New York: W. W. Norton & Company.

Fagersklod, A. (2008). A change in life as experienced by first-time fathers. *Scandinavian Journal of Caring Sciences, 22* (1), 64-71.

Filene, P. (1986). *Him-her-self: Sex roles in modern American.* Baltimore: John Hopkins.

Finley, G., & Schwartz, S. J. (2006). Parsons and Bales revisited: Young adult children's characterization of the fathering role. *Psychology of Men & Masculinity, 7* (1), 42-55.

Flannery Quinn, S. M. (2006). Examining the culture of fatherhood in American children's literature: Presence, interactions, and nurturing behaviors of fathers in Caldecott Award winning picture books (1938-2002). *Fathering: A Journal of Theory, Research & Practice About Men as Fathers, 4* (1), 71-95.

Flouri, E. (2005). Women's psychological distress in midadulthood: The role of childhood parenting experiences. *European Psychologist, 10* (2), 116-123.

Fontana, A., & Frey, J. H. (1994). Interviewing: The art of science. In Denzin, N. K. & Lincoln, Y. S. (Eds.), *Handbook of qualitative research* (pp.361-376). Thousand Oaks, CA: Sage.

Fritsch, T. A. & Burkhead, J. D. (1981). Behavioral reactions of children to parental absence due to imprisonment. *Family Relations, 30* (1), 83-88.

Frodi, A. M. (1980). Paternal-baby responsiveness and involvement. *Infant Mental Health Journal, 1,* 150-160.

Greenbaum, T. L. (2000). *Moderating focus groups: A practical guide for group facilitation.* Thousand Oaks, CA: Sage.

Grumet, M. R. (1990). Voice: The search for a feminist rhetoric for educational studies. *Cambridge Journal of Education, 20,* 277-282.

Gunnoe, M. L., & Hetherington, E. M. (2004). Stepchildren's perceptions of noncustodial mothers and noncustodial fathers: Differences in socioemotional involvement and associations with adolescent adjustment problems. *Journal of Family Psychology, 18* (4), 555-563.

Hanson, S. M. H. & & Bozett, F. W. (1985). *Fatherhood: Developmental and contextual perspectives.* (Report No. CG-019-098). Dallas, TX: National Council on Family Relations. (ERIC Document Reproduction Service No. ED 269 711)

Hollway, W., & Jefferson, T. (2000). *Doing qualitative research differently: Free association, narrative & the interview method.* London: Sage.

Janesick, V. J. (2003). The choreography of qualitative research design. In Denzin, N. K. & Lincoln, Y. S. (Eds.), *Strategies of qualitative inquiry* (2nd Ed.) (pp.46-79). Thousand Oaks, CA: Sage.

Johnston, L. M. (2005). Narrative analysis. In Druckman, D. (Ed.), *Doing research: Methods of inquiry for conflict analysis* (pp.277-291).Thousand Oaks, CA: Sage.

Josselson, R., & Lieblich, A. (2003). A framework for narrative research proposals in psychology. In R. Josselson, A. Lieblich, & D. P. McAdams (Eds.), *Up close and personal: The teaching and learning of narrative research* (pp.259-274).

Washington, D. C.: American Psychological Association.

Kaczynski, K. J., Lindahl, K. M., Malik, N. M., & Laurenceau, J. P. (2006). Marital conflict, maternal and paternal parenting, and child adjustment: A test of mediation and moderation. *Journal of Family Psychology, 20* (2), 199-208.

Krampe, E. M., Newton, R. R., & Child & Adolescent Services Research Center, San Diego (CA) (2006). The father presence questionnaire: A new measure of the subjective experience of being fathered. *Fathering, 4* (2), 159-190.

Krohn, F. B. & Bogan, Z. (2001). The effects absent fathers have ob female development and college attendance. *College Student Journal, 35* (4), 598-608.

LaBarbera, J. D. & Lewis, S. (1980). Fathers who undermine children's treatment: A challenge for the clinician. *Journal of Clinical Child Psychology, 9* (3), 204-206.

Laidlaw, P. A. (1999). Absent father: African-American adolescent males from urban areas: A different path towards health. Dissertation Abstract International: *Section B-Sciences & Engineering, 60* (5B), 2348.

Lamb, M. E. & Elster, A. B. (1985). Adolescent mother-infant-father relationships. *Developmental Psychology, 21* (5), 768-773.

Larossa, R. (1988). The transition to parenthood and the social reality of time. *Journal of Marriage & the Family, 45* (3), 579-589.

Levant, R. F. (1980). *A male perspective on parenting and non-parenting.* (Report No. CG-015-905). Leipzig, West Germany: International Congress of Psychology. (ERIC Document No. ED 217 299).

Lieblich, A., Tuval-Mashiach, R., & Zilber, T. (1998). *Narrative research: Reading, analysis, and interpretation.* Thousand Oaks, CA: Sage.

Lowe, W. (2000). Detriangulation of absent fathers in single-parent black families: Techniques of imagery. *American Journal of Family Therapy, 28* (1), 29-40.

Mackey, W. C. (1985). *Fathering behaviors: The dynamics of the man-child bond.* New York: Plenum.

Mackey, W. C. (2001). Support for the existence of an independent man-to-child affiliative bond: Fatherhood as a iocultural invention. *Psychology of Men &*

Masculinity, 2 (1), 51-66.

MacDonald, K. & Parke, R. D. (1986). Bridging the gap: Parent-child play interaction and peer interactive competence. *Child Development, 55*, 1265-1277.

Magaletta, P. R., & Herbst, D. P. (2001). Fathering from prison: Common struggles and successful solutions. *Psychotherapy, 38* (1), 88-96.

Mandara, J., Murray, C. B., & Joyner, T. N. (2005). The impact of fathers' absence on African American adolescents' gender role development. *Sex Roles, 53* (3-4), 207-220.

Mattta, D. S., & Knudson-Martin, C. (2006). Father responsivity: Couple processes and the coconstruction of fatherhood. *Family Process, 45* (1), 19-37.

Maurer, T. W., & Pleck, J. H. (2006). Father's caregiving and breadwinning: A gender congruence analysis. *Psychology of Men & Masculinity, 7* (2), 101-112.

McAdams, D. P. (2001). The psychology of life stories. *Review of General Psychology, 5* (2), 100-122.

McClelland, S. (2001/6/18). Why dads matter. *Maclean's, 114* (25), 34-35.

Mezulis, A. H., Hyde, J. S., & Clark, R. (2004). Father involvement moderates the effects of maternal depression during a child's infancy on child behavior problems in kindergarten. *Journal of Family Psychology, 18* (4), 575-588.

Morman, M. T., & Floyd, K. (2006). Good fathering: Father and son perceptions of what it means to be a good father. *Fathering, 4* (2), 113-136.

Parke, R. D. (1981). *Fathers*. Cambridge, MA: Harvard University.

Perkins, R. M. (2001). The father-daughter relationship: Familial interactions that impact a daughter's style of life. *College Student Journal, 35* (4), 616-626.

Pollack, W. (1998). *Real boys: Rescuing our sons from the myths of boyhood*. New York: Random House.

Rane, T. R., & McBride, B. A. (2000). Identity theory as a guide to understanding fathers' involvement with their children. *Journal of Family Issues, 21* (3), 347-366.

Riesch, S. K., Kuester, L., Brost, D., & McCarthy, J. G.. (1996). Fathers' perceptions of how they were parented. *Journal of Community Health Nursing, 13* (1), 13-29.

Rochlen, A. B., McKelley, R. A., Suizzo, M. A., & Scaringi, V. (2008). Predictors of relationship satisfaction, psychological well-being, and life satisfaction among stay-at-home fathers. *Psychology of Men & Masculinity, 9* (1), 17-28.

Rohner, R. P., & Veneziano, R. A. (2001). The importance of father love: History and contemporary evidence. *Review of General Psychology, 5* (4), 382-405.

Rubin, H. J., & Rubin, I. S. (1995). Qualitative interviewing: The art of hearing data. Thousand Oaks, CA: Sage.

Russell, G.. (1986). Primary caretaking and role-sharing fathers. In M. Lamb (ed.), *The father's role: Applied perspectives* (pp. 233-259). Beverly Hills: Sage.

Schoen, R., Astone, N. M., Rothert, K., & Standish, N. N. (2002). Women's employment, marital happiness, and divorce. *Social Forces, 81* (2), 643-662.

Schoppe-Sullivan, S. J., Brown, G. L., Cannon, E. A., Mangelsdorf, S. C., & Sokolowski, M. (2008). Maternal gatekeeping, coparenting quality, and fathering behavior in families with infants. *Journal of Family Psychology, 22* (3), 389-398.

Shah, A. A., & Aziz, S. (1994). Perception of father's personality by addicts and nonaddicts. *Journal of Social Psychology, 134* (1), 121-122.

Shek, D. T. L. (1998). Adolescents' perceptions of paternal and maternal parenting styles in a Chinese context. *Journal of Psychology, 132* (5), 527-537.

Silverstein, L. B., Auerbach, C. F., & Levant, R. F. (2002). Contemporary fathers reconstructing masculinity: Clinical implications of gender role strain. *Professional Psychology: Research & Practice, 33* (4), 361-369.

Snarey, J. (1993). *How fathers care for the next generation: A four-decade study.* Cambridge, MA: Harvard University.

Stearns, P. N. (1990). *Be a man! Males in modern society.* New York: Holmes & Meier.

Stearns, P. N. (1991). Fatherhood in historical perspective: The role of social change. In F. W. Bozett & S. M. H. Hanson (Eds.) (pp.28-52). *Fatherhood and families in cultural context.* New York: Springer.

Stern, E. E. (1981). Single mothers' perceptions of the father role and of the effects of father absence on boys. *Journal of divorce, 4* (2), 77-84.

Stokes, S. B. (2003). Adolescent understanding of father absence: A qualitative inquiry. *Dissertation Abstracts International: Section B-Science & Engineering, 64* (6B), 2579.

Strauss, A., & Corbin, J. (1990). *Basics of qualitative research: Grounded theory procedure & techniques*. Newbury Park, CA: Sage.

Tamis-LeMonda, C. (2004). Conceptualizing fathers' roles: Playmates and more. *Human Development, 47,* 220-227.

Teachman, J., Day, R., Paasch, K., Carver, K., & Call, V. (1998). Sibling resemblance in behavioral and cognitive outcomes: The role of father presence. *Journal of Marriage & the Family, 60* (4), 835-848.

Thagaard, T. (1997). Gender, power, and love: A study of interaction between spouses. *Acta Sociologica, 40* (4), 357-376.

Tripp-Reimer, T. & Wilson, S. E. (1991). Cross-cultural perspectives on fatherhood. In F. W. Bozett & S. M. H. Hanson (Eds): *Fatherhood and families in cultural context* (pp.1-27). New York: Springer.

Vaillant, G. E. (1977). *Adaptation to life.* Boston: Little, Brown.

van Ijzendoorn, M. H. & de Wolff, M. S. (1997). In search of the absent father-Meta-analysis of infant-father attachment: A rejoinder to our discussants. *Child Development, 68* (4), 604-609.

Volling, B. L., Blandon, A. Y., & Gorvine, B. J. (2006). Maternal and parental gentle guidance and young children's compliance from a within-family perspective. *Journal of Family Psychology, 20* (3), 514-525.

Wark, L. (2000). Young boys with absent fathers: A child-inclusive intervention. *Journal of Family Psychotherapy, 11* (3), 63-68.

Wood, J. J., & Repetti, R. L. (2004). What gets dad involved? A longitudinal study of change in parental child caregiving involvement. *Journal of Family Psychology, 18* (1), 237-249.

Wright, C. & Busby, D. M. (1997). Relationship satisfaction: Impact and consequences for women's emotional health and treatment. *Contemporary Family Therapy: An International Journal, 19* (3), 443-460.

附錄一

「父親形象」訪談大綱

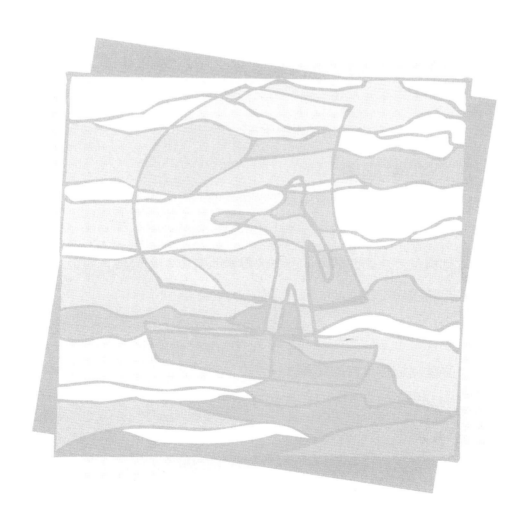

（一）焦點訪談問題（國、高中生部分）

1.可否用幾句簡單的話形容你的父親？

2.印象中與父親之間最深刻記憶是甚麼？

3.你記憶中對於父親最溫柔的事件是？你的感受為？

4.你與父親之間的關係如何？喜歡與不喜歡的部分是？

5.你希望與父親之間的關係是如何？

6.父母親之間的互動，你／妳覺得他們的關係怎樣？

7.你／妳認為自己父親是怎麼看你／妳的？對你／妳有什麼期待？

8.（高中生部分）你／妳認為父親對家的貢獻是什麼？

（二）焦點訪談問題（大學生部分）

1.可否用幾句簡單的話形容你的父親？

2.印象中與父親之間最深刻記憶是甚麼？

3.你記憶中對於父親最溫柔的事件是？你的感受為？

4.你與父親之間的關係如何？喜歡與不喜歡的部分是？

5.你希望與父親之間的關係是如何？

（三）中年父親訪談大綱

1.你如何描述自己的父親？

2.與父親之間有沒有一些深刻的記憶或事件發生？

3.你之前與父親的關係如何？目前呢？

4.你認為自己擔任父親和自己父親有何異同？

5.你父親對你的影響為何？你又想要擔任怎樣的父親角色？

6.你與子女目前的關係可否作一描述？你認為自己是怎樣的父親？有哪些親子之間的發生的事件你印象特別深刻？

附錄二

「父親與我」故事小輯

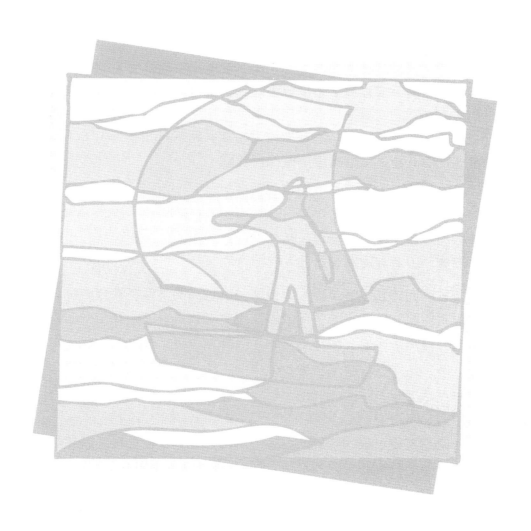

（一）我是不是你生的

由於與母親之間長期的爭執不和，還有加諸我肢體上的凌虐處罰，讓我一直很懷疑自己是不是母親親生，要不然她怎麼會如此待我？常常是在與她有爭議之後，她會要打我，我當然是先跑為要！但是一來對於附近地理不熟、加上許多同學又住附近，二來我的兩條腿還是比不過她騎腳踏車的速度，所以上演的戲目往往是：爭吵、我跑她追、我力盡神疲、她下車打我、最後是在離家一段距離的巷子口水溝邊執行「水刑」。

這天是週六，爸爸載我到文具行去看書，我們常常合作的方式是：阿爸去同老闆聊天、我趁機去翻書看，然後完成一個段落之後，我走出來、阿爸就結束聊天工作，或者就買一、兩件文具結帳。這種方式屢試不爽，可以省下不少買書錢、也不得罪老闆，因為阿爸會買一些較為便宜的文具、以為交代。車子才剛上街口，我就忍不住在後座上問爸：「阿爸，我是不是你親生的？」阿爸只問了一句：「妳怎麼會問這個問題？」然後就一直保持沈默。

到了新的一家書局，老闆很客氣地招呼：「這位是你女兒啊？」我只記得阿爸回頭對我笑了一下，我就明白他的意思：妳瞧！不認識的人一眼就看出妳是我女兒，妳當然就是我生的！後來對於我之前提出的問題，阿爸就沒有再說起。

我後來回想起這個事件，覺得阿爸真是高明！他不費隻字片語，就可以說服我的疑問。許多親戚朋友也會說我長得同阿爸是一個模子出來的，我很不服氣，腿是大象腿，骨架大不算、身形又粗壯，根本就是先天不足，只有阿爸會說：「這樣子才是好看！」讓人不得不懷疑他的審美觀！也許就他成長的農業社會的標準來說，粗壯就是美，反正每個人對美可以有不同的定義與標準。

一直到現在，我的脾氣或疑惑，常常在碰到老爸之後、就化成雲煙。前一陣子在電話中與阿爸又有觀念上的爭議，我要為他訂車票、

他堅持一定要某個時段，我說春節期間不好訂、問他有沒有第二個選擇？他不肯退讓，我就說了一句：「人生的事，有凡事盡如我意的嗎？」就很生氣掛了電話。後來是老爸繼續掛電話來，有妥協的意味：「妳訂訂看，不過最好還是除夕那天。」我常常覺得對老爸很難生氣，因為他會跟我打太極，什麼堅持固執、不願變通，丟在他身上都不能有預期效果，因為他會默默軟軟地承受。感謝有父親的忍讓與支持，才讓我不致因為自己的急性子而遭受更大挫敗！

阿爸在我的記憶中是從擔負家計、吃苦耐勞的英雄，到承認自己不行、也有許多缺點的凡人，但是這些都無損於我對他的敬愛。因為他是我老爸，是別人不能取代的！我的脾氣硬、常常沒有耐性聽老爸的長篇大論，但是他總是會先屈服、給我臺階下。

由於母親對待的差異、以及兩人間常有的衝突，讓我一直覺得真正的母親應該不是這個樣子、也讓我開始懷疑自己的身世。膽敢問老爸我是不是他生的，真的是醞釀很久才敢開口，沒有想到他的答案是如此！當時他聽到這個問題也是很詫異、痛苦吧？阿爸夾在妻子與女兒之間，要做怎要的選擇呢？我後來因為這個事件，還一度很信仰佛洛伊德的「戀父（母）情結」哩！也許女孩子就是與母親爭父親的愛，所以才會有模仿母親的角色行為出現；而男孩子卻因為愛戀母親、發現父親這個敵手太強大，所以也學會了效仿父親的行為。當然，以社會學的觀點來看，也只是說明了人類早年的社會化行為吧！

我沒有跟老爸說過「我愛你」，因為覺得說不出口，只有一回阿爸在我二度出國前的電話中說出心事：「我以為你們不要我這個老爸了，你們的心都向著她（母親）。」當時我回了一句：「阿爸，沒有你，我們不會有現在，我們沒有忘記我們一起的苦日子！」

茹苦含辛的老爸，也需要有人看到他的辛苦與努力吧！

（二）爸爸你最可憐

我常常想要離開家，卻苦於沒有去處，也知道自己無法離開，因

為自己的家在這裡。

那回也是在母親追逐鞭打之後，自己跑到後面的稻田裡去哭，很想離家出走，可是又不知道可以去哪裡？自己後來哭累了、才意識到時間流逝，周遭氣氛也變得有些恐怖起來，反而覺得害怕。然後夜深了，聽到阿爸在扯著嗓門叫喊的聲音，一聲聲喊我的名字，我的心情像被撕裂一般，後來還是忍不住跑出來，看到阿爸、我那個時候說：「爸爸你最可憐。」然後就回去洗腳、洗澡，去面對該來的挑戰、照常生活。

阿爸夾在妻子與女兒之間，實在很為難，任何一方他都不能偏袒、也不能做任何決定。我當時也只看到母親對我們家的傷害、還有阿爸無效的處理方式，所以很不滿意。母親還會叫她家裡的兄弟過來協助，我們永遠不知道她的故事有幾種版本，好像一對話、許多事情都失焦，常常就是阿爸與舅舅們的不明所以、不歡而散。母親在沒有得到她要的之後，脾氣爆發亂摔東西，只要是手邊可以拿到的東西、就朝阿爸身上丟，根本沒有去想到後果；而阿爸也一直採取的是低姿態、沒有直接觸怒她，而是等到母親氣消了之後，才上前安撫。

當時不知道甚麼是「家庭暴力」，只聽說過有先生打太太的，但是我們家是太太打先生，對父親來說是更難堪的吧！我也常常認為爸爸不是男子漢，要不然就應該出手、不會這麼窩囊！爸爸卻常常告訴我們：「我不是不打，我是柔道四段，一出手就會打傷人！」我們都覺得他是自我安慰、粉飾太平！

阿爸其實是最大的犧牲者，為了孩子他必須忍受不幸福的婚姻，為了他執著的唯一真愛、他要維持他選擇的家庭，我們看到的是全天下最浪漫、也最愚蠢的丈夫！常常是爭吵過後，他就要卑躬屈膝去討好媽媽，不是邀她去逛街散步吃東西、就是帶她去看電影，有時讓我也看不下去了！深深覺得以後自己的另一半、最最不要像老爸，因為沒見過這麼拿不起放不下的男人！

老爸的愛情觀是我們最不認同的，他的堅持與執著，讓我們又愛

又恨，然而我們卻偏偏都像他，真是哪壺不開提哪壺！我們以前還會罵他的執迷不悟，後來也就隨他去了！而我們也慢慢明白，婚姻的經營其實是兩個人的事，其失敗或成功，也應該是兩個人共同的擔負，不是責全其中一人，而每個人有不同的人生要走、不同的苦要承受，沒有人可以替代。

我們從小到大叫阿爸都是「阿伯」，後來爸爸才說是因為發音錯誤、也沒有辦法更正了。父親真的不是典型的父親，他雖然身形狀碩，卻沒有傳統父親的威嚴、也不是我們所謂的「強」（個性上），因此他一直很弱勢。

有時候想要離家出走，最不能放下心的就是老爸，想到他一個人那麼孤單在撐著這個家、就不忍心做傷害他的事。那一天從田裡回來，褲腳上還是濕淋淋的泥水，同阿爸照面過後，洗了腳、上床去睡覺，眼淚就無聲地爬滿整張臉。家常常讓我不捨，是因為太愛了、不忍心離開。

每個人都是從家裡出來，尤其是原生家庭對於我們的影響更是深遠，許多的心理治療學派都不會忽略這一點，我們所從出的家，是我們的生命之源、補給的乳汁，也可以是傷害我們、揮之不去的痛，因此家是最難割捨的。我們常說「家不齊，何以國治」，的確許多的行為問題或心理疾病，源頭都可以追溯到家庭；如果家庭系統出現問題，發病的徵狀可能就出現在家中成員身上，就是所謂的「被認定的病人」（identified patient）。許多的問題不能怪罪在某個人身上，而是要仔細去檢視周遭環境、甚至是整個生態大系統，然後才可能在了解整個影響環節之後、擬出對應的策略。

（三）小偷經驗

小學六年級的時候，有一次級任老師調查做過小偷的人站起來，我沒有站起來、而且是唯一的一個，那時的感受是很難過的，因為大家都很誠實、我卻礙於自己是班長、還有「做賊的喊捉賊」的不安心

態，因此維持坐在原位、沒有動彈。其實我那個時候正饞，而當時祖母又臥病，我常常去祖父母的房間「撈」錢。祖父習慣把一些零錢放在床角的木板條上，我的身高夠、一撈就有！好像也只有我知道這個秘密。當時弟弟妹妹也覺得很神奇、為什麼我會有錢？但是因為他們也「吃我的」、就沒有繼續追問。

然而，夜路走多了、總是會出差錯。有一次又上祖父房間撈錢，就看到祖母大眼圓睜、我的一舉一動全都看在眼裡哩！我當時嚇了一跳，趕快跳下床板就逃。祖母沒有向阿公告狀，因為我沒有受到處罰，她不久之後就自己拔了維生的氧氣罩、默默離開人間。

我還會去翻祖母的櫃子，她放了很多煉乳在裡面，煉乳這種貴重物品，她都捨不得吃，後來生病了、自己還是沒吃多少，而煉乳對我們來說是非常珍貴的物品，趁祖母熟睡（我們都以為神不知鬼不覺）時就上褟褟米床去偷吃，我會把煉乳戳兩個洞、傾斜著倒出來，讓每一個人輪流舔煉乳，看到大家伸長舌頭、嗷嗷待哺的模樣，不知道用什麼字形容好。

後來我無意中發現阿爸在一個放公文的櫥櫃裡擺了一個紫紅色絨布袋，裡面竟然是當時新發行的五元大硬幣，真是像發現新大陸一樣！那時又在發育期，吃得也特別多，加上五元的用處很大、可以吃到許多「奢侈品」，像是冰淇淋、蛋糕等等，因此找大弟幫我跑腿、分他一杯羹，自己坐在家裡享用就可以了！大弟當然懷疑過我的錢從哪裡來？我說是一個秘密，他若執意要問、就沒有他的好處了，他才閉嘴！

因為硬幣數目很多，感覺上好像花不完，所以我可以很「放心地」慢慢花，但是錢終會有花完的一天，當我拿出最後那個硬幣時、還可以安心把它花完，當時雖然知道自己做錯了、可是也「懷疑」袋子裡的錢都快拿完了、阿爸竟然都還沒有「發現」，一定是他自己也忘記了，所以有點放心。絨布袋的錢用完了、我也沒有被問起，一直到好多年之後，有一次我跟阿爸同時在這個櫥櫃前找東西，他偏過頭

來問我：「這個絨布袋裡的錢是妳拿的？」「嗯。」我只這麼應了一聲，阿爸也沒有接下來的任何動作，但是我的偷竊行爲就是這麼停止的。

　　阿爸對我們的教育是很溫柔敦厚的，很少看到他的疾言厲色，我印象中也只有玩得很晚回家被打過一次屁股、那還是小學三、四年級的時候。也許是因爲這樣，我們家的孩子也很能觀察到別人的感受、願意去體貼別人的心境。

　　小偷事件阿爸沒有緊急追究，彷彿要我承認是自己錯就可以了，我很感謝他給我面子，讓我沒有驚恐、或是有撒謊的必要，這個技巧我後來用在我第一年帶的導師班上，有同學搞丟了錢，我是用說故事的方式、讓同學有機會去把錢「擺回去」，後來錢雖然沒有回來，我們班卻也沒有再發生失竊事件。我想阿爸知道什麼是尊重、也願意給我第二次機會。

　　小時候看到別人有的東西，也很想要擁有，偏偏家境不允許，所以就有偷竊行爲發生。許多的偷竊行爲不是因爲「需要」，可能是引起注意、需要關注，因此去了解每個問題行爲背後的原因是很重要的。阿爸可能已經猜測到主嫌是我，可是沒有像興師問罪一般烤問、要我承認，他的信任也使我很安心，也相信自己即使做錯了事、還是有機會改正，不會因此失去了自己的價值！我想，每個人都需要第二次機會，也都可以有第二次機會；「機會」讓人覺得有希望、可以加以改善。

（四）我不會

　　像多數人一樣，阿爸是我的生命中第一個男性英雄，他幾乎是全能的！但是英雄也會中落。我小學三年級的時候，拿一個數學題目問老爸，他看了一下、然後蹲下來對我說：「珍琬，妳的數學阿爸已經不會了，以後妳要是不會的、就要去問老師。」我當時覺得怎麼全能的阿爸一下子不行了？我想起阿爸每每誇說他的數學很行，在日本統

治時代的中學校與高中，他的數學都是第一把交椅，讓日本同學都望其項背，這是吹牛吧？

不過，除了他自己承認「不行」之外，阿爸真的還去拜訪老師、希望老師可以多多幫忙，這就是他常常走學校、參加母姐會的開始。以前，我知道阿爸會的東西很多，他也不吝於表現，舉凡球類運動、歌唱、樂器表演，都是可以搬上檯面的才藝，這是我第一次知道阿爸也會有不行的時候。

由於阿爸也不認為才能是天生自然的，所以對於我們的許多表現也是先鼓勵、再示範，他的許多才藝其實也多多少少傳承給了我們，包括他的美好嗓音、運動細胞、還有對於樂器的敏銳，只是阿爸有點遺憾的是：他的數學天分彷彿在我們這一代消失了！其實也不是，大妹、二妹與小妹的數學也很強，我也曾經很風光過，只是我自己後來放棄了！國二之後，阿爸也發現我的數學成績真的是掉得很厲害，問我到底是甚麼原因？我沒有回答，他也只是囑咐我多多用功就是了！

有一回碰到家教學生的父親對女兒說「對不起」，在當時是很新鮮的經驗、因為是第一次聽到，結果家教學生也很大方地回她老爸一句：「沒關係。」我相信這一家的教育是很民主、很成功的，因為它讓裡面的人都受到應然的尊重，我從這裡學到了一些寶貴經驗。

在成長過程中，我很少先承認自己不行，總是想先試過再說，所以也相對地花費了許多功夫！在教書之後，發現自己再怎麼努力，還是有不會的，所以我也學會了跟同學道歉、說「我不會」；而當時的情況更糟，因為在一所私立中學、學生泰半是參加過課外補習的，不少人已經學過、而且常常會問我「例外」的題目，我第一次被考倒、心裡殊不是滋味，但是也鼓起勇氣說了抱歉，那位學生的反應是鄙夷、還說我當什麼老師，我想到了阿爸向我道歉的這一幕，許多委屈就可以承受。所謂的「教學相長」就是這個吧？這個經驗，讓我體悟到人真的需要終身學習，不管那個行業，連做父母親也是。

阿爸不是全能的，當他承認自己的「不行」、並無損於我對他的

尊敬，而在另一方面他打破了「權威」這個東西、讓他的父職更人性。我想到以前有人說過，因為「虛」才可以繼續加持，如果一個人已經認為自己夠了、也許就停止了學習。阿爸的承認自己並非全能，也讓我後來在成長路上可以不懼威權、勇於去追求自己想要的，這是很棒的一份禮物！

要低頭承認自己「不行」的確不容易，因為許多仍然與自尊有關連、不願意放棄。但是只要說了第一次，不要因此認為自己就不行了，反而會激勵自己更努力！我回頭會感謝那位「瞧不起」我的學生，他讓我知道了前面依然有許多努力的空間，我也不必因為他一句無心的話語、而喪失了對自己的信心。現在當學生的面，我已經可以很大方地說出「我不會」三個字，因為我會接著去找答案、也鼓勵學生去發現解答，然後我就了解更多一些。

阿爸的「對不起」，也讓我學會了原諒。原諒是一股很偉大的力量，它可以讓原諒人的人更有力、也有自信，它也讓被原諒的人解除了心上的負擔、沒有沈重的愧疚感，也願意重新開始！

國家圖書館出版品預行編目資料

父親形象與其轉變／邱珍琬著. ——初
版.——臺北市：五南，2010.05
　　面；　公分
　參考書目：面
　ISBN 978-957-11-5957-7（平裝）
　1.父親　2.形象
　544.141　　　　　　　　　　99005651

1JCR

父親形象與其轉變

作　　　者 — 邱珍琬(149.2)

發 行 人 — 楊榮川

總 編 輯 — 龐君豪

主　　　編 — 陳念祖

責任編輯 — 李敏華

封面設計 — 童安安

出 版 者 — 五南圖書出版股份有限公司

地　　　址：106台北市大安區和平東路二段339號4樓

電　　　話：(02)2705-5066　　傳　　　真：(02)2706-6100

網　　　址：http://www.wunan.com.tw

電子郵件：wunan@wunan.com.tw

劃撥帳號：01068953

戶　　　名：五南圖書出版股份有限公司

台中市駐區辦公室／台中市中區中山路6號

電　　　話：(04)2223-0891　　傳　　　真：(04)2223-3549

高雄市駐區辦公室／高雄市新興區中山一路290號

電　　　話：(07)2358-702　　傳　　　真：(07)2350-236

法律顧問　元貞聯合法律事務所　張澤平律師

出版日期　2010 年 5 月初版一刷

定　　　價　新臺幣390元